本书获洛阳理工学院学术著作出版基金资助

中国农村社区服务体制的变迁及其后果
以河南省息县为例

管义伟　李燕南　著

中国社会科学出版社

图书在版编目(CIP)数据

中国农村社区服务体制的变迁及其后果：以河南省息县为例／管义伟，李燕南著．—北京：中国社会科学出版社，2016.3
　　ISBN 978 – 7 – 5161 – 7491 – 3

Ⅰ.①中… Ⅱ.①管…②李… Ⅲ.①农村社区—社区服务—研究—中国　Ⅳ.①D669.3

中国版本图书馆 CIP 数据核字(2016)第 017927 号

出 版 人	赵剑英
选题策划	刘　艳
责任编辑	刘　艳
责任校对	陈　晨
责任印制	戴　宽

出　　版	中国社会科学出版社
社　　址	北京鼓楼西大街甲 158 号
邮　　编	100720
网　　址	http://www.csspw.cn
发 行 部	010 – 84083685
门 市 部	010 – 84029450
经　　销	新华书店及其他书店
印刷装订	三河市君旺印务有限公司
版　　次	2016 年 3 月第 1 版
印　　次	2016 年 3 月第 1 次印刷
开　　本	710×1000　1/16
印　　张	15
插　　页	2
字　　数	269 千字
定　　价	56.00 元

凡购买中国社会科学出版社图书，如有质量问题请与本社营销中心联系调换
电话：010 – 84083683
版权所有　侵权必究

目 录

序言 通过服务促进社区认同和社会融合 …………… 项继权(1)

第一章 导论 …………………………………………………… (1)
  第一节 研究的缘起与问题 …………………………………… (1)
  第二节 研究的进度与实践中的问题 ………………………… (3)
    一 农村社区服务定义和分类的研究 ……………………… (4)
    二 农村社区服务投入主体及供给方式的研究 …………… (6)
    三 农村社区服务筹资方式研究 …………………………… (8)
    四 农村社区公共服务供给制度研究 ……………………… (9)
  第三节 研究思路与本书结构 ………………………………… (11)
  第四节 研究方法与资料来源 ………………………………… (16)
  第五节 核心概念的界定 ……………………………………… (18)

第二章 集体背景下农村的社区服务与社会认同 ………… (20)
  第一节 小农的社会需求与集体化的逻辑 …………………… (20)
    一 小农的社会需求与人民公社集体化的出现 …………… (21)
    二 农村社区服务体制的形成和确立 ……………………… (27)
  第二节 国家安排下的农民自我服务 ………………………… (34)
    一 投入主体:以集体为主、国家为辅的二元主体 ………… (34)
    二 筹资渠道:集体税收、提留与"一平二调" ……………… (40)
    三 供给原则:计划调配与划拨 …………………………… (46)
  第三节 农村社区服务体制的社会影响 ……………………… (51)
    一 加剧农村内部分割与城乡二元分割 …………………… (51)

二　社会认同弱化：农村社区服务的供给计划与实际
　　　　承受能力的张力 ………………………………………… (54)
　　三　操作层面的失误加速了农民认同的分离 ……………… (61)
　　四　总体性社会认同的出现 ………………………………… (64)
　第四节　小结 ……………………………………………………… (74)

第三章　农村改革后社区服务与社会认同的变迁 …………… (75)
　第一节　农村社区服务体制的改革与发展 ……………………… (75)
　　一　农民的分散经营与需求的多元化 ……………………… (76)
　　二　农村社区服务体制的发展及其限度 …………………… (80)
　第二节　从集体化服务到市场化服务 …………………………… (84)
　　一　投入主体：集体主体逐步消退，农户与市场主体
　　　　开始出现 ………………………………………………… (85)
　　二　筹资渠道：集体收入、"三提五统"与集资摊派 ……… (89)
　　三　供给原则：从计划调拨转向社会化服务 ……………… (92)
　第三节　农村社区服务体制的社会影响 ………………………… (100)
　　一　"三农"问题凸显 ……………………………………… (101)
　　二　农民职业和身份的分化 ………………………………… (106)
　　三　"搭便车"与分税制加速了农民认同的裂变 ………… (108)
　第四节　小结 ……………………………………………………… (122)

第四章　新农村建设中农村社区服务体制的改革 ……………… (124)
　第一节　新农村建设：重大的社会建设工程 …………………… (124)
　　一　新农村建设中的社区重建 ……………………………… (124)
　　二　将基本公共服务引入农村 ……………………………… (130)
　第二节　新时期农村社区服务的运行机制 ……………………… (133)
　　一　投入主体：国家主导下的多元组合 …………………… (133)
　　二　筹资渠道：公共财政与多种资金来源 ………………… (139)
　　三　供给原则：等价交换和市场交易 ……………………… (141)
　第三节　推进城乡基本公共服务均等化 ………………………… (144)
　　一　城乡基本公共服务均等化 ……………………………… (144)
　　二　城乡一体化与社会融合 ………………………………… (147)

第四节　小结 …………………………………………………（161）

第五章　以服务重建认同：通向社会融合之路 ………………（163）
  第一节　服务:认同与合法性的基础 …………………………（164）
  第二节　服务:社会联系和组织的纽带 ………………………（166）
  第三节　通过社区服务增强农民的社区认同 ………………（168）
  第四节　通过公共服务走向社会团结与融合 ………………（170）

附录 ……………………………………………………………（173）

参考文献 ………………………………………………………（211）

序 言
通过服务促进社区认同和社会融合

"通过服务重建社区认同,促进我国社区和社会融合",这是管义伟博士在新著《中国农村社区服务体制的变迁及其后果》中的一个判断,也是我们的一个共识。

社区是一种社会生活共同体,也是社会的细胞。社区繁荣与和谐是整个社会发展和稳定的基础。作为社会生活共同体,社区最本质的特征是社区居民有较强的社区认同感和归属感。然而,经过30多年的改革开放,我国城乡经济社会结构发生了深刻的变化,主要体现在城市单位制的解体、住房选择的市场化以及大量的农民进城,城市社区和社会日益分散化和陌生化;农村集体经营方式的改革、土地和资源的流动及农民大规模流动,传统农村集体社区日益分散化,传统的熟人社会日益陌生化。在如此快速的分散化、多元化、异质化和陌生化的社区和社会转型时期,如何重建人们的社区认同和社会融合,让人们拥有社区和社会的信任、生活和心灵的依托,是当前社区和社会建设的重点和难点。

管义伟博士的著作旨在通过一个县农村社区和社会建设的案例探讨当前社区认同和社会融合的路径。从历史的角度看,自20世纪以来,人们对于乡村社会和社区的重建之路就进行了诸多的探索,并提出了不同的方案。其中,最有代表性的有以下三种:

一是文化建设:通过社区文化活动和思想教育促进社区认同。早在20世纪30年代,面对乡村衰败、社会分裂和礼崩乐坏,梁漱溟就把中国问题归于文化的衰弱,中国社会及乡村重建也要以振兴儒家文化为旨归,认为"中国问题的内涵虽包括有政治问题、经济问题,而实则是一个文化问题"。同样,晏阳初也认为当时中国农村的基本问题是西方文化输入所引起的中国传统文化的失落或崩溃。1933年他在《中华平民教育促进会定县工作大概》中写道:"在定县,我们研究的结果,认为农村问题是千头万绪。从这些问题中,我们又认定了四种问题,是比较基本的。这四大基本问题可以用四个字来代表它,所谓愚、贫、弱、私。"①由此,他们都把农民教育、文化复兴作为乡村建设的首要内容,力求通过文化建设来增强乡村社会和社区的凝聚力。新中国成立以后,我国也实行社会主义改造,其中,加强对农民教育、培育社会主义新人,也是社会主义新农村建设的重要内容。人民公社时期,农村社队还纷纷组织文艺宣传队,开展多种形式的文化活动,以此加强对农民群众的集体主义、社会主义教育,提高农民群众的思想觉悟,增强对集体的认同。在新时期农村社区建设中,一些地方在社区建设实践中也加强文体团体、活动设施的建设,开展多种形式的文体活动。在台湾社区营造中,也将"文化引领"作为社区建设的核心和重点。毫无疑问,文化是社会和社区的粘合剂,丰富多彩的文体活动可以增加人们的联系,促进社区的融合。同时,加强农民的思想道德教育,实质是国家、社会以及社区规范社会化的方式,通过这种教育,也有助于提升人们的思想道德水平,强化对人们行为的规范,从而促进社区和社会的认同、团结和融合。也正因如此,通过文化建设是构建人们认同的必要的和有效的方式。

二是组织建设:通过构建社区组织与制度建设增强社区调控能力和凝聚力。社区本身是一种社会组织,具有自身的组织网络,也有一定的组织形式承担社区功能。组织建设也是实现社区联合的基本方式。在不同国家和地区及不同时期的社区建设中,人们都注重社区的组织建设。在20世纪30年代的乡村建设运动中,一些知识分子就组织各种团队,进行乡村建设实验,推动乡村发展;国民党在乡村也强调"管教养卫",将"管"置于首位,力求"由管入手",通过建立一套组织体系,将农民组织与管理起来,并通过农民自我管理来改造乡村。新中国成立后,中国共产党特别强调将农民"组织起来",并在农村建立了党政经一体的人民公社组织体系。通过这一套组织体系,将农民群众全面地组织起来。在农民组织化过程中,也加强了对农民的控制,并最终形成农民对社队组织的依附及高度的认同。不过,随着家庭承包制的实施,这种严密的组织及组织认同日益解体。1982年中央1号文件就指出,"最近以来,由于各种原因,农村一部分社队基层组织涣

---

① 晏阳初:《晏阳初全集》第1卷,湖南教育出版社1989年版,第247页。

散,甚至陷入瘫痪、半瘫痪状态,致使许多事情无人负责,不良现象在滋长蔓延。"[1]为此,再次要求各地高度重视并切实加强农村基层组织体制的建设。不过,在重建乡村组织的过程中"出现了两种管理思路。一种可叫'回归型',遇到难点,留恋过去的管理办法和手段,抱怨现行政策软、手段弱,主张强化基层干部权威,强化威慑手段,施行强硬手段'管'、'治'。另一种思路可叫'发展型',总结过去的经验教训,本着适应、发展、前进的思路,研究新形势下出现的新问题,主张用民主管理的办法,走民主之路。"[2]从实践来看,20世纪80年代以后,最终选择了村民自治的道路,希望通过农民的自我组织、自我管理和自我服务,实现农村社会和社区的有序管理。不过,在实践中,乡镇政府对村委会一直保持着较强的行政、财政和人事控制,村民委员会事实上被"行政化"了。税费改革以后,随着"村财乡管"以及村干部纳入财政补贴等措施的实施,乡镇政府对村委会的控制进一步强化,村委会组织的行政化色彩更加浓烈。在新社区建设中,各地再次强调加强社区组织建设,通过组织建设,增强社区的组织、管理和服务能力,进而增强社区的影响力及社区的凝聚力。

三是经济建设:通过发展社区集体和合作经济以促进社区发展和社区融合。自20世纪以来,无论是乡村建设学派、乡村复兴运动以及乡村革命运动,还是新中国不同时期的农村建设,无不将农村经济建设作为乡村建设和发展的重点。为此,人们提出了发展合作经济、发展集体经济、发展乡村工业等不同路径。虽然人们的主张不同,但是,"经济发展"无不是基本的甚至是首要的目标。从社区发展本身来看,社区经济发展无疑是社区建设的重要内容和目标。不仅如此,一些公共资源和经济的存在,也为社区服务提供了公共资源。即使在传统帝国时代,一些家族宗族都有自己的公田、族产,并以此提升对贫弱家庭的支持以及奖励耕读和各种表彰。乡村建设学派中有的也强调发展合作经济,促进乡村发展。人民公社时期,乡村的集体化也成为乡村集体和社区的经济基础,也是人们生产和生活的基础,并由此形成对集体社队和社区的依赖和认同。也正因如此,在当今农村社区建设中,一些地方也强调大力发展集体经济。有的学者批评家庭承包和分散经

---

[1] 中共中央文献研究室、国务院发展研究中心:《新时期农业和农村工作重要文献选编》,中央文献出版社1992年版,第114页。
[2] 李学举:《村民自治三年实践的思考》,载中国基层政权建设研究会编《实践与思考:中国基层政权建设研究会1991年年会论文集》,中国社会出版社1992年版,第4—5页。

营破坏了农村集体经济,也破坏了社区公共资源和社区认同的基础。为此,一些学者强调壮大集体经济,将发展集体经济作为社区重建和认同的基础和根本。有的地方在实践中则推动农村土地的归并、集中经营,甚至重建"集体农庄"。①

毫无疑问,文化建设、组织建设、经济建设均有助于增强社区的关联和认同,推动社区和社会发展。不过,在我们看来,任何一种单一的方式都不足以完成社区和社会的重建。尤其是,在实践中,每一种推进社区建设的方式都存在并常常出现一些偏差。从文化建设来看,通过社区文化建设是促进社区认同的必要选择。但是,长期以来,我们常常赋予文化建设更多的政治宣传和教育的功用。社区文化活动一旦成为政治和政策的工具,就会偏离文化自身基本和内在的功能和目标。从根本上说,文化根植于社会,社区文化活动也是为了满足社区居民精神需求。文化生活的政治化最大的危险在于存在脱离社会和社区以及人们自我精神的需求,成为政治教育的工具。从"文化大革命"的实践来看,文化政治化的结果常常是导致社会和社区的紧张,最终也破坏了社会和社区的和谐与融合。

从社区组织建设来看,完善的组织体系是成熟社区的标志,也是社区存在和活动的基础。不过,长期以来,一些地方将社区组织建设理解为构建农村基层社区的组织与管理体系,并由此加强农村社会和基层社区的有序管理。事实上,社区组织建设不是单纯的行政性、管理性组织建设,更不是完全依靠外在输入的组织体系,或者使社区成为行政化的组织单元。社区组织建设包括社区居民的自组织和它组织,包括社区管理组织、政治组织、兴趣组织、志愿组织及经济和文化组织,等等,同时,也包括整个社区的组织网络的建设。依靠权力和强制而建立的组织管理体系,或者是行政化的管理单元和组织,其结果必然是社区的行政化、政治化。这种行政化和政治化的共同体并不是一种社会生活共同体。政治和行政权力可以规划并组建一个"社区",将人们组织起来,人们也可以对这种社区组织及权力表示敬畏与服从,但是,这并非是建立在内在认同基础上"共同体"。

从社区经济建设来看,一定的公共经济和公共资源可以为社区管理、服务及人们的认同提供支持,发展社区经济也是提高社区居民生活质量的方

---

① 此类分歧可倪方六:"江苏'新集体农庄'调查"、"大陆学者热议'新集体农庄'",《凤凰周刊》2006年第4期 总第209期。

式。但是,在此必须指出的是,社区经济发展绝不仅仅是集体经济的发展,公共资源也不仅仅是集体经济。有的学者就曾正确地指出,"公共资源包括三种类型:第一类是'公共自然资源',包括土地、河流、山脉等;第二类是可以形成直接投入和计算的'公共经济资源',包括财力、物力和劳力;第三类是基于个人组成的群体在进行集体行动时的'公共社会资源',包括(1)道德、伦理、信任、互助、合作、理解等规范型资源,也包括(2)规范、规则、组织等制度型资源"[①]。从实践来看,新中国成立以后的合作化、集体化及人民公社化最终实现了社区资源的公有,建设了一种高度集体化的社区。高度的集体化和集中化也为人们的认同提供了条件。但是,人民公社时期的集体化的实践已经表明,集体化否定人们的自由选择权利,如果缺乏经济或超经济的强制,集体化组织本身难以维系的。对集体化组织的认同也不过是人们的一种生存依赖或对强制的敬畏和服务而已。这种认同是不自愿,也是不稳定的。也正因如此,一旦外在强制弱化和消失,人们对于集体的认同便连同集体本身一并解体。为此,社区公共经济的形成以及公共资源的发展,必须建立在严格的产权独立、民众自愿的基础上。也正因如此,在新农村及社区建设中,社区公共经济的发展不应是集体化,而应是"合作化"。如果说集体化是建立在产权的集中化或集体化及归并以及集中经营的基础上的话,"合作"则是强调在尊重农民个人的产权基础上的自愿联合。

显然,农村社区建设必须致力于社区文化建设、组织建设和经济建设,但是,必须切实把握建设的重点和方式。除此之外,在新时期农村社区建设中,必须更加注重社区民生服务,通过"服务"将分散的人们重新联系起来,在"服务"的基础上重建社区认同。在任何社会中,人们的生产和生活都不可能是孤立的,都存在一定的共同的需求。正是基于共同的需求,人们之间建立和形成了不同类型的社会组织。从根本上说,人们所指出历史和现实中种类繁多的"共同体",也是基于共同的需要而形成的。是否能够满足人们的共同的或公共的需求,是一个社区或共同体赖以存在的基础,也是形成人们认同和归属感的条件。在传统社会中,建立在血缘、地缘关系基础上的农村基层共同体为乡民提供了水利、耕作、治安、防卫、祭祀、信仰以及娱乐

[①] 黄平:《重建社区公共性——新农村社区建设的实践与思考》,《中国经济》,2010年第3期。

等的支持和保障,由此获得了人们的认同和信任;在集体化时代,社员的生产、生活以及教育、医疗、卫生和安全等也完全依赖集体组织,由此也形成了社员对于集体的服从与认同。在现时代,随着农村及整个国家的改革不断深入,尤其是随着经济和社会流动,村社区的多种所有制的发展,社区的地权关系、居民关系日益多元化和复杂化,传统农村村落社区与集体的封闭性已经打破;随着社区和集体的组织、管理及服务功能的弱化,传统的社区和集体的认同也不断弱化。不过,也正是在随着市场化的发展,农民分散化的同时对于社会公共服务的需求更加强烈,要求国家、社会和社区能够提供更多的社会支持和保障。然而,新中国成立后相当长一段时期,我国在教育、医疗、卫生及社会保障上实行城乡二元化体制,国家财政投入重城轻乡、重工轻农,整个国家公共服务体制也是一种城市优先发展的体制,由此造成城乡之间基本公共服务水平严重失衡,也严重制约了农村基层社区组织向农民提供公共服务的能力。不仅导致农民群众对于基层社区组织的失望,也引起农民对于国家政策的不满;既损害了农民对于基层社区的信任和认同,也损害了对于国家和社会的信任和认同。城乡公共服务的二元化及非均衡性还破坏了城乡社会的一体化与融合,制造了城乡社会的失衡与分裂。正因如此,只有强化农村社区公共服务,才可能真正增强农民对于所在社区共同体的认同和归属感,同时,也增强农民对于整个国家和社会共同体的认同。不仅如此,只有进一步加大农村公共服务,促进城乡基本公共服务一体化和均等化,才有可能促进城乡社会的团结与融合。

不难看出,在新的历史时期,"服务"将是人们与社区及国家联系的纽带,也是人们对于国家和社区认同的基础。完善的公共服务和社区服务,不仅将农民与社区联系起来,赢得人们对社区积极的、发自内心的支持、信任、认同和归属感,同时也增强人们对于国家和社会的认同感,增强国家政权的合法性并促进整个社会的融合。正因如此,我非常赞同管义伟博士的观点:通过服务构建社区认同,促进社会融合。只是有一点需要进一步强调:只有均等化的社区服务和公共服务,才有助于社区团结和社区融合。毕竟,公平正义才是消除纷争、促进和谐的根本,也是社区认同和社会团结的基石。

项继权
2015 年 8 月 20 日于梅南山居

第一章 导论

第一节 研究的缘起与问题

21世纪之初,党中央明确提出了统筹城乡经济社会发展的重大发展思路和战略目标,实施了工业反哺农业、城市支持农村和多予少取放活的方针,推出了一系列深化农村改革发展的重大举措。概而言之,这些措施是分三步推进的:第一步,实行农村税费改革。此举不仅减轻了农民负担,而且调整了国民经济的分配格局。第二步,对农业生产者进行直接补贴。这种做法对农民增收节支、调动生产积极性发挥了巨大作用。第三步,扩大公共财政对农村覆盖的范围。该项措施对农民提供的基本公共服务越来越全面,使农民负担逐渐减轻。

正是在这个背景之下,人们对农村公共服务进行了大量研究。总体看来,当前这些研究大都集中于公共服务本身,尚处于把公共服务视为民生问题的阶段,不但没有把社会发展内在动力和外在动力的关联性及其社会后果联系起来考虑,而且缺少对公共服务、农民认同与社会融合等社会关系的深层关注。针对研究中存在的这个薄弱环节,本书的问题意识,是以公共服务覆盖农村,以服务构建农村社会认同,促进城乡社会融合。笔者沿着这个思路,尝试探讨如何通过农村社区服务体制的改革,以及通过基本公共服务的一体化和均等化,实现农民认同重建、城乡整合及社会融合。

在笔者看来,社会融合首先是社区内部的融合。之所以这样判断,主要是基于当下业已改变了的社会结构。近年来,农村剧烈的社会分层与大规模的人口流动,已经引起并将长期引起社会结构的变化。在广大农村地区,人民公社时期单一的社员结构早已打破,取而代之的是农民、企业工人、农民企业家、私营业主、乡村管理人员、外出务工者、民间中介人员等阶层,以土地与户口作为管理手段的时代已基本结束。当前,变迁分化的村庄需要的是现代化的管理方式——社区服务。那种以提供服务为宗旨的现代农村社区,可以凝聚着居住在乡村的人们,形成一个个或大或小的社会生活共同体。在这种共同体中,社区服务不但整合了社会资源,而且促进了社区内部融合。放眼国外,欧美发达国家早在一百多年前就开始发展社区服务,那里的农村与城市几乎没有二元格局的差别,即使有一些差别的话,也不会像我国农村与城市的差别这样悬殊。换句话说,发达国家的农村可以不要城市的喧嚣,但须臾不能离开的却是社区服务!

其次,社会融合还意味着城乡之间的融合。在新中国成立之后相当长的一段时期内,我国在文化教育、医疗卫生及社会保障等方面实行了城乡二元分割体制,国家财政投入存在重城轻乡、重工轻农倾向,逐渐形成城市优先发展的公共服务格局,由此造成城乡之间基本公共服务水平严重失衡,从而严重制约了农村社会发展的活力,致使城乡差距不断拉大。直至2005年10月,中共十六届五中全会提出了建设"生产发展、生活宽裕、乡风文明、村容整洁、管理民主"的社会主义新农村的重大历史任务,党中央、国务院采取了一系列支农惠农的政策。为了把这些政策措施及时落实到基层,各级政府及有关部门加大了对"三农"工作的扶持力度,大力推进新农村建设。中央和地方政府的这些举措,落脚点是让亿万农民群众真正受益,政策的预期目的是为了改变长期以来我国农村公共服务的缺失、城乡公共服务的非均衡性分布等状况。显然,这是一种政治制度自觉地改造农村社会的尝试,通过这种政策的持续推行,希冀推动中国农村社会从传统状态转型为现代状态,使农村与城市最终融为一体。

再次,县域社会融合是整个社会融合的观察点与风向标。通常来说,一个县域之内,不仅有城镇,还有广大的农村,因此,县域社会是中国社会的一个缩影。观察和研究社会融合,往往可以通过县域社会融合来透视整个社会的融合。本书所选取的样本县——河南省息县,自身拥有两大研究优势:一是具有典型的代表性,二是调研的便捷性。从代表性上说,2009年7月,河南省信阳市被省委、省政府批准为"河南省农村改革发展综合试验区",息县恰是该试验区的主要阵地之一。地处黄淮海平原南端的息县,是典型的农业大县,与河南省的省情十分相似。时任中共河南省委书记徐光春到信阳调研农村改革发展综合试验区工作时,明确了此次农村改革发展的三大任务：一是推进改革创新，加强农村制度建设；二是发展现代农业，提高农业综合生产能力；三是发展农村公共事业，促进农村社会全面进步。①因此，"土地流转让小田变大田，金融创新让死钱变活钱，农民专业合作让农户抱成团，新村建设让村庄变乐园，农村社保让农民无忧乐开颜"②，这种歌谣里的神话正在这片广袤的试验区里逐步变成现实。所以说，息县的试点经验极具代表性。从便捷性上说，我们的研究得到了中共息县县委、县政府的大力支持，尤其是时任息县县委书记张富治同志，热情坦诚，视野深远，对我们的调研工作高度重视，为此还专门成立了以县委常委、县委宣传部部长为组长的协调小组，给我们的调研提供多方支持，使我们顺利获得了息县试验进程的最新信息与历史资料。其实，不管什么实证研究，也不管研究对象多么具有代表性，只要无法进入现场，就采集不到有效数据与资料，实证研究就不能进行下去。因此，实证研究必须具备样本的代表性与调研的便捷性，二者不可或缺。息县的典型代表性与县委、县政府的热情支持，增强了我们调研的决心与毅力。我们有幸能够在息县推行的这场农村改革综合试验中进行观察，并从中获取和掌握一手资料，对今后的研究将大有裨益。

基于此，笔者选择农村社区服务体制作为研究对象，立足于21世纪之初的这场新农村建设运动，既回顾历史，力求还原新中国成立以来农村社区服务的变迁过程，又展望未来，尽可能判断今后的发展方向。由于这方面的问题已经引起学界、政界的关注与研究，不少人提出了一些比较中肯的解释，所以本书没有过多关注供给行为所产生的一组组经济数据及其绩效等问题，而是试图分析农村社区服务供给机制的政治含义，以及不同历史时期制度安排对社会融合所造成的各种影响。

第二节 研究的进度与实践中的问题

农村社区服务是近年来比较热门的话题，相关研究主要集中在农村社

---

① 万川明：《徐光春在信阳调研农村改革发展综合试验区工作时强调：深刻领会正确掌握中央关于农村改革发展的新精神，解放思想大胆探索新时期农村改革和发展的新实践》（http://www.henan.gov.cn/jrhn/system/2009/08/07/010150005.shtml）。

② 第一食品网：《小田变大田 死钱变活钱 农户抱成团——河南省信阳农村改革发展综合试验区生机勃发》（http://www.foods1.com/content/832757/）。

区服务定义和分类、农村社区服务投入主体及供给方式、农村社区服务筹资方式与保障方式、农村公共服务体制的历史变迁及其内涵与标准等方面。

一 农村社区服务定义和分类的研究

在国外研究中，人们通常把服务作为物品（Goods）来看待，并将物品分为公共物品、私人物品和有益物品三类。萨缪尔森是最早研究公共物品的经济学家。在1954年出版的《公共支出的纯理论》（The Pure Theory of Public Expenditure）一书中，对公共物品（Public Goods）定义为"每个人对这种物品的消费，都不会导致其他人对于该物品消费的减少"。与之对应的是私人物品（Private Goods），"是指如果一种物品能够加以分割因而每一部分能够分别按竞争价格卖给不同的个人，而且对其他人没有产生外部效果"（Samuelson，1954）。由此揭示出公共物品的两大特性：一是非竞争性（non-rivalness），二是非排他性（non-excludability）。

此后，马斯格雷夫（Musgrave）提出了第三类物品的概念，即"有益物品"（Merit Goods），是指"一种极其重要的物品，当权威机构对该物品在市场机制下的消费水平不满意时，他甚至可以在违背消费者个人意愿的情况下对该物品的消费进行干预"（Musgrave，1959）。这是一个伦理和主观价值判断层面上的概念，目的在于说明政府有必要对个人消费行为进行干预。

正是"第三类物品"这一概念的提出，引起了人们理解上的分歧。美国学者奥斯特罗姆夫妇（V. Ostrom & E. Ostrom）以及布朗德尔（R. Blundell）等人分别从不同角度，对介于公共物品和私人物品之间的物品进行了划分，提出了准公共物品的概念。

在此基础上，日本经济学家植草益对准公共产品又细分为两类：第Ⅰ类准公共物品是指具有消费的非竞争性但不具有受益上的非排他性，第Ⅱ类准公共物品是指具有受益的非排他性但不具有消费上的非排他性。具体来说，第Ⅰ类准公共物品由于具有排他性，有可能成为市场性物品，如医疗、保险、教育等。第Ⅱ类准公共物品由于不具有排他性，因而价格形成困难，适宜采取免费供给，如垃圾处理、孤儿院和养老院等社会福利服务（植草益，1990）。

国内研究人员也对公共物品的种类进行了描述。有人将公共物品概括为有形公共物品与无形公共物品（尚长风，2004）。也有人认为，公共物品是指社会正常存在与发展所必需的，而个人无力独自提供，必须由社会最具权威和影响力的公共机构（如国家或政府）负责组织提供的具有社会性的物品或服务（朱明熙，2005）。徐小青、林万龙（2008）从政府层级的角度对农村社区公共物品进行了研究。按照受益原则，受益范围遍及全国的公共服务，由中央政府提供；受益范围主要是地方的公共服务，则由相应层次的地方政府提供；具有外溢性的地方性公共服务则由中央政府和地方政府或各个受益的地方政府共同分担，比如基础教育、交通、大型水利设施等。有学者把农村社区公共服务分为三类：可持续发展类公共服务，如江河治理、农田与生态保护、计划生育、基础教育、社会保障等；农村经济发展类公共服务，如乡村道路与水利建设、农机推广、病虫害防治、农村治安等；农村社会基础设施类公共服务，如水、电、通信、卫生防疫、文化娱乐设施等（雷晓康，2003）。有学者把公共服务分为：主权服务，如国家管理、司法、警察、国防、国家财政等；社会和文化服务，如教育、卫生、社会保障、社会救济和文化活动等；经济服务，如供电、供气、铁路运输、邮政和电信等（王小林，2008）。

近年来，随着国家对民生问题重视程度的加强，向国民提供均等化的基本公共服务日益成为人们的共识。不过，迄今为止，对于哪些是基本公共服务以及如何提供公共服务等问题，人们并没有形成一致的看法。有学者根据公共服务的属性以及政府责任等因素，将公共服务分为"基本公共服务"和"非基本公共服务"两类。前者是政府必须承担并满足居民需求的公共服务，主要包括义务教育、基本医疗、公共卫生、社会保障、基础设施、公共文化、公共安全、环境保护等，而后者可通过政府以外的社会组织或市场来提供（项继权，2008）。有的参照国际经验及现阶段我国具体国情，将基本公共服务界定为公共卫生、基本医疗、义务教育、社会救济、就业服务以及养老保障（丁元竹，2007）。

上述国内外学者从不同视角对农村社区服务的定义及分类提出了不同观点，说明当下对农村社区服务进行研究是十分必要的。一是由于这是一种理论性与基础性的问题，二是由于既有的研究主要集中在农村社区公共服务方面上，缺少农村社区自服务与市场服务的研究，显得不全面、不系统。

二 农村社区服务投入主体及供给方式的研究

农村社区服务投入主体存在着一元主体与多元主体之争。在一元投入主体论者看来，当政府不能供给服务之时，社会是服务供给的主要承担者。梁漱溟明确提出农村社区服务投入应由社会经办的主张。他认为，医治中国农村积贫积弱的处方是"政教合一"、"建教合作"的教育。其中，农村工业化与农民合作是有效途径。虽然政府推行农民合作，但投入起来耗费过大，收效甚微。"其由政府推行者之耗费大，效率小，不亲切，不实在。"① 如果政府办不好，就交由社会去办，因为社会投入"无形中就将农民都变成经济的战士，而提纲挈领便于指挥"②。与之相反，当社会无法有效供给服务之时，国家应该是必要的供给主体。费孝通就持有这种观点。在他看来，在一个没有政府投入、缺乏信贷组织的农村社会里，农民的生产与生活只能依靠农民自己。为了扩大再生产，或是为了渡过生活的难关，农民在求助无门的情况下，不惜背负巨额债务而借高利贷筹资，从而扩大了高利贷的生存空间。为促进农业发展、改善农民生活状况，就应该借助于政府的力量，改进已有的民间金融组织，成立农村信贷合作社，以改善农村投入状况。"农村的合作信贷系统实际上不是农民自己的组织，而是农民用低利率从国家银行借钱的一种手段"，"如果政府能利用现有的……互助会等系统来资助人民，效果可能要好一些"。"如果能利用传统的渠道，再用政府的力量将其改进，似乎成功的机会会大一些。"③

相比之下，多元投入主体论者认为，农村社区服务的供给主体应该是多元的，国家（政府）、社区居民、市场（私人、组织或协会）、非营利组织或非政府组织等都是社区服务供给的参与者。国外研究表明，公共服务生产与公共服务提供，二者是有区别的。国家（政府）是公共服务的提供者，但是，可以不是公共服务的生产者。对于那些属于政府"天职"的公共服务，政府主要是一个安排者，决定什么应该通过集体去做、为谁而做、做到什么程度或者水平、怎样付费等问题。至于服务的生产，完全

---

① 梁漱溟：《乡村建设理论》，上海世纪出版集团2006年版，第344页。
② 同上书，第345页。
③ 费孝通：《江村经济》，上海世纪出版集团2006年版，第186页。

可以通过合同承包、补助、凭单、特许经营等形式，由私营部门或社会机构来完成（Savas，2000）。[1] 正是基于这种理念，政府主导下的多元化投入主体与供给方式才被越来越多的学者所接受。因此，公退民进、民办公助、公办民助等方法，动员和吸纳社会资源参与到农村社区服务供给中来，有助于缓解农村社区服务的匮乏（黄志冲，2000）。丁元林总结了我国农村社区服务的投资分布，认为我国农业投入主体主要有国家财政、国家计委、地方财政、银行贷款、农民投资5个源头，其中属于国家投资范围的有江河治理、农田水利建设和垦荒围堤等，国家通过有偿扶持、银行贷款扶持，来引导农民投入农业生产。从投向上说，国家的资金用于跨地区的国土整治、治理生态环境、调整产业结构、提高科技水平方面；而集约经营和资金回收快的项目，则主要依靠农民自筹和银行贷款。从资金的流向上说，主要有粮食外延扩大再生产投资，提高集约经营能力、建立稳产高产农田的投资，速生丰产林投资，水体保持投资等。[2]

在供给主体多元化研究基础之上，农村社区服务供给方式引起了人们的关注。当前，学者研究的视角投在农村社区服务均等化的供给方式之上。实现城乡基本公共服务的均等化，必须对传统农村公共服务供给方式进行根本性改造，实现组织重塑和机制再造。例如，有学者从理念、功能、政策、财政、绩效评估五个层面，对基本公共服务均等化导向的政府行为变革进行了具体设想和论证（张立荣、冷向明，2007）。有学者对国家在农村公共产品供给中的角色与地位进行了考察，认为要合理划分中央政府、地方政府、社区组织和村民的功能边界，明确农村公共物品的供给主体，特别是强调国家在提供公共物品中的作用（程又中、陈伟东，2006）。过去，我国广大农村的基本公共服务主要由各地的乡镇事业单位承来承担，20世纪80年代以来，随着农村改革及市场化的发展，这种体制日益难以满足现实的要求。有学者就通过对湖北乡镇事业单位改革的深入调查和分析，探讨我国乡镇事业单位改革的内在逻辑及发展方向，认为必须根据农民群众的公共需求及农村市场经济和社会发展的需要，对传统的农村乡镇事业单位体制进行根本性改造，构建适应市场经济发展，以农

---

[1] 徐小青、郭建军：《中国农村公共服务改革与发展》，人民出版社2008年版，第33页。
[2] 丁元林：《各国支援农业的财经政策比较研究》，中国财政经济出版社1991年版，第290—296页。

民需求为导向，政府主导、多元供给的新型农村公共服务体系（项继权、罗峰、许远旺，2006）。此外，也有学者对农村公共服务的机制建设问题进行了探讨。有的对基本公共服务均等化的财政投入机制进行了分析（项继权、袁方成，2008；王敬尧、宋哲，2008）；还有的对建构农民需求导向的公共服务决策机制进行了探讨（刘义强，2006）；等等。

三 农村社区服务筹资方式研究

筹资问题是农村社区服务的核心问题。许多研究者较多地关注制度内筹资与制度外筹资方式。由于乡镇是农村公共服务的主要承担者，因此县乡财政对农村社区服务的筹资有很大影响。国务院发展研究中心课题组（2002）的研究表明，20世纪90年代分税制之后，县乡财政出现危机，限制了基本公共服务的供给能力。因此，制度外筹资在农村社区服务供给中发挥了必要的补充作用（樊纲，1995；林万龙，2000），但是，这种筹资方式不规范，不利于农村社区服务长足发展，同时，制度外筹资逐渐演变为一个加重农民负担的诱因（黄佩华，2002）。

在分析农村社区服务制度外筹资方式存在的问题时，姚轶蓉（2005）指出，在目前官员考核存在的压力型体制下，农村社区公共服务的提供出现了严重的政绩化倾向，出于政绩考核的需要，一些工期短、见效快的政绩工程、形象工程式的公共服务被大量提供。在这种提供模式和官员考核的双重影响下，我国农村社区公共服务供给出现了严重的问题，陈强、黄微（2005）指出，这些问题表现为供给总量不足、结构不合理，而且偏离了农户的真实需求，造成了严重的供需失衡，相应地加大了筹资的难度。

于是，如何改革农村社区服务筹资方式就倍受人们的关注。王铁（2008）提出了发行新农村建设特别国债、彩票与设立新农村建设基金的方式，为农村社区服务筹集资金。他借鉴国外有关经验，认为发行国债可以募集大量资金，用于专项建设。发行国债不仅可以改变财政支农比例偏低的结构性问题，还可以解决银行融资困难、信用社支农力不从心、缺乏直接融资渠道等难题。同时，发售彩票不仅是一种效益极佳的筹资方式，还是一种安全便捷的补充投资、门槛较低的群众投资与回报丰厚的拉动投资，具有广阔的融资空间。因此，需要设立五种类型的新农村建设基金：一是粮食安全基金，主销区据此可以为粮食生产出钱买单；二是农地征用调节基金，这可以成为失地农民的保护伞；三是农村信贷调节基金，从而遏制农村失血过重的影响；四是农民工社保基金，主要体现了社会公平正义；五是农村社区互助合作基金，成为农民脱贫致富的小银行。除此之外，他还提出了课征新农村建设特种税、建立土地银行以及创办新农村建设特区等筹资的思路，从而解决新农村建设与农村社区服务筹资的困惑和难题。

王曙光（2009）从民生视角分析了农村金融改革，认为获得信贷和金融服务是农民应该享有的基本权利。农村金融改革本质上是重新尊重和赋予农民信贷权，使他们平等享受金融服务。在改革农村信用社方面，应遵循八个原则：一是增加农村金融供给原则，二是农村信用社改革模式的地区多元化原则，三是维护县域农信社独立性原则，四是股份制社区银行目标原则，五是行业管理与经营管理分离原则，六是产权结构多元化原则，七是促进市场竞争原则，八是内部治理的有效性原则。通过这八个方面的改革，形成联社体制、内部治理与多元产权结构的模式，农村信用社成为农村社区服务有效的资金供给者。

四　农村社区公共服务供给制度研究

汪希成（2009）对中外学者关于农村社区公共服务制度的研究进行了梳理，使人们对人民公社时期和家庭承包责任制时期的农村社区公共服务供给状况有了全面了解。关于人民公社时期农村社区公共服务供给制度的研究，张军、何寒熙（1996）对此进行了历史考察，认为该时期农村公共服务的供给依靠劳动力资源弥补资本不足，在政府动员的情况下，组织大批劳动力投入到灌溉、江河治理、农田水利设施等劳动密集型项目的建设上。人民公社制度为劳动力代替资本创造了条件，但是，这种强制性的公共服务供给制度缺乏激励动力。1978年农村改革解决了激励问题，农民生产积极性得到极大提高。不过，农作制度的变迁却对农村社区公共服务的供给造成了负面影响：一方面是农业收入不断提升，另一方面是政府对农业的总投资持续下降，相应地，农村公共服务的投资不断削减。在此时期，本该由中央承担的事权，却转向地方政府承担。由此，直接造成农业经济比较利益的丧失和农村财政力量大为减弱的严重后果。相比之下，此时的私人投资并没有弥补政府投资的减少（Lardy，1986；Waston，1987，1989），而是投在了建房、耐用消费品和非农劳动之上，大量的公共事业却缺乏私人投资（基姆·安德森，1992）。与人民公社时期相比，家庭联产承包责任制时期政府动员的劳动密集型项目的建设力度大不如前，农户要求得到的补偿有所提高，用在公共事业投入上的劳动力成本逐渐增加，从而减少了公共服务的供给能力。

关于家庭联产承包责任制时期的农村社区公共服务供给状况的研究，大家一致的看法是，家庭联产承包责任制的实施是引发农村社区公共服务供给制度变迁的原因，导致了以制度外供给为主的机制的形成（叶兴庆，1997；谷洪波，2004）。在林万龙（2002）看来，家庭联产承包责任制代替人民公社制，是宪法层面的制度变迁，由此所引发的农村社区公共服务供给制度的改变，是供给主导变迁与需求诱致变迁共同作用的结果。这种制度外供给方式存在多重缺陷，不利于农村社区公共服务供给制度的发展。熊巍（2002）认为，这种缺陷主要表现在政府缺位与市场失灵、财权与事权不对称、"软"公共服务供给不足等方面。马晓河（2005）也分析了制度缺陷的种种表现：一是政府重城市轻农村，规避对农村社区提供公共服务的责任；农民缺乏供给能力，第三方缺乏参与机会。二是自上而下的公共服务供给决策机制导致供给结构失衡，公共资源浪费，机构改革落后于实际生活需求的发展。三是监管不力，存在监管不足或监管过度的现象。

如何改革和创新农村社区公共服务供给体制，学者们提出了许多建设性意见。刘鸿渊、谷洪波（2004）提出了建立中央、省、地方与农民四位一体的农村社区公共服务供给制度，其中，以中央和省两级公共财政为主，地方财政适当配套的方式，着重围绕农业经济发展、农民生活改善两方面提供公共服务。还有学者提出要从公共服务决策上创新，建立自下而上的需求表达机制，完善公共服务供给机制（陈小梅，2005）。大量的研究表明，在政府补贴下可以实现私人公司提供农村公共服务，而且在非洲、拉丁美洲等一些发展中国家，这种做法已经得到证实（Wellenius，2004），因此，中国实行农村社区公共服务的多元化供给是完全可能的（Buchanan，1968；Ostrom，1990；E.C.萨瓦斯，中译本，2002；世界银行，1994）。当前，农村社区公共服务多元化供给引起了研究者的广泛关注（张军，2004；王金霞、黄季焜等，2000；徐小青，2002；张立承，2005）。

综上所述，关于农村社区服务方面的研究，尽管越来越引起人们的关

注,但是,各方面的研究状况,总起来说,有如下几个具体的表现:

一是理论分析层面上的研究多,以实证分析和实地调研为基础,开展农村社区服务的研究,目前尚显薄弱。

二是从共时性维度从事农村社区服务的研究多,以历时性为维度考察农村社区服务变迁过程的研究少。

三是在农村社区服务研究内容上,关于公共服务的研究多,相比之下,包括农村社区自服务与市场服务在内的整个农村社区服务为对象的研究少。

四是狭义的农村社区服务,即侧重于农村社区社会生活服务的研究多,而广义的农村社区服务,即包括提供经济发展服务的研究少,缺少农村社区服务的全貌研究。

本书的立意在于,以实地调研为依据,立足于相关学术研究成果,全面考察新中国成立以来农村社区服务体制的变迁过程,对该体制的供给状况(历史的、现在的)、影响因素、相关结果等方面加以全面系统的实证性探讨和总结,由此揭示它所产生的社会后果,以及实现社会融合的可行途径、方式方法。

第三节 研究思路与本书结构

本书是以下面的基本判断为依据,并由此确定研究思路与行文结构。

第一,社会融合是国家与社会的一个追求目标。从古代的"大同"思想,到现代的共产主义思想,乃至当下的构建和谐社会与中国梦的理念,都把社会融合作为孜孜以求的目标。特别是随着改革开放及农村经济与社会的发展,农村的经济结构、社会关系、利益格局发生重大的和根本性的变化:开放带来了流动,流动产生了分化,分化形成了多元,多元诱发了对立。由此,在现行的农村基层组织与管理体制已经不能适应社会经济发展需要的背景下,如何构建与农村现实状况相适应的社会组织与管理方式,妥善处理社区居民之间的权利关系,增强居民的认同和归属感,已经成为人们思考的问题。总体而言,这些思考的理论关怀的最终落脚点都是围绕社会融合的目标展开的。

第二,认同是人们价值判断的体现。事物的价值是事物有用性的反映,即对人们需求的满足。因此,作为人们价值判断外化的认同,体现了人的行为的心理基础，涉及社会生活的各个领域，是驱使人们行为的内部动力，在一定程度上支配和调节着人们的社会行为。正因为认同存在于人们的心理层面，所以，不管是政治认同，还是社会认同，任何一种形式的认同，都是可以建构的。

第三，农村社区服务是农村社会的资源。农村不仅拥有丰富的自然资源，还拥有大量的社会资源。这些资源可以开发成不同功能的产品，以满足人们的不同需要。农民群众是农村社区服务的消费者和受益者。因此，农村社区服务应从农民群众最关心、最直接、最现实的利益和需求出发，以广大农民群众是否满意作为标准，从而创新和完善以农民需求为导向的农村社区服务体制和机制。

第四，基本公共服务是人们生存和发展所必需的、非由政府提供不能有效满足的公共产品。平等享有基本公共服务是公民的基本权利。政府是基本公共服务的规划者、组织者和供给者。因此，政府对基本公共服务的财政投入状况在很大程度上决定着基本公共服务的数量和质量。当下，如何完善农村基本公共服务的财政投入机制，是农村基本公共服务体制和机制建设的重点。

正是上述目标（社会融合）、价值判断（农民认同）、资源（社区服务）和安排者（政府、集体、市场等）之间的互动，使农村社区服务体制经历了一个形成、发展与创新的变迁过程。不同的安排者开发不同的资源产品，使农民产生不同的价值判断，从而影响着目标的实现进程。在这一组互动关系中，农民具有主体间性，他们既是社区服务的接受者，又是社会融合的行动者。因此，虽然本书关注的焦点是农村社区服务对社会融合的影响，但是，农民认同是一个重要的变量因素。也正是这个中间变量的存在，要求我们必须制定一套相对合理的农村社区服务体制，才能对农民的认同加以有效的引导与调节。

基于此，本书试图从以下三个方面展开研究：

一是从农民集体供给的农村社区服务的角度，考察人民公社时期农村社区服务机制的产生与运行方式，以及对农民认同产生的影响。在人民公社及其之前的社会主义改造时期，农村社区服务机制萌生于互助合作运动之中，形成于人民公社时期。在农村集体供给背景下，乡村的人、财、物在政府的引导下存在平调现象，这种利益冲突致使社员的认同程度由互助合作时期的认同水平逐渐下降，主要表现在农民内在心理与外在行为出现分裂和断层，农民普遍缺乏劳动积极性，形成蜂窝状认同结构。虽然1962年公社核算范围退回到"三级所有、队为基础"的层面，但是，这种认同结构因利益冲突而缺乏内在联通，蜂窝状认同结构没有被打破。尽管这种结构在城乡二元分割大局势之中被掩盖起来，但是，农村社会不融合的局面已成事实。

二是从农村社区服务此消彼长的供给主体的交替变化角度，考察家庭联产承包责任制时期农村服务机制的运行状况及其对农民认同产生的影响。从低效的合作状态中解脱出来的农民，以农户个体作为投入单位。这种投入机制产生两种结果：其一，"搭便车"问题逐渐生成，使集体投入的力量式微，农村社区服务供给的潜力日益萎缩；其二，催生了市场经济体制下农村人口的流动，农村社区服务供给活力有限。加之分税制的影响，农村社区服务制度外筹资方式加重了农民负担，最终形成"三农"问题。情况严重的村庄，直接导致村级组织瘫痪，农村公益事业无人过问，一度出现国家与农村联系的"梗阻"现象。这时，农民认同发生裂变，在一定程度上出现了认同危机。

三是从国家主导下的多元供给主体的角度，考察新农村建设时期农村社区服务机制的运行与农民认同的建构。现代农村社区服务机制创新的保障是国家加大基本公共服务的供给力度。虽然民间资本与公共财政在农村社区平台上得到整合，但是有两点需要明确：一方面，从实现农村现代化的角度讲，公共财政投入乡村基础设施、卫生、社会保障等民生领域，既激活了民间资本，又带动了民间合作组织。诸如各种类型的金融合作组织、"种养加"合作组织、土地合作组织等，不但教育和培训了农民，而且促使农村生产关系进行新的变革。另一方面，基本公共服务是社区建设与发展的保障。与过去相比，由于有了基本公共服务的保障作用，尽管人还是那里的人，村庄还是那里的村庄，但是劳动者和劳动资料却能焕发出勃勃生机，农民认同得以重建，从而推动城乡一体化发展，促进社会走向融合。

总之，本书力图从农村社区服务体制的形成、发展与创新的变迁过程中，分析农村社区服务、农民认同与社会融合等因素之间的内在逻辑关系。根据叙事的需要，本书的结构安排，除导论部分之外，共分为四章：

第二章为"集体背景下农村的社区服务与社会认同"。此章以人民公社制度为背景，着重考察农村社区服务体制的产生与运行状况及其对农民认同产生的影响。通过研究这个时期农村社区服务体制的形成历史，笔者认为，它是一种以农民集体为供给主体，通过"集体提留"与"一平二调"的筹资渠道提供社区服务的体制，是特定历史时期的产物。在我们看来，新中国成立之后，农村基层组织经历了互助组、合作社、人民公社的变迁，传统的家庭小农经营方式为集体经营所取代，农村生产力在一定程度上从多年的战争破坏中得以恢复和发展。农村社区中生产、生活的服务项目不断增多，服务设施逐渐完善，交通、水利、教育、文化、医疗、救助等得到极大发展。由此，农村社区服务体制逐渐形成。客观地说，这种服务体制在集体化之初，确实发挥了显著的效能，一批劳动密集型的公益工程先后建成，诸如水库、河流的兴建与疏浚、灌溉和排涝设施、公路和桥梁设施等从无到有，大大改善了农业生产条件。但是，该机制毕竟是特定历史时期的产物：首先，在资金的来源上，它是在农业收入基础上的直接提取，是一种集体性质的财富。其次，在使用范围上，它是在农业内部的自投入，很少有农业之外的投入做补充，是一种封闭性投入。再次，在供给理念上，主张在同一个核算单位内部，不计差别，平均供给。由于这是一种重经济发展服务、轻社会生活服务的供给机制，再加上工农业"剪刀差"对农业的过度提取，农村生活水平长期得不到提高，生活质量无法得到改善，甚至造成50年代末60年代初的局部饥荒。在一个国家政权直接深入到农村基层的状态下，农民除了接受这个机制之外，没有其他制度可供选择。如果说这种供给机制曾经取得一些实效的话，那么，这种实效并非是建立在农民高度觉悟的基础上的，而是在政治的高压之下迫使农民做到的，甚至在一定程度上讲，这是一种超出了农民的控制范围的非自愿的行为，因此，导致农民形成总体性社会认同，即涂尔干所说的机械团结，社会一时无法实质融合起来。

第三章为"农村改革后社区服务与社会认同的变迁"。此章主要讨论三个方面的问题：第一，农村社区服务体制的改革与发展。以土地经营权分散为特征的家庭联产承包责任制催生了农民多元化的需要。这一时期社区服务体制，虽然在社会生活服务供给上有所改善，但是，供给经济发展方面的服务仍然是主要的。另外，这是一种"政府请客、农民买单"式的供给体制，直接加重农民负担，最终诱发了"三农"问题这一社会矛盾。第二，从集体化服务到市场化服务的转变过程，供给主体发生了变化，集体逐步消退，国家与市场开始出现。相应地，筹资渠道也改变了，

"三提五统"与制度外集资摊派成了农村社区服务的资金来源。在地方财力困难与保障不足的情况下，以这种渠道筹集农村社区服务的所需资金，逐渐成为地方政府和村级组织履行职责时必须依赖的惯用手法。第三，这个时期农民认同的变迁，主要体现为农业职业和农民身份的分化。加速农民认同的裂变进程的原因主要有两个：一是农村社区服务过程中的"搭便车"问题的显现，二是分税制的实施促使农村社区服务制度外筹资方式的形成。

第四章为"新农村建设中农村社区服务体制的改革"，着重分析现代农村社区建设过程中，农村社区服务体制的变革及其对农民认同的影响。此章主要从三个方面入手：第一，主要从新农村建设是一项重大的社会建设工程的角度，分析党和政府将基本公共服务引入农村，从而对社区重建的影响和促进作用；第二，新时期农村社区服务的运行机制。这个时期农村社区服务的供给主体与筹资渠道有了创新，即建立了一个政府主导的多元化投入体系，公共财政等多种资金来源拓宽了过去的筹资渠道。因此，以自主合作为原则的供给体制，有利于城乡一体化的发展进程。第三，推进城乡基本公共服务均等化政策的实施。笔者认为，城乡基本公共服务均等化和城乡一体化，是农民认同重建与社会融合的切入点。既然国家提供的基本公共服务是用来满足农民共同的需求，那么，农民就可能会产生一致的认同。在这些以社会融合为目的的惠民政策中，土地流转是农民认同重建的载体。通过土地流转这个平台，以国家提供的基本公共服务为保障，使农民手中的土地转化为资本，为迈向城乡一体化发展提供了切实的物质保障，从而加快了社会融合的进程。

第五章为"以服务重建认同——通向社会融合之路"，谈了通过服务构建农民认同与实现社会融合的问题。第一，认为服务是认同与合法性的基础。由于认同与合法性具有心理内化的特性，只要是认同的，政权的合法性就一定强。从认同到合法性，都与利益有着密切的关联度，利益得到实现和维护，就意味着人们的需要得到了满足和尊重。这一切都离不开政府提供的公共服务，因此，服务是认同与合法性的基础。第二，服务是社会联系和组织的纽带。现阶段农村社区及共同体建设应走服务之路，即通过服务将分散的人们重新联系起来，在服务的基础上重建社区认同；通过服务，把社会联系和组织起来，增强农民对于整个国家和社会共同体的认同，从而使农村社区由"生产共同体"或"经济共同体"真正转向"社会生活共同体"。第三，微观层面上的社会融合。通过社区服务增强农民的社区认同，是微观层面上的社会融合。社区服务是人的最基本，也是最重要的需求，由此产生的认同便是最稳定的认同。这就是社区作为微观社会组织的价值所在。重建社区，就要以服务来增强人们的社区认同，使之与现代市场经济所体现的独立性、开放性和兼容性相适应，打破传统的等级性、封闭性和排他性。第四，宏观层面上的社会融合。通过公共服务实现社会团结与融合，是宏观层面上的社会融合。通过公共服务建构整个社会一致的认同，逐步把社区共同体与国家共同体联系起来，实现城乡一体化发展，推动社会走向融合。

第四节 研究方法与资料来源

本书以建制县为对象开展实证研究。之所以选取县作为研究样本，是笔者在村庄与乡镇研究经验基础之上扩大研究范围的一种尝试。与村庄和乡镇研究相比，在县域层面上研究农村问题，不管在深度上还是在广度上都具有代表性。首先，县级行政是一个机构设置齐全的体系，涉农单位多，诸如农业、水利、林业、畜牧、教育、文化、卫生、民政、交通、公安、司法、财政、计生等。其次，县级行政权力运作独立性强，有自主性财权。再次，县级行政是决策与执行结合点，既要根据县域情况自主决策，又要落实中央与省市的相关决定。所以，在县级层面上做"解剖麻雀"式的研究，不仅能够看清问题的全貌，而且还能洞察问题的深层原因。

具体来说，在调查中笔者采用了如下几种方法：

（一）普遍调查与典型调查相结合。即在县级职能部门进行普遍调查，收集宏观信息；然后深入典型乡镇和农村社区，收集微观信息。

（二）文献收集。不管是普遍调查还是典型调查，注重收集各部门、不同历史时期、不同类型的资料，诸如文件、决议、通知、领导讲话、统计报表、新闻通信、网络文本资料、地方志、内部出版物、音像、图片、协议、合同等，以及国家有关法律法规。

（三）深度访谈。个别访谈与集体访谈结合进行，先是县级党政领导个别访谈、相关职能部门负责人集体访谈，然后再深入各局、委、办、乡、镇、村与主要领导个别访谈。访谈对象的类型有：党委领导、政府领导、职能部门领导；离退休干部；乡镇干部；村组干部；农村社区组织、协会的董事长、会长；村民与村民代表；乡村教师；乡村医生；敬养老院院民；等等。访谈内容都有录音，并做了详细记录，还尽可能拍了照片。

（四）出席会议。直接参加了县里和乡镇工作部署会议，了解工作进程。

（五）实地参观。深入到河埠码头、田间地头、沟渠源头、涵洞桥头、村庄尽头查看生产与建设、村容村貌、社会人文等状况。

此外，在资料分析过程中需要补充材料的时候，还通过电话、E-mail、QQ等方式与相关人员联系沟通索取。

接下来以图表方式将本次研究的样本县——息县的资料详细列出。

表1-1　　　　　　　　　息县调研资料及来源

资料名称	存放或提供单位	备注
《息县志》	息县志编纂委员会	河南人民出版社，1989年
《信阳地区教育统计资料汇编》（1983—1997）	河南省信阳地区教育局	合订
《息县教育志》（1905—1995）	息县教委教育志编辑室	合订
《信阳市教育统计提要》（2000—2006）	信阳市教育委员会	按年度单列
《信阳统计提要》（2007—2009）	河南省信阳市统计局	按年度单列
《岁月》（1988—2009）	息县文史室	内部出版物（季刊）
《息县坡》	中共息县县委宣传部	内部出版物（旬刊）
息县县委、政府文件档案1949—2009	息县档案馆	永久卷（已拍成照片）
息县民国时期档案	息县档案馆	永久存放（已拍成照片）
息县财政档案	息县档案馆	永久存放（已拍成照片）
息县统计年鉴	息县统计局	单列与合订
息县建设规划	息县建设局	文档
息县财政预决算	息县财政局国库股	数据
息县上级拨入财政专项资金	息县财政局农业股	数据
息县粮食直补、综合补贴	息县财政局金贸股	数据
息县道路、饮水等工程专项	息县财政局经建股	数据

续表

资料名称	存放或提供单位	备注
天下第一县	中共息县县委宣传部	音像
李楼村财务账目1984—2009	息县项店镇李楼村	内部资料
访谈录音	自存	自录

由于实证研究样本自身存在的"局部经验"的缺陷，不可能以一个县的事实全部解释中国两千多个县（市、区）的问题，因此，笔者在已拥有资料的基础上，尽可能多地参阅和使用了华中师范大学中国农村问题研究中心及全国相关领域的专家学者们在样本之外的调查资料与研究成果，力求在宏观背景支撑下进行微观分析，使引证的资料具有普遍代表性，以便得出令人信服的结论。在此，笔者对他们表示谢意！

第五节 核心概念的界定

本项研究是在前辈已有成果基础上的继续。所涉及的概念与术语，通常按照学界公认的解释进行运用。但是，对于学界有争议而本书必须使用的概念，在此做出必要的界定和说明。

（一）农村社区：是指农村有一定边界的具体的生活共同体。费孝通曾经说过："（社会学的研究对象）并不能是概然性的，必须是具体的社区，因为联系着各个社会制度的是人们的生活，人们的生活有时空的坐落，这就是社区。"[①] 农村社区具有历史继承性。从社区历史发展历程看，现代农村社区是由传统农村社区发展演变而成的。因此，书中不同时期的农村社区与同期的行政村内涵一致。

（二）农村社区服务与经济的关系：笔者认为，农村社区服务包括经济发展服务和社会生活服务，这是与城市社区服务相区别的地方。城市可以实现经济生产与社会生活的分离，即工作地可以与生活地不在一起。但是，农村的生产与生活很难分开，生产地一般也是生活地，尤其是城乡二元格局条件下更是如此。现代农村社区服务最终会实现与经济的脱离，但那将是一个长期的过程。

---

① 费孝通：《乡土中国》，生活·读书·新知三联书店1985年版，第94页。

（三）现代农村：与传统农村相对，现代农村在内涵上更多强调的是农村的多功能性和多样化的特征，表现为生产、生活、生态的统一，历史与现实的统一，人与环境的统一。现代农村更多地强调劳动就业、自然景观、环境保护、维护生物多样性以及农村文化遗产保护和传承等自然的、社会的、文化的和历史的功能。

（四）认同：是指组织成员的需求得以满足时所产生的一种内在反应，主要表现为心理上的归属感、责任心和荣誉感。本书所使用的认同，特指农村社区的教育、医疗、社会保障等基本公共服务供给得以实现时，社区居民心理上所产生的一种满足感。

（五）村庄、行政村：虽然习惯上认为村庄是自然状态的农村，行政村是人为状态的农村，但为了行文的方便，在没有做出特别说明的情况下，二者有时互换使用，内涵不变。

最后需要说明的是，由于行政区划在历史沿革中有所不同，现在淮滨县的5个乡镇在20世纪50年代归息县管辖，所以由此产生的统计数据按当时建制为准。

第二章　集体背景下农村的社区服务与社会认同

在人类社会发展进程中，无论是个人还是组织，从来就不是完全孤立和封闭的。毕竟，人之所以为人，首先在于其社会性，即与他人之间存在着无法割裂的社会联系和社会关系。而社会，则是每个人之间的关系和联系的总和。由此推论，一种完全孤立和封闭的农民、乡村社会及社会共同体是不现实，也是不可能存在的。在不同的社会里，人们之间都或多或少地存在着一定的联系与交往，从某种意义上说，这种联系与交往大多是以提供某种形式的服务为纽带产生的。现实中的每一个人，接受服务与服务于人贯穿一生，并影响着人的心理状态。

从20世纪50年代以来，中国农村社会继续以服务维系着农民群体，形成一种与时代需要相适应的服务体制。本书这里所要论述的农村社区服务体制，即是一种以农村集体为基础，向农村社区提供生产与生活服务的机制。在此，笔者主要考察农村社区服务体制的形成及其产生的社会影响和后果。

第一节　小农的社会需求与集体化的逻辑

小农的社会需求直接缘于小农经济难以克服的生产与生活的困难。新中国成立之后，土地改革使广大无地农民获得了土地，使其成为自耕农。但是，随之而来遇到了一时无法逾越的三重障碍：从土地产权来说，尽管土地改革使农民一家一户都获得了一小块土地的私有权，但是这种分散的地权不利于大规模的土地经营；从生产技术水平看，劳力和畜力是主要的劳动手段，粗放式经营显然不利于农业效率的提高；从土地的自然状况看，土地分散、地块狭小，且属于不同的所有者，无法开展农田水利建设和全面抵御自然灾害。因此，如果不能及时克服这些障碍的话，那么，就有可能重新出现小农户的破产和大地主的形成，农户间的两极分化仍会发生。事实上，当时一部分经济上升较快的农户出现了买地、雇工等扩大经营的趋势，相比之下，另一部分由于种种原因变得生活困难的农户则开始卖地、借债与受雇他人。要解决小农经济难以克服的生产与生活困难，国家必须推行互助合作运动，通过提供服务把农民组织起来，引导农民走上集体化道路。

一 小农的社会需求与人民公社集体化的出现

什么是小农呢？恩格斯曾经对小农做出了这样的描述，小农"是指小块土地的所有者和租佃者——尤其是所有者，这块土地通常既不大于他以自己全家的力量所能耕种的限度，也不小于足以养活他的家口的限度"，"在所有的农民当中，这一类型是最重要的，并且一般说来不仅对于西欧是如此"。[①] 当时的中国，小农也是农村社会的主体，如果他们在生产和生活上的需求仅通过自我供给的话，那么，他们的需求则难以得到满足，于是国家大力提倡农民之间开展互助服务。这种服务在一定程度上缓解了小农户因缺少必要的劳动力、耕畜等生产资料或劳动工具而无法从事农业生产的问题，但是，这种互助方式仍然无法抵御自然灾害，也不能进行农田水利建设等规模化生产条件的改善，农村仍然需要进一步扩大组织化服务的范围，这是当时农村和农业亟须解决的实际问题。

因此，小农的现实需求推动了农村社区服务走上集体化的道路。也就是说，小农以生产资料私有制为基础，在小块土地上以家庭为单位使用手工工具进行个体生产经营，构成了农村社会的主体。自 20 世纪 50 年代初期开始，由于农村小农经济不利于农民生产和生活的需求，所以作为一种生产方式开始逐步消失。为了观察中国小农生产方式的消失过程，我们选取河南息县作为观察地，从而描述小农的需求是如何推动社区服务走上集体化发展道路的。

息县地处中原，历史悠久。从地理位置上看，息县位于河南省东南部，淮河上游。南接大别山丘陵带，北缘黄淮海平原。县域南部，呈波状起伏的缓丘垄岗，是茶果、鱼米之乡。沿淮系沙壤地带，分布长形及蝶形

---

① 恩格斯：《法德农民问题》，《马克思恩格斯选集》第 4 卷，人民出版社 1972 年版，第 298 页。

洼地，是小麦、油料作物产区。中北部为冲积、湖积平原，一望无际，河渠纵横交错，湖塘星罗棋布，是粮食和经济作物基地。这种兼有南北特点、广纳内陆优势的自然环境，自古就有"有钱难买息县坡，一半干饭一半馍"之誉。优越的地理位置诞生了久远的历史文化。早在周武王时，这里是息侯国的封地，直到公元前682年，息侯国被楚文王所灭，改置息县，实行县制，这是中国历史上最早的县制改革诞生地之一。此后，近两千年的历史中，这里曾设过东豫州、西豫州、汝南国、汝南郡、息州等建制，行政归属不定，直至明洪武年间改县沿革至今。[①]

新中国成立前的息县农民生活困难，急需农村社区服务。当时息县农业人口占90%以上，[②] 经济上以农业为主，人均土地面积3.9亩，耕地面积146.4万亩，水域面积32.9万亩，林木覆盖率为4.8%。息县的山坡宜放牧，塘堰宜养殖，四边宜造林，年平均气温15℃，降雨964毫米，无霜期220天，无严重酷热、冻害天气，适宜多种动植物生长繁殖。这本是得天独厚的自然优势。可在新中国成立之前，息县农业生产力落后，致使农村经济萧条，绝大多数农民住着土坯茅草房，食不果腹，衣不蔽体，过着贫穷潦倒的生活。[③] 据史料记载，1935年息县人口达到历史最高值，全县共有49万余人。[④] 这一年一个长工，全年最高收入只有40元，低者25元；月总收入最高6元，低者只有2元；日最高收入0.50元，低者只有0.15元。全县下等贫户占70%以上，靠租种地主土地和打长工、打短工维持生活。当时土地亩产量很低，每亩土地全年收入为上等土地5斗（约100公斤），中等土地3—4斗（约70公斤），下等土地2—3斗（约50公斤）。县域北部东岳、岗李、彭店三乡的农民，吃的主粮是麦、豆和红薯，穿的是家织粗棉布，全家只有一两床棉被，一件棉衣穿三四代，上面布满补丁。[⑤] 表2-1是笔者根据1934—1935年河南省在息县进行的社会调查资料，以农、工、商为分类进行的数据统计。该资料一方面显示了当年的经济状况，另一方面则反映着战后急需农村社区服务的状况。

---

① 关于息县的概况，均依据息县志编纂委员会《息县志》，河南人民出版社1989年版。
② 息县志编纂委员会：《息县志》，河南人民出版社1989年版，第210页。
③ 同上书，第2页。
④ 同上书，第75页。这个最高数字后来一路下滑，一直到1958年才重新赶上，其间共用了24年。
⑤ 同上书，第464页。

表2-1　　息县1935年农业、工业、商业经济数据统计一览表①

农　业		工　业			商　业	
产品	年产量（万公斤）	类型	数量规模	资本额（元）	商品	销量/日
稻谷	900	手工业（木匠、竹匠、泥匠、裁缝、理发、酿造）	40家（405人）	8870	粮食	300余石②
高粱	125	^	^	^	布匹	80余匹
小麦	2000	^	^	^	食盐	500公斤
棉花	2.8	^	^	^		

息县新政权自建立伊始，就开始根据实际需要提供农村社区服务。在当时的华中局，息县是建立共产党政权较早的县之一。1947年8月，刘伯承、邓小平率晋冀鲁豫野战军从息县强渡淮河挺进大别山，为息县解放创造了条件。1949年2月3日，息县和平解放，行政隶属于潢川专区（1952年11月24日，潢川、信阳两专区合并，息县改属信阳专区，即后来的信阳地区、信阳市）。1949年12月18日，根据华中局工作部署，中共河南省委发出指示，要求新解放区开展"反霸减租，生产度荒"运动。③在这个背景下，息县实施了有利于农业生产发展的政策，组织和提供了一系列社区服务。这些服务大体分为两种：一种是国家通过社区供给的公共服务，另一种是社区互助服务。当时，国家供给的公共服务主要有：

第一，兴修水利。息县地处淮河上游，旱涝灾害频繁，因此防旱防涝对农业增产增收有决定意义。按照县委部署，任店、关店、项店、夏庄、城郊五区以修塘打堰为主，包信、张陶、路口、东岳、乌龙店五区以修治排水沟为主。各区既要打井，又要挖沟抬田。按1953年数据统计，此次兴修水利运动中，共整理修复旧塘6420口，挖新塘216口，修通小河道，整修旧港、渠、排水沟644条，打堰1301座，开新渠410条，打井50眼。其中，挖新塘的标准是两公尺深，平均每亩按一亩面积计算，用民工500人，计得108000民工。整修旧塘的标准，深度两公尺，每口100个

---

① 息县志编纂委员会：《息县志》，河南人民出版社1989年版，第207页。
② 300石相当于6万公斤。此间销售的粮食多由新蔡、正阳、项城、光山等周边县运来。
③ 《河南省委关于今冬明春农村工作指示》（1949年12月18日），息县档案馆，全宗1号，1949年永久档案。

工,用642000民工,修港、堰、坝、打井约需75000民工,总计动员群众占总人口的四分之一。

第二,技术推广。修理旧农具,逐步推广新式农具,银行贷款扶持新翻身的农民购买新农具。贸易公司、合作社与铁匠、木匠加工订货,保证足额足量及时供应。推广使用解放水车,扩大灌溉面积。此外,农场重点试用马拉农具,各区推广七寸和八寸步犁80部,以技术随着农具走的办法,逐步推广,提高耕作技术。

第三,防治病虫害。以"防重于治"、"以人工为主,药剂为辅"、"早治、普治、连续治、彻底治"为方针,家家注意,人人提防,从群众中大量收集土药,如闹草花、楝树根(皮)、苦树皮、猫儿眼等,再加上政府提供的药械供给虫害发生严重的地区。针对虫害,特别是吸浆虫、螟虫、包虫、蚜虫、红蜘蛛等危害性很大的虫害,动员群众采取拨稻根、深耕灌水、拾茬挖卵、清除杂草、烧掉虫卵、捕捉幼虫、採卵捕蛾、浸种拌种等方法预防和清除。

与此同时,社区互助服务被发动和组织起来。息县各地建立了一批农业生产互助合作组,还尝试建立了农业生产合作社。到1953年,息县组织起来的合作组织的人数占全县总人口的60%,共计24万人,常年互助占20%左右(每乡约五六十户十几个常年互助组),其中在张陶、夏庄两区各试办了一个农业生产合作社,其他各区正在培养一个对象。

这时的互助服务逐步走向规范化,反映了政权力量对农民社区服务的影响。如互助的原则要求是:一、合理的评工记分,等价交换;二、有常年农副业生产计划,做到农副业结合;三、民主管理制度;四、与供销合作社挂钩;等等。

除常年互助合作组织之外,根据群众意愿,还大量发展临时互助组。临时互助组要求订立季节性的生产计划,其生产情况要接受政府组织的督促检查,所存在的问题要适时予以纠正,避免出现放任自流现象。①

现在,分析当时的农村社区服务,可以看到至少有这样两方面的贡献:其一,使处于个体私有基础上的家庭小农在一定程度上被组织起来从事农业生产,克服了小农经济无法兴修水利、预防自然灾害等弊病,实现

---

① 《息县1953年农林生产计划草案》(1953年2月20日),息县档案馆,全宗1号,1953年永久档案。

了增产增收，农民的生活水平得到提高；其二，使政府逐步引导和帮扶的措施在实践中经受了检验，并且在管理经验上逐步探索了一套行之有效的制度，改变了历史上农业生产经营模式，满足了农民的需要。

在农村社区服务的推动下，息县农业经过三年的发展，经济状况有所好转。表2-2是1949—1952年主要农作物面积产量统计状况（其中单位：万亩、万公斤），[1]即是经济发展最好的证明。

表2-2　　　　息县1949—1952年主要农作物面积产量统计

年份 种类及数量		1949年	1950年	1951年	1952年[2]
小麦	面积	95.3	95.6	89.8	102.9
	产量	3650	3012.5	4901.5	2528
稻谷	面积	91.8	95.4	101.2	154.7
	产量	4098.5	4165.5	7169	7518
大豆	面积	35	37.8	28.4	44.7
	产量	1139	1134.5	1826.5	1733.5
红薯	面积	10.2	9.9	22.4	17.8
	产量	714	612	1579	1352.5
棉花	面积	4.1	5.3	9.5	7.7
	产量	20.5	30.5	99	58.8
麻类	面积	0.9	0.9	1.1	1.4
	产量	12.8	13.6	27.4	49.9
油菜籽	面积	2.4	3.2	3.2	4.1
	产量	48	68	84.5	27.5
芝麻	面积	5.1	5.4	4	9.2
	产量	76.5	83	119	136.8
花生	面积	3.6	1.4	2.5	2
	产量	153	71.5	137.5	67.7

从数据中可以看出，后三年的产量与1949年相比，除了1952年因涝

---

[1] 息县志编纂委员会：《息县志》，河南人民出版社1989年版，第220页。
[2] 1952年4、5月间，息县连降暴雨，内涝成灾。全县49.5万亩麦地受淹，42.53万亩小麦遭受吸浆虫灾害，致使麦季减产五成以上。

灾有所下降之外，1950年和1951年均实现了增产增收。其中，小麦亩产达到55公斤，比1949年提高了1.45倍，稻谷71公斤，比1949年提高了1.58倍，大豆64公斤，提高了1.94倍，棉花提高了2倍，芝麻提高了1.98倍，花生提高了1.29倍。如图2-1所示：

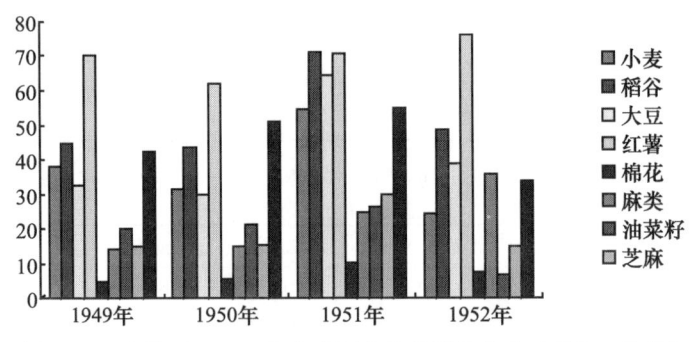

图2-1　息县1949—1952年主要农作物平均亩产（单位：公斤）

如果说兴修水利、推广农具、防虫除害等措施直接有利于生产力水平提高的话，那么，发展互助合作组织则不但有利于生产力水平的提高，而且更有利于生产关系的改善。也正是由于互助合作服务在经济恢复和发展时期初显身手，极大地满足了农民生产和生活需要，因此，在广大农民心目中便有了一定的认同基础，有力地推进了合作化运动的快速发展。

从历史上看，农村社区集体化服务方式在20世纪50年代中后期急剧发展。从农户家庭单干，到互助组，再到初级社，农业生产的组织方式与劳动成果的分配方式都发生了变化。但是，这些变化并没有改变农民私人拥有土地的事实。由于土地属于农民私人所有，一些更高程度和更大规模的社区服务无法提供。如大型水利化建设，农民家庭无能为力，非借助于农民集体根本无法完成。这一时期，国家的财力也在改善农业生产条件，但是，国家的投资则是全局化和整体性的投资。社区范围内的服务尚依赖农民集体投入。

当时，集体化服务是在互助服务的基础上发展起来的。1953年3月，息县在互助组的基础上组建农业生产合作社，实行土地入股，按劳（股）比例分红。合作社保留社员土地的所有权，耕畜、农具折价入股。股金超者得款，不足者补款，贫雇农拿不起股金的由国家扶助基金解决。生产管理上实行统一经营、平工记分，时称初级社。这是一种部分生产资料集体所有的半社会主义性质，个体小农经济还有一定的存在空间。由于互助合作是农民最容易接受的合作制形式，因此，合作化运动进展顺利。1953年全县农业生产合作社仅有两个；1954年发展到22个，555户，占总农户的0.56%；[①] 1955年达到1866个，2.8万户，占总农户的37.6%，参加总人数15.4万人，占总人数的33.7%。[②]

到1956年，初级农业合作社开始转为高级农业合作社，土地归社所有，生产资料折价入社，实行按劳分配。在短短的几个月内，292个初级社转成高级社，共9.9万户，占总农户的96.8%。这些转入高级社的农民主要是"贫农和新、老中农中间的下中农"[③]，仍有为数不多的富裕中农不愿入社，小农经济尚存一线生机。1957年，经过动员，那些富裕中农、单干农民以及退社的农民也加入了高级社，至此，全县高级社达到294个。至1958年上半年，高级社在管理上进一步实行"三包（包任务、投资、产量）、四到田（领导、劳动、工分、责任到田）"，同时，把供销社、信用社、手工业社、运输社并到农业社内，实行"五合一"经营模式。同年7、8月份，在294个高级农业合作社的基础上成立了12个人民公社。至此，农村社区服务开始走上集体化的道路。

从合作化服务到集体化服务，农村社区服务体制满足了小农生产和生活的迫切需要，也符合我国工业化总体战略的需要，但是，在这个过程中，存在着急躁冒进的问题。在前期，合作化服务体现了渐进和自愿的原则，以示范和帮助为主，满足了小农的需要，因此，小农接受了这种服务方式。但是到了后期，尤其是转入高级社的阶段，指导思想开始"左"倾，要求过急，工作过粗，带有一定的强制性因素，因此，农民难以适应，为后来认同的变化埋下了种子。

二 农村社区服务体制的形成和确立

一般说来，农村社区服务集体化供给方式的形成有两个方面的原因。一是国内农民过上好日子的迫切愿望。如上所述，土地改革使过去一无所

[①] 《县委关于今冬明春发展农业生产合作社的计划（草案）》（1954年10月26日），息县档案馆，全宗1号，1954年永久档案。
[②] 息县志编纂委员会：《息县志》，河南人民出版社1989年版，第211页。
[③] 程廷玉：《关于建立农业生产合作社的工作意见》（1955年1月24日），息县档案馆，全宗1号，1955年永久档案。程廷玉时任中共息县县委副书记。

有的农民拥有了土地和生产资料,本来就有着迫切致富愿望的农民,通过农村社区互助服务,在一定程度上满足了自身需要。为了继续提高生产力,改善生活,农民有进一步组织起来的原动力,国家对此顺势引导,通过集体化的供给方式满足农民的迫切愿望。

二是国外现代化农业发展的压力。美国在 19 世纪上半叶实现了农业革命性的变革。大量的农业技术和机械在生产中得到推广和使用,诸如金属犁头、割草机、收割机、播种机等的使用,节省了大量的成本,正如 1860 年美国一份"国情调查"所言,"收割机……可以节省三分之一的劳力,……打谷机……节省三分之二的劳力,……除草锹……可以节省一半的劳力"[①]。农业技术和机械的推广和使用,使美国迎来了"农村时代"的辉煌,主要表现为:一是包括密西西比河流域在内的农业耕种面积的扩大,使美国成为世界上最大的农业地区;二是农业专门化、商品化的迅速发展,取代了自给自足的农庄;三是美国开始了农业的科学化和耕种方法的机械化。[②]

英国农业在 15—20 世纪上半叶经历了两次重大变革:一是农业生产关系逐渐演变成为资本主义经营方式。15 世纪英国废除了农奴制,小农经济占主体地位。16—17 世纪,是农业革命,即剥夺农民土地的资本主义迅猛发展时期。到 19 世纪初,英国农村的土地占用者主要为土地所有者、租佃农场主和农业工人。在 20 世纪 30 年代,英国采取限制大地主出租土地的措施,因而租佃农场开始减少,自营的资本主义方式的农场日益增多。二是农业结构从以种植业为主到以畜牧业为主。19 世纪以前,英国农业以种植业为主。但是,随着城市人口的膨胀,对粮食需要量的增加,北美的农产品涌入英国。从 19 世纪开始,英国粮价持续下跌 20 年之久,使中小农户破产。1870 年英国小麦种植面积为 140 万公顷,到 1930 年缩减到 56 万公顷,减少了 60%。为此,英国农业逐渐由以生产粮食为主转为以发展畜牧业为主。随着耕地面积的减少,牧场和草地面积扩大了。1871 年,英国耕地面积为 770 万公顷,到 1930 年缩减到 540 万公顷,减少了三分之一;而同期的牧场和草场面积则由 530 万公顷扩大到 700 万

---

① [美]福克纳:《美国经济史》上卷,王锟译,商务印书馆 1989 年版,第 282 页。
② 同上书,第 286 页。

公顷，增加了32%。①

苏联从十月革命到20世纪30年代初，农业实现了集体化。苏维埃政权建立后颁布的《土地法令》，没收了地主的土地，实现了土地国有化，并把土地交给农民无偿使用。由此，在20世纪20年代末以前，小农经济遂成为苏联农村的主要经济成分。同时，农村也出现了国营农场、农业公社、劳动组合和共耕社。在新经济政策时期，列宁提出了实行合作制的主张，让个体农民在自愿基础上通过合作的途径组织起来，逐步过渡到社会主义。但是，随着工业的发展和城市人口的剧增，农业生产不能适应工业发展的需要，斯大林认为必须把落后的分散的小农户转为能生产最大量商品粮食的联合的公共大农庄，只有让个体农民经济过渡到集体公有经济，才能解决这个问题。在这个思想指导下，1929—1933年，苏联实行了农业全盘集体化。②

上述三国农业发展的事实，揭示了农业现代化的客观规律：从小农业（单一的种植业）发展到大农业（农、林、牧、副、渔），从个体经济过渡到合作农场、公司农场以及农工商一体化的农业组织，从依靠人力、畜力到有效地采用先进技术和进行科学管理，从农业独立经营到农业、工业、服务业之间的联系和联合，农业生产日趋社会化。

在这种国内外形势影响之下，我国在土改结束之后，直接经由互助服务供给方式到集体化的服务供给方式，创立了一套农村社区服务运行体制。

通过息县的合作化和人民公社化运动，我们能够清晰地看到这个事实，也能够理解农村社区服务体制为什么得以形成与发展。

首先，实行变工互助，把农民组织起来，是集体化服务的雏形。这种发展方式并非是20世纪50年代的创造，其实，早在30年代就有过多种形式的农业互助合作服务。③ 如土地革命时期福建上杭才溪乡的耕田队、江西瑞金叶坪乡的犁牛合作社、抗日战争时期陕北的变工互助等，这种互助组织可以解决一部分农民缺少农具、牲畜或劳动力的困难，是一种富有

---

① 于伟霈：《当代英国经济》，中国社会科学出版社1990年版，第90—92页。
② 陆南泉：《苏联经济》，人民出版社1991年版，第66—67页。
③ 郑有贵：《"三农"政策制定：若干重大理论的回顾与辨析》，转引自农业部农村经济研究中心当代农业史研究室《中国共产党"三农"思想研究》，中国农业出版社2002年版，第90页。

生命力的经营方式。通过提供服务能够把农民组织起来,以满足农民生产发展的需要。

新中国成立之初农村社区集体化供给的服务最早体现在防疫、救灾与救济等方面。1950年2月和1951年2月,息县开展了全民性的牛痘接种和感冒预防工作。1951年夏秋两季,由于涝灾和虫灾,政府拨付急赈粮85.75万公斤,贷粮16.5万公斤,贷款1.29亿元(旧币),棉衣6.3万套,抽调干部、教师200余人赴5个发生蝗蝻虫与稻苞虫的重灾区,共组织了7万群众除灭害虫。1952年9月,因近50万亩麦田被淹,行政专署拨给息县麦种贷款2.5亿元,耕牛贷款4亿元,副业短期贷款1.7亿元(均系旧币)。[①] 这种集体化供给的公共服务使农民的生产与生活有了保障,从而使三年经济恢复时期名实相副。

在合作化运动中,农村社区区域性服务的集体化供给有了尝试,使农村人力、物力、财力打破了原有的空间范围,从而实现了区域化调配。以息县范围内开展的大规模的兴修水利、整治农田的两个工程为例:一个是1955年10月息县第一座水库,即栗灵山水库动工兴建,12月建成。该水库控制流域面积3.37平方公里,总库容170万立方米,可有效灌溉面积为3000亩。这种水利建设超出了一乡一村的范围。二是1957年3月开工的闾河疏浚治理工程。该河为息县境内最大的淮河支流,多年来一直为害四邻,因工程量大,沿河村庄无可奈何。为了保证农业生产的安全,国家投资1000万元整治闾河。为此,信阳地委调集沿河6县(含息县)11.4万民工支援息县建设,历时两个多月,赶在雨季来临之前完工。此次治理,共完成疏浚和培堤土方1076万立方米,建成桥梁6座,涵洞22座,有力地提高了泄洪流量。[②] 规模如此之大的农田水利建设,超出了息县的范围。

事实上,农村社区服务集体化的因素在互助合作组织中萌发。1954年6月,息县在互助组的基础上组成的农业合作社仅有20个,491户,占总农业户数的0.503%,占组织起来的农户数的1.16%。常年互助组发展到2658个,14137户,占总农户的14.5%,临时互助组发展到5785

---

① 息县志编纂委员会:《息县志》,河南人民出版社1989年版,第31—32页。
② 同上书,第34—35页。

个；信用合作社（组）近发展到 12 个（组），4072 人，股金 6703 万元；① 供销合作社发展到 46556 人，股金 64445 万元。② 这些互助组织在农业生产上的优势是，能够做到增产增收，既推进了农业生产的发展，又改善了农民的生活，因而被群众所接受。据 20 个社的统计资料，合作的第一年已修塘 15 个，面积 45 亩 5 分，保证了 504 亩水稻增产；并挖出塘泥 11090 车，增加了土地的施肥量；另外挖排水沟、修堰、打坝 122 个，使 412 亩庄稼免受水淹，还可多灌溉 670 亩水田，保证了 690 亩旱地不受水淹。合作社不仅将剩余劳动力投入农业加工和基本建设，而且还抽出一部分剩余劳力搞副业生产。据其中 15 个社的数据统计，各种副业，如打油、磨粉、磨加工面、运输等，在一年之内赚钱 4247 万元，并买两匹骡子、6 匹马、7 头大牛、3 辆大车和其他小农具 258 件。副业收益，除了解决种子和部分社员生活的困难及牲口饲料外，还直接地支持了生产。③

从上述情况可以明显地看出，虽然参加互助组与合作社的总户数不到五分之一，但是，这些互助合作组织通过合作劳动，完成了兴修水利、改良农田、发展副业等工作，推动了农业生产的发展。因为在组建合作社之时，他们的土地、耕畜、农具等折价入股，是在合作劳动基础上的按劳（股）比例分红，所以他们的劳动具有集体经济的色彩。从成分上看，最初参加合作社的社员是"贫农和新、老中农中间的下中农"。之所以这部分人能够最先参加合作社，与他们是土地改革的受益者的因素是分不开的。据息县土改资料记载，1950 年 10 月息县开始土地改革，到 1951 年 6 月土改工作基本完成。地主的土地、耕畜、房屋、大件农具、财物，被分配给无地、少地的农民。全县共划地主 7113 户，3.6 万人；富农 4126 户，2.2 万人，合计占当时总农户的 12.3%，农村总人口的 14.7%。共没收地主、征收富农土地 69.4 万亩，房屋 6.1 万间，粮食 157.5 万公斤，耕畜 7012 头，各种农具 2.3 万件。无地少地的贫雇农人均分得土地 4.1 亩，有 6.1 万户、26.9 万人分得了房屋，1.8 万户、13.4 万人分得了粮食和其他物资。④ 除了土地、钱粮可以整分之外，房屋、耕畜、农具等无

---

① 这里所指的是旧币。
② 《中共息县县委关于巩固发展农业生产合作社的计划（草案）》（1954 年 6 月 13 日），息县档案馆，全宗 1 号，1954 年永久档案。
③ 同上。
④ 息县志编纂委员会：《息县志》，河南人民出版社 1989 年版，第 211 页。

法整分，只能是几户人家合有、合用，这就具有了公共的因素。经过三年的个体经营之后，到1954年开始组建合作社之时，这些原本就是政府分给的物资，再要重新作价收回入社，按股比例分红，由此带来的收益甚至比个体经营时期收入的还多，加之这些物资所具有的公共因素没有改变，改变的只是经营方式，而且这些贫雇农一直认为政府这样做是为他们好，他们自然是乐意接受了。

其次，国家的干预是集体因素增多的助力。当然合作运动之初，确实遇到一些困难。曾有一部分人有退社的动摇思想，较为普遍的问题是对入社后能否继续能够保产、增产持怀疑态度，其中思想问题比较严重的农民还采取了"脚踏两只船"的做法，以秋季是否增加收入作为干不干的依据。有的社员留下私有牲口农具，不愿投资扩大再生产，借以作垮台后的准备。如城郊区王新庄社社员秦有章说："入社是前进，后退在单干，将来看哪个不好拔哪个。"副社长夏映挥经常对干部说："去年收了30石粮，秋后不够即退社。"还有的社员经常借口赶集探亲，不参加生产，等社垮了好分家。[①] 为了提高农业生产效益，加快集体化进程，息县政府开始培训合作社骨干，开展过渡时期总路线的教育活动，更重要的是在贷款和税收方面，采取措施鼓励农民加入生产合作社。

第一，通过贷款干预。农业贷款主要是发放生产救灾种子（麦、稻、黄豆）、口粮（大米）、皮棉及现金，贷款给农民购买水车、耕牛、饼肥，帮助农民恢复和发展生产，但是，这些贷款主要通过农村合作基金形式发放，主要有小型农田水利贷款、农业生产合作贷款、社队农业生产费用贷款、生产设备贷款、社队企业生产费用贷款、社队小型水电生产费用及生产设备低息贷款等，贷款对象是以合作社为主。[②] 从贷款的间接影响上说，国家在"一五"期间把各类农产品的收购价格分别提高了10%到20%，[③] 合作社利用贷款发展农业，比单干农民生产发展快，出售农产品多，得到的提价好处也更多。

第二，通过税收干预。在1958年《中华人民共和国农业税条例》实

---

① 《中共息县县委关于巩固发展农业生产合作社的计划（草案）》（1954年6月13日），息县档案馆，全宗1号，1954年永久档案。
② 息县志编纂委员会：《息县志》，河南人民出版社1989年版，第330—331页。
③ 中华人民共和国财政部：《中国农民负担史》第四卷，中国财政经济出版社1994年版，第165页。

施之前，个体农民交纳的农业税实行累进税制，农业生产合作社交纳的农业税实行比例税制。之所以采用不同的农业税制，主要是因为农业生产合作社除了向国家交纳农业税以外，还要从总收入中扣除公积金、公益金和社务管理费等项支出。公积金主要用于扩大再生产，公益金主要用来实行"五保"供养和办理农村其他社会福利事业。然而，个体经营的农民却是独立的收支单位，虽然他们为了扩大再生产也需要有一定的积累，但是，他们却不负担为办理"五保"和其他社会福利事业而支出的公益金。因此，在农业税方面对个体农民加征一部分，是合理和必要的调节方式。同时，农业合作社开垦荒地、改良农田水利所获得的效果，比个体农户大得多，国家却并不多征农业税。虽然合作社发展副业比个体农户更有条件，但是国家对副业收入也不征收农业税。农业社享有最大的优惠，还体现在农业税按照常年产量计征、增户不增税的规定之上。因此，合作社的单位面积产量一般高于当地的单干户，而实际负担率一般低于当地的单干户。这种在个体农民应纳的农业税之外加征税收、优待合作社的特殊税制，对于农业生产合作社的巩固和个体农民的改造都是有利的，一方面限制了农村资本主义自发势力，另一方面引导和巩固了农业生产合作社。

  由此，农村集体化服务供给方式的覆盖面逐渐增多。在一系列配套措施等因素的共同影响下，加入合作社的农民越来越多，个体经营的人数与日俱减。如果说初级合作社时期，农民的生产资料是私有公用的话，那么，到高级合作社时期，则完全实现了集体所有，离人民公社只有一步之遥了。从经济成分上看，在所有制过渡、升级过程中，存在着小农经济、集体经济、国有经济，这三者是一个此消彼长的关系，即小农经济全部过渡升级到集体经济，一部分集体经济过渡升级到国有经济。1958 年，息县贯彻中央提出的"鼓足干劲，力争上游，多快好省地建设社会主义"的总路线，掀起了"大跃进"、"人民公社化"运动。农业生产合作社一举合并为政社合一的"人民公社"，各类手工业生产合作社分别转为国营或大集体企业，商业全部纳入国营体制。个体经济完全取消，集体经济也受到限制。[①] 随着 1958 年人民公社的建立，小农作为一种生产方式完全消失。与此同时，农村社区服务集体化供给方式逐渐形成并确立下来。

[①] 息县志编纂委员会：《息县志》，河南人民出版社 1989 年版，第 208 页。

第二节　国家安排下的农民自我服务

在集体化背景下，农民的生活场所和工作场所大都固定在人民公社之内。"三级所有，队为基础"成了这个时期集体所有制形式。在此基础之上，农村社区服务主要通过村庄集体组织来实现自我供给。它实质上是一种在国家的安排下以生产队和生产大队为直接供给主体的服务机制。

一　投入主体：以集体为主、国家为辅的二元主体

这个时期社区供给方式的投入主体由国家和村集体组成，其中，国家作为投入主体的功能基本通过村集体来实现。因此，准确地说，这个时期社区服务供给的投入主体是以集体为主、国家为辅的二元主体。

作为社区服务供给方式的投入主体，村集体在公社化运动的发展过程中，经历了一个集体投入—松动的集体投入——一刀切的集体投入的变迁过程。

村集体作为投入主体。这是在全盘集体化的政策背景下形成的机制。按毛泽东当时的想法，整个公社为一个经济核算单位，原来的高级社只是生产耕作区，不实行单独的经济核算。社区内部的生产服务和生活服务，全部由集体投入。息县人民公社的运行体制就是在这个背景下形成的。1958年7、8月间，息县294个高级农业生产合作社合建为城乡、路口、杨店、张陶、东岳、包信、小茴店、夏庄、项店、临河、关店、曹黄林等12个人民公社。到9月中旬，这12个人民公社统一合并为"息县红旗人民公社"，下设12个分社，实行"政社合一，工、农、兵、学、商五位一体"的组织模式。公社社员实行工资制，取消"三包一奖"[①]生产责任制，按劳力强弱、技术高低分为三个等级，月工资一级5元、二级4元、三级3元，吃饭采用供给制。不久，因为各分社无钱支付工资，就采用公共食堂就餐，按人头分饭，吃饭不付钱。按照那时的设想，发展公共食堂能体现人民公社的如下优越性：一是吃饭时间一致，社员出工、开会和学习都不再互相等待了，可以节省出许多劳力用于生产；二是可以把妇女劳动力从做饭的家务劳动中解放出来，增加一批劳动力；三是解决单身汉做

---

① 即包工、包产、包成本和超产奖励。

饭、喂猪的困难；四是家畜、家禽集体喂养，"五保户"可以从事这种轻微劳动，减轻了社员"五保户"负担；五是有计划地用粮，减少浪费与不足的问题；六是便于发展集体副业；七是夫妇、妯娌、姑嫂、婆媳之间的因做饭、吃饭闹矛盾的问题通过集体食堂化解了，家庭和睦起来；八是人畜分居，卫生情况得以改善。① 这是当时为增加劳动力、减少粮食问题、团结群众而采用的办法。于是，到 1958 年底，息县组建公共食堂 3281 个，10.6 万农户在公共食堂就餐。这个时候的中小学师生实行"四集体"，即师生集体吃饭、住宿、学习、劳动。集体公益事业所需的人、财、物都从各地无偿调拨。1959 年 3 月，农村人民公社确定以生产大队为基本核算单位。4 月，又将"息县红旗人民公社"分为 12 个人民公社，109 个生产大队调整为 264 个大队，970 个生产队分解为 1392 个。这个时期，人民公社的各项服务，诸如生产服务、社区福利、孤寡残弱救助、社区医疗、教育、文化、卫生、基础设施等方面的投入全部由集体承担。

　　松动的集体投入主体。这种机制主要表现为允许社员经营少量自留地和家庭副业，以改善农民生活质量，满足农民的需要。虽然这个时期很短暂，但是，作为纠正违背经济规律的补救措施，是对人民公社的初衷的必要修正。1960 年 11 月，遵照中共中央关于劳逸结合的指示，息县决定实行百日修整，社员半日劳动、半日休息，恢复生产，重建家园。翌年 3 月，息县将土地、劳力、耕畜、农具固定给小队使用，实行包产、包工、包成本和超产奖励，即"四固定"、"三包一奖"，投入方式由集体投入开始松动下来。4 月，正式宣布取消农村公共食堂，并对过去的平调清算退赔。至 6 月底，全县共计退款 279.4 万元，占应退赔总额 312 万元的 89.6%。到 1962 年春，根据中共中央《关于改变农村人民公社基本核算单位的指示》，把基本核算单位下放到生产队。8 月，农村普遍实行自留地、自留畜、自由种植、借地到户和包工包产的"三自一包"，这种投入方式在一定程度上改变了集体投入全覆盖的做法，对恢复农业生产起到了促进作用。

　　一刀切的集体投入主体。这种机制除了对村集体和国家作为投入主体

---

① 《县委积极地办好和推广公共食堂、托儿所等项社会主义生活福利事业的指示》（1958 年 8 月 13 日），息县档案馆，全宗 1 号，1958 年永久档案。该文件所列公共食堂的好处，详细内容参见陆文强、李建军《农村合作制的演变》，农村读物出版社 1988 年版，第 108 页。

认可之外，对其他的投入主体一概排斥，其主要动因，是缘于对"三自一包"做法的抵制。1963年1月，借地到户被认定为"单干风"遭到取缔，所借出的土地全部收回生产队。从1964年3月开展"农业学大寨"运动，到1965年初的"清政治、清思想、清组织、清经济"的"小四清"运动，再到"文化大革命"中的"大批促大干"、"割资本主义尾巴"，没收自留地，批判"集体经济内部的资本主义"等运动，所有社区服务皆依赖村集体这个唯一的投入渠道。从此，长期运行的一刀切的集体投入模式，既限制了家庭副业经济的发展，又把农民束缚在集体劳动中。这种做法不仅不利于调动劳动者的积极性，而且阻碍了农业生产的发展，直至最终葬送了农村人民公社制度。

客观地说，20世纪50年代初，不同投入主体供给的社区服务更符合农民的需要，确实促进了农业生产，改善了农民的生活。这是一个不容怀疑的事实。当时负责全国农业工作的邓子恢，曾在合作化运动发展之初，就确立了"宁肯少些，但要好些"的原则，还规划了全国合作运动。其规划的思想是："1955年至1956年组织农户21%，连原有60万个社共办社约80万个。1956年至1957年组织农户35%左右，共办社120万个左右。在这个基础上争取1960年达到组织农户80%以上，实现全国范围内半社会主义的农业合作社。"① 但是，与邓子恢的想法相左，习惯了以运动方式推动社会发展的毛泽东，则有着另一番"超英赶美"的伟大设想。毛泽东以革命战争年代的"士气"原则，取代了经济建设时期的"生产力"原则，他不仅超越经济发展阶段，实施人民公社制度，而且确立了"一大二公"的管理理念，从思想上对人民公社制度加以固化。人民公社遂从毛泽东的理想之物逐步变成现实，在全国推广开来。1958年8月上旬，毛泽东到河北、河南、山东三省视察，多次与当地负责同志谈"小社并大社"的问题，认为大社可以包括工、农、兵、学、商。当河南干部汇报他们没有用"共产主义公社"命名大社，而用"人民公社"作名称时，毛泽东说："人民公社这个名字好。包括工农兵学商，管理生产、管理生活、管理政权。人民公社前面加上个地名或者加上群众喜欢的名字。"同时指出公社的特点是："一曰大，二曰公。"8月9日，当山东干

---

① 邓子恢：《合作化运动的曲折与经验》（1955年3月21日），《邓子恢文集》，人民出版社1996年版，第395—396页。

部请示大社叫什么名字好时,毛泽东说:"还是叫人民公社好,它可以把工、农、兵、学、商合在一起,便于领导。"这个消息见报之后,全国各地相继仿效,人民公社迅速建立。①

在当时,农村社区服务体制投入主体贪大求纯,极力追求把劳动力、土地等生产资料统一起来,在社区内部或者不同社区之间集中投放,搞规模化经营。这种做法,是对社区服务集体化供给功能夸大的一种表现,对潜在的小微供给主体来说,不啻为一种窒息和扼杀。现在,我们以农机使用为例,对这一行为及其后果进行分析。从息县农业机械来看,息县农业机械最早使用是在1956年路口农场开始的,这是一个国营机械化农场。到1957年3月,息县拖拉机站建立,共有链式拖拉机2台,轮式拖拉机2台,拖拉三铧犁2台,液压悬挂二铧犁2台,连接器2件,镇压器3组,21片圆盘耙2台,重型缺口耙2台,24行播种机2台。这个拖拉机站承担着全县的土地耕种任务,但是,由于全县有着179万余亩耕地,仅靠这些机械是远远不够用的。于是,1958年9月,息县拖拉机站撤销,农业机械下放到张陶、东岳两个公社,由公社经营管理,并以这两个公社为中心,向四周辐射。到1962年,在增添了32台东方红-54型链式拖拉机、76部机引农具、4台康拜因联合收割机的基础上,重新建立县拖拉机站,分别在张陶、东岳、路口、城郊设4个农机分站,机械耕种遂由张陶、东岳两地扩大到路口、城郊4个公社。1963年,又增添了解放牌-164型汽车1辆、东方红拖拉机6台、铁牛-55型轮式拖拉机1台,设立项店机耕队,同时原来的4个分站也改名为机耕队。1964—1968年,农业机耕队扩大到14个公社,年机耕能力为50万亩以上。1973—1975年,随着农业机械的增多,陈棚、长陵、白土店、李塘、许店、中渡店6个公社相继设立农机站,至此,全县农业机械分布各个公社。同时,公社机耕队改为农机管理站,内设拖拉机站、修配站、农机供应站,变单一生产型为综合管理型。据统计,息县农业机械总投资3203.6万元,大中型拖拉机453台,2.4万马力;手扶拖拉机1666台,2万马力,农机总动力14.3万马力;耕地机械化程度占55%,耙地占50%,排灌占80%。② 这种投入模式使旧式的犁杖、太平车、独木轮车等农具被淘汰,在一定程度上提高

---

① 陆文强、李建军:《农村合作制的演变》,农村读物出版社1988年版,第98页。
② 息县志编纂委员会:《息县志》,河南人民出版社1989年版,第225—226页。

了耕作效率。其他方面的投入，虽然按照"大的集中、小的分散"原则，集体投入"应该集中力量搞好主要的农业生产和必须集中经营的大宗副业生产，而把其他利于分散经营的副业和家庭手工业都交给社员去分散经营"①。但是，60年代中期之后，在"割资本主义尾巴"的运动中，僵硬的投入理念，追求大、限制小，扼杀了各种小微模式的投入主体，使大而纯的集体投入主体孤军作战，缺少必要的补充力量。

不仅如此，农村社区服务体制投入主体还大力追求公，即以公有制为基础的集体投入，而不能是私有制为基础的个体投入，奢求社区服务的至公至纯。这个时期，如果以社区服务投入主体的所有制为标准来划分的话，则农村社区服务体制经历了如下三个阶段：

（一）人民公社所有制的投入主体。人民公社所有制经历的时间很短，但是，当时人们普遍认为人民公社就是生产资料由集体所有制向全民所有制过渡的形式。虽然人民公社最终不是全民所有制经济，但是它对生产资料的占用程度要比合作社高得多，也意味着它的服务对象、服务范围是全覆盖的。无限的服务责任、全面的服务对象与落后的服务能力形成强烈反差。最后中央不得不刹住"共产风"，实际上就是改变人民公社单层次所有制关系，改变服务责任无限化理念。

（二）人民公社、生产大队、生产队三级所有，以生产大队所有为基础的投入主体。1959年4月，中央对三级所有，以生产大队所有为基础做出了规定，要求以相当于原来高级农业合作社的单位，即生产大队为基本核算单位，而生产大队下面的生产队是包产单位，有部分所有权。在此阶段，公社的服务对象是各种企业、矿山、农业机器站、抽水机站、畜牧场、果园、林场、渔场等。从各生产队抽调的公积金以及从国家得到的资金，除了救济穷队外，主要服务社办企业，其中一小部分要用到社办学校、医院等事业上来。生产大队的服务对象是占95%以上的土地，主要是发展农业生产。生产队的服务对象是3%—5%的土地，主要用来种植蔬菜、饲料，或者机动使用。

（三）人民公社、生产大队、生产队三级所有，以生产队所有为基础的投入主体。到1962年，中央再次调整农村所有制关系，确立三级所有、

---

① 邓子恢：《在社会主义基础上进一步巩固工农联盟》（1956年9月22日），《邓子恢文集》，人民出版社1996年版，第461页。

生产队为基本核算单位。这样一来，生产大队成了各生产队的联合经济组织，服务范围也扩大了。这时，除了继续服务农业生产之外，生产大队还肩负着全大队范围的或几个生产队共同的农田基本建设和水利建设，投入大队企业以及大队所有的农机具和运输工具，举办全大队的集体福利以及扶贫救济、治安、文教、卫生等各项事业。

与村集体作为主要投入主体相比，此时的国家仅仅作为社区供给方式的辅助主体。这种辅助投入行为主要体现为，农村社区公共服务供给的决策和管理主体是国家，社区公共服务供给种类和实现水平基本取决于农村社区执行和贯彻国家有关政策指令的程度。[①] 质言之，国家是宏观政策的发布者、公共服务的规划者或直接供给者。如1957年闾河治理工程中，中央财政一次给息县拨付1000万元。[②] 在1968年7月中旬，淮河息县段发生水患，沿淮地区800多个村庄被洪水淹没、包围，中央派飞机空投食品、救生器材等物资，直接调遣人民解放军参与抗洪救灾。[③] 当国家不能为农村直接提供基本公共服务时，并没有放松对农村社区服务供给的决策权和管理权。不过，这些权力有时都是通过各级地方政府，再经由每个社区来实施的。这说明，国家作为辅助的供给主体，既提供有形的公共服务，也提供无形的公共服务。

总之，农村社区服务供给主体，就这样以集体投入为主、国家投入为辅的二元主体结构固定下来。在人民公社时期，这种二元化的投入主体一直承担着农村社区服务的供给任务。按理说，发展规模化经济本是现代经济体制的一个特色，但是，组织规模的大小与生产力发展水平密切相关，既要经历一个从小到大的成长过程，又必须保证这个过程是在自然条件下完成的，绝不能人为地扩大化。那种片面追求"大"规模的做法，违背了事物的发展规律，是一种拔苗助长的错误之举。实施集约化、规模化经营和社会化管理，并非必然否定农业生产合作社，也可以使不同投入主体存在，也可以发展规模大小不等的经济组织，但是，绝不能实行一刀切的至大至公的政策。虽然说恢复和发展小农经济绝不是中国共产党的最终目的，但是，一定历史条件下允许小农经济适度生存却有利于经济发展。作

[①] 高鉴国：《中国农村公共物品的社区供给机制》，山东人民出版社2009年版，第51页。
[②] 息县志编纂委员会：《息县志》，河南人民出版社1989年版，第35页。
[③] 同上书，第43页。

为一种动员方式，政治运动曾经在革命年代取得了战争的胜利，不过，在经济建设时期却要慎用此法，毕竟，生产力发展水平是经济与社会发展的决定力量。当息县随着人民公社化形势实施投入主体二元化之时，政治运动早已把这种服务体制拴在了"一大二公"的集体化供给模式之上，从而产生了深刻的社会影响。

二 筹资渠道：集体税收、提留与"一平二调"

在人民公社时期，社区服务的集体自我供给（社区供给）一般是通过集体税收、提留和"一平二调"的方式筹集资金的。据有关资料分析，1957年的农村收入分配比例大体是：国家税收占10%—11%，集体提留占33%—35%，社员分配占54%—55%；根据财政部汇总数据，1965年的分配比例是：国家税收占5.73%，集体提留占39.93%，社员分配占54.34%。[1]

这个时期，农村社区服务供给的筹资渠道，通常以"一平二调"的方式来实现，即平均分配、对生产队劳动力以及物质资料无偿调用。这种做法，实际上是集体提留的一种特殊使用形式。农村集体筹集的人力、物力和财力，除一部分支援国家工业化建设之外，其余主要用于农村社区服务方面。从筹资属性上说，这种筹资方式具有农民集体自筹的性质，是一种群众投入方式，而不是国家公共财政投入方式。然而，这种筹资方式是在政府的管理和组织下进行的，从这个角度讲，农民集体自筹具有政府规划与监管意义。

一般来说，农村社区服务筹资有两种筹集形式：一是筹资，二是筹劳。筹资是以农业税附加形式提取的，筹劳是以义务工形式提取的。农业税及其附加与义务工构成了农民的负担。新中国成立之后，农民的各种负担实质上是农民对中国革命和建设的贡献，其中也包含自我投入、自我发展。"中国一切政党的政策及其实践在中国人民中所表现的作用的好坏、大小，归根到底，看它对于中国人民的生产力的发展是否有帮助及其帮助之大小，看它是束缚生产力的，还是解放生产力的。"[2] 合理的负担不仅

---

[1] 高鉴国：《中国农村公共物品的社区供给机制》，山东人民出版社2009年版，第48页。
[2] 毛泽东：《论联合政府》（1945年4月24日），《毛泽东选集》第三卷，人民出版社1966年版，第1028页。

是必要的，而且是有利于农业生产力发展的。

就集体自筹资金来说，国家在不同时期灵活地制定和变更提取办法，以适应农业发展的需要和农民生活状况的改善。新中国成立之初实行的是按每人产量累进计征。1949 年，河南省农业税合理负担暂行办法规定：依据土质好坏，评定土地的常年产量。每人平均产量在 120 斤（小麦、大米或小米）以下的免征；每人平均产量在 120 斤以上的，划分 13 个税级累进计征；最低税率 5%，最高税率 40%。① 地方附加一般不得超过正税的 15%，个别地方如果不敷支出，可以多征一些，但最高不得超过正税的 20%。息县的征收办法是：人均免征一亩土地，其余地亩经民主评议分摊公粮。1950 年，实行人均扣除 40 公斤免税点后，按产量比例征收农业税。1951 年，实行全额累进税制，税收分 40 个等级，税率改为 3% 到 42%，正税之外，附加 13% 到 15% 的地方粮；人均口粮不足 75 公斤者，免征农业税。② 1952 年，中央整顿乡村财政，政务院在《关于 1952 年农业税工作的指示》中规定，"取消一切附加"。对于乡村财政开支，中央确定了"包、禁、筹"三原则："包"就是把乡村干部的津贴、乡村政府的办公经费以及乡村小学教员的薪资和乡村小学的办公经费由国家财政包下来。"禁"就是绝对禁止任何摊派。"筹"就是对于乡村举办某些社会公益事业，基于群众的自愿，有条件地容许自筹经费。乡镇的自筹经费不得超过农业税正税的 7%。③ 息县的计征办法是：根据《河南省 1953 年农业税征收暂行办法》，按每户人均产量计税，税级分 20 等，税率为 6% 到 25%，免征点为人均口粮 60 公斤。按中央要求取消地方附加，改按公粮 7% 征收乡村经费粮，其中 2% 作统购价付款给农民。但是，由于中央财政"包"的不到位，各地的摊派就难以"禁"止了，因此，1953 年，为了防止乡村摊派的混乱，中央恢复了地方征收农业税附加。1958 年，国家颁布《中华人民共和国农业税条例》，实行不同税率的比例税制。息县农业税征收产量为 14630 万公斤，农业税正税征收率为 15.7%，加上由乡村自筹粮改回的地方附加，按应征额的 14% 进行附征。1960 年，

---

① 中华人民共和国财政部：《中国农民负担史》第四卷，中国财政经济出版社 1994 年版，第 19 页。
② 息县志编纂委员会：《息县志》，河南人民出版社 1989 年版，第 318—321 页。
③ 中华人民共和国财政部：《中国农民负担史》第四卷，中国财政经济出版社 1994 年版，第 101—103 页。

息县农业税征收产量调为20739.5万公斤，税率为11%到14%，地方粮附征10%，其中上解省35%，县留35%，公社自留30%。1964年，地方粮附加调为15%。其后，税率虽有变化，但地方附加一直是乡村集体（包括省、县）筹资的主要来源。农业税按实物征收，分夏、秋两季。从1953年恢复农业税附加到1980年的28年中，息县共征收地方附加粮3502.9万公斤。

对集体筹劳来说，就是筹集"两工"①（这种称谓一直到1991年才被国务院以行政法规的形式正式界定下来），即是农村义务工和劳动积累工（农村义务工是指由乡镇人民政府和村集体经济组织在农村进行植树造林、防汛、公路建设、修缮校舍等公益事业时，要求农民无偿承担的一种劳务，也是农民为地方集体公益事业所作的贡献和义务；劳动积累工，是指由乡镇人民政府和村集体经济组织在农村进行农田水利基本建设和植树造林，要求农民无偿承担的一种劳务，是村集体经济组织内部的一种主要积累形式）。虽说农民承担劳务的事在历朝历代都存在，但是直到20世纪90年代新中国才对农民应当承担的劳务作了法律性的规定。其实，在此之前早就存在着筹劳的事务，但是，却一直没有规范起来。其实，农村筹劳早在革命战争中就已经开始了。例如，解放战争时期，大批民工南下支前，仅渡江战役，苏北随军渡江的民工就有将近12万人，出工的民工

---

① 规范"两工"的使用是通过如下三个法律法规确定的。1990年2月3日国务院发布《关于切实减轻农民负担的通知》，明确了除法定税金外，农民合理负担的项目（村提留、乡统筹费、义务工和积累工）及其使用范围。1991年12月7日国务院颁布《农民承担费用和劳务管理条例》，第一次用行政法规的形式界定农民负担的村提留、乡统筹费、劳务的标准和使用范围（村提留包括公积金、公益金和管理费；乡统筹费用于安排乡村两级办学、计划生育、优抚、民兵训练、修建乡村道路等民办公助事业；农村义务工是指由乡镇人民政府和村集体经济组织在农村进行植树造林、防汛、公路建设、修缮校舍等公益事业时，要求农民无偿承担的一种劳务，也是农民为地方集体公益事业所作的贡献和义务；劳动积累工，是指由乡镇人民政府和村集体经济组织在农村进行农田水利基本建设和植树造林，要求农民无偿承担的一种劳务，是村集体经济组织内部的一种主要积累形式），并规定了村提留、乡统筹费、劳务的提取和管理，规定了奖励和处罚等事宜。1993年7月2日第八届全国人民代表大会常务委员会第二次会议通过了《中华人民共和国农业法》，首次以法律的形式将农民负担设定为法定义务：农民依法缴纳税款，依法缴纳村集体提留和乡统筹费，依法承担农村义务工和劳动积累工，并且对向农民的收费、罚款、摊派、集资、劳务作出明确限制。一切向农民的收费、罚款、摊派、劳务都必须有法律、法规的规定，集资必须实行自愿原则。农民有权拒绝没有法律、法规规定依据的收费、罚款、摊派和劳务。

类型有半年期的随军民工、四月期的预定民工、不定期的临时民工等。①新中国成立后，由于农业税采取实物形式征收，这就要求纳税人把粮食送到指定的仓库或机关。在按户征收时，每户自己运输，还没有什么问题。但是，后来改为按合作社、生产队征收时，就涉及一个集体运输的问题，筹工出工就成了解决问题的办法。由于这些粮食由集体义务运送，加之后续产量的提高使运送负担越来越重，因此，1964年4月，中共中央、国务院规定，义务运送里程（单程）不超过15公里，义务运粮数量按应征人口计算平均不超过100公斤，超量部分国家付给运费。另外，农村兴修水利、公路等大型工程，更是离不开筹工筹劳。息县在50年代治理淮河中，共筹集民工10余万人；治理间河也用了10余万人；疏通莲花港仅彭店、张陶两个公社就出工5300人；1969年治理乌龙港，用工日平均14.67万个。在60年代修建周口到潢川的公路中，息县投入民工2742人。总之，在人民公社的"大办"运动中，"大批劳动力被抽调，造成农业生产中劳动力严重不足"，"大批物资从农业中流出，对农业生产造成严重损害"。② 这些人力、物力、财力，不管是支援国家建设，还是发展农村社区服务，都离不开农民集体提留这个筹集渠道。

如果说农村社区服务体制通过集体提留的渠道能够维持社区内部需要的话，那么，"一平二调"的统筹渠道不但不利于社区服务的供给，而且还对农村社区服务的可持续发展带来了破坏性的影响。

所谓"平"，即在社员之间实行平均主义的分配，主要表现在公共食堂吃饭的问题上。吃公共食堂，不考虑或很少考虑社员的状况，既不考虑社员劳动能力的差别，也不考虑社员家属子女的多少，一律在食堂吃饭，这在很大程度上纵容了不劳而获的思想，实际上成了"养懒汉"的平均主义，不利用农业生产的发展。

所谓"调"，即在人民公社成为统一核算的经济组织之后，公社内部各个高级农业合作社所属的生产资料、产品、劳动力、资金等，在公社内部无偿地统一调拨、统一使用。这种做法，消除了原来各个合作社对生产资料占有的差别，使一些原来生产资料较多、较好的合作社，在经济上吃

---

① 《华中解放区财政经济史料选编》第七卷，第59—65页。转引自中华人民共和国财政部《中国农民负担史》第四卷，中国财政经济出版社1994年版，第17—18页。

② 董辅礽：《中华人民共和国经济史》上卷，经济科学出版社1999年版，第363页。

了亏，影响了这些社员的生产积极性。同时，原来那些生产资料较差、较少的合作社，平调了其他合作社的生产资料而得到了好处，使他们错误地认为只有不断提高公有化程度，就可以不断提高生活水平，而不是主要依靠自己的劳动来改善生活。

实际上，"平"、"调"是一体两面的关系。有"平"就有"调"，"平"是"调"的基础，反过来，"调"是"平"的体现，只有"调"了才能达到"平"，因此二者是相辅相成的关系。1960年8月30日，中共息县县委成立一个5人调查小组，赴夏庄人民公社专门就劳动力的"平调"问题进行了深入调查。通过这次调查，发现普遍存在着"不合理和浪费劳力的现象"。① 下面摘录该报告的部分内容，看"平调"的因素是如何对农业投入产生影响以及产生了哪些影响。

> 夏庄人民公社，据8月底的调查，现有16个大队，121个生产队，286个公共食堂，7607户。其中，农业7463户，场镇居民144户，32754人（包括夏庄中小学师生3467人），劳动力11047人（包括国家干部140人），占全社总人口的33.7%，其中：男女整劳力8264人，男女半劳力2783人，折合标准劳力9655人；全社总耕地面积123616亩，其中地67912亩，田55704亩。
>
> 全社现有劳动力分战线使用情况是：农业生产第一线劳动力7285人（包括7、8月已下放的379人），占全社劳动力的66%，其中整劳力5650人，半劳力1635人，折合标准劳力6478人，占全社标准劳动力65.23%，平均每个标准劳动力负担耕地19亩；社办工业168人，占1.52%，折合标准劳动力168人，占1.74%；多种经营953人，占8.57%，折合标准劳动力779人，占8.1%；生活服务2313人，占20%，折合标准劳动力1682人，占17.4%。
>
> 从全社现有劳动力分级使用情况看：公社级994人（包括国家干部140人），占全社劳动力9%，折合标准劳动力729人，占全社标准劳动力7.55%。其中，投入农业生产第一线180人，折合标准劳动力180人，平均每个标准劳动力负担耕地14.9亩。生产队10053人，

---

① 中共息县县委劳力调查研究组：《关于夏庄人民公社劳动力问题的调查研究报告》（1960年9月7日），息县档案馆，全宗1号，1960年永久档案。

占91%，折合标准劳动力8926人，占99.25%，其中投入农业生产第一线7105人，折合标准劳动力6310人，平均每个标准劳动力负担耕地19.6亩。

从全公社现有劳动力分系统使用情况是：商业系统占用的劳力91人，占全社现有劳力0.82%；粮食系统占用劳力19人，占0.17%；工业系统占用劳力168人，占1.52%；交通邮电占用劳力107人，占0.97%；文教卫生占用劳力358人，占3.24%（包括超龄学生）；财政金融占用劳力7人，占0.063%；养猪养牛和多种经营占用劳力699人，占6.32%；生活福利占用劳力2313人，占20.9%；农业生产第一线占用劳力7285人，占65.9%。

从上述情况看出，公社、大队（原文如此，笔者注）占用劳动力既多又强，生产队使用劳力既少又弱，这就直接削弱了农业生产第一线的劳动力，也是造成劳动力紧张的主要原因。

以上报告显示，因"平调"而造成的矛盾，在劳动力投入过程中的体现，主要有两点：一是为了支援工业，使农业生产劳动力脱离了农业第一线；二是存在徇私舞弊行为，把本应该留在农业生产第一线的人员抽调到其他岗位，影响了农业生产。正如报告所言：

社直企事业领导同志和大队、生产队干部……不择手段地把自己父母、爱人、兄弟、姐妹和亲戚朋友，从农村搬场、镇，由农业第一线安插在第二、三线上去。……安插在机械厂、化肥厂、林场、畜牧场、缝纫厂、综合加工厂、面粉加工厂、生活福利和商店、饮食店等二、三线，共105人（不包括小孩），占全社劳力的0.95%。

公社企、事业的领导同志，存在着严重的本位主义、分散主义思想和大少爷作风，……认为人多好办事，一方面千方百计欺骗领导，隐瞒劳力；另一方面想方设法继续私招乱使。如采供站为躲避下放，一面把劳力推到下设的畜牧场，9个人养了36头猪；一面向公社叫喊要劳力。……社办畜牧场13人，其中家属3人，养了500只鸡。万兴店大队综合饲养场4个劳力放71只羊。社办机械厂因缺乏焦炭，停工待料一个多月，钳工和翻砂车间27个工人，每天下午抗旱，上午没事干，睡觉、闲玩。社办面粉加工厂一部45匹马力的机器带动

> 6个钢磨、7个土磨，投入劳力20人，每天加工面粉800斤，每天每人平均加工面粉40斤。……梅楼大队张楼生产队用两个棒劳力当饲养员，喂了4条驴；张老店孜生产队食堂200人吃饭用了10个炊管人员，多半是强劳力。全公社16个大队，有7个大队配了专职通讯员。
>
> ……少数基础干部，为了使自己的家属不晒太阳、不搞夜战，把本来应该上农业生产第一线的强劳力，放在后勤做轻便活。如长陵大队第二生产队，用6个强劳力组织一个针织组，都是支书、队长、会计、记工员、炊事员的家属。有的应该参加农业生产的劳力，为了躲避劳动往学校里挤。据全公社小学校的统计，超龄生就有185人。如李双楼大队民兵营长丁屏友的妹妹，从机械厂下放回来，不让参加农业生产，一连五次要求叫学校接收他17岁的妹妹上小学。

由于劳动力平调得多，或因大量调出，或因男女劳力比例、整半劳力比例不平衡，直接造成农业生产劳力投入不足。如报告中所言：

> 翁楼大队杨庄生产队，外调劳力23人，现有耕地900多亩，整、半劳力13人，其中男劳力4人，每人负担耕地70亩，每次五具牲口下地还得配上一个妇女当牵把手。万兴店大队杨大庄生产队耕地1182亩，男女整半劳力43人，投入农业生产的40人，每人负担耕地39.5亩。今年夏季858亩小麦成熟在地，不能及时收打，霉变出芽小麦15000斤；秋季不能适时播种，水稻完成416亩，占计划76%，因种得太迟而被干死136亩；红薯完成174亩，占计划87%，因荒芜被弃掉40亩。

"一平二调"的筹资渠道或筹资方式，因缺少经济核算的政策取向，造成了农村社区人、财、物的大量浪费，其实质是一种高成本的交易方式，远远超出了村民的自愿选择范围和社会资源所允许的极限，因此不具有可持续性。

三 供给原则：计划调配与划拨

计划调配与划拨是国家权力对农村社队生产和农民生活的一种行政干

预，完全是计划经济的产物。在"政社不分"、"政经不分"和集中经营的条件下，基层社队（社区）不仅是一个经济组织，还是一个行政与政治组织，是一种集经济、生产和政治于一体的农村基层共同体。它的组织管理基本依赖于行政命令和政治强制，农民对于所属的集体和社区根本没有"选择权"，更没有"退出权"。在那个物资匮乏的特殊时代，这种供给原则，也许能够满足人们的一时需要，尤其是满足当时急需的教育、卫生、社会救助等方面的基本需求。但是，从可持续性发展的角度来说，由于这个供给原则具有强制性，农民除接受之外，别无选择，再加上这个供给原则缺少激励作用，如果长时期推行的话，势必遭到农民的抵触甚至反对，所以应该根据农民的不同需要，及时减少强制性的程度和范围，逐步满足农民自主的愿望。

客观地说，从50年代初开始，经由合作化运动到人民公社化运动，农民的责、权、利关系发生了重要变化。从责、权、利相一致，改变为有责任、无权利，或者说责任无限大、权利无限小、利益仅仅够吃饱。强制下的非自主合作严重影响了农村社区服务的实际供给效果。

事实上，自主合作原则曾经取得了非常显著的效果。1952—1958年间，农业产出连年增长，合作化运动不仅没有受到农民抵制，而且进展得很顺利。当时的一些经济学家认为，中国的合作化运动，避免了苏联在1929年的集体化时出现的灾难性后果，为那些欠发达的人口密集性经济提供了一种农业发展的模式。其结果，当时许多国家产生了强烈的向中国学习的情怀。然而，这一观点不久就销声匿迹了。从1959年起，中国农业生产突然出现了连续三年的剧烈下滑，谷物产量在1959年下降了15%，1960年和1961年的谷物产量只及1958年水平的70%，直接导致1958年到1961年间3000万以上人口的死亡，约3300万应出生人口没有出生或延后出生。[①] 对于这个反常的变化，有几种解释：（1）连续三年的坏天气；（2）政策失误加上合作社的管理不良；（3）由于合作社的规模不当所引起的激励问题；等等。林毅夫从博弈论角度进行了分析，认为组织形式的这种转变使一个合作社的性质从一种重复博弈（repeatde game）变为一次性博弈（one-time game）。生产之所以会滑坡，是由于一个农业合作社的成功最终取决于一个自我实施的协议。在这一协议下每个成员

---

① 林毅夫：《制度、技术与中国农业发展》，格致出版社2008年版，第2页。

都允诺对他自己进行管束。然而，在一次性博弈中，一个自我强制实行的协议是无法维持的。因此，他认为1959—1961年的滑坡主要是由于1958年秋天开始农民退社的自由权被剥夺所造成的。①

　　林毅夫的观点恰恰印证了笔者的判断：强制下的非自主合作是农村社区服务低效的直接原因。从息县的实际看，1958年"息县红旗人民公社"成立不久，轰轰烈烈的"大办"运动就开始了。在"大办"运动的投入过程中，农民的生产资料由集体所有制变成全民所有制，把社员自留地、牲口、大件农具，以及主要家庭副业，如猪、羊、小片林木等收归公社，进一步消灭了私有制残余；实行工资制、粮食供给制；"生活集体化，组织军事化，生产战斗化"；② 城镇和农村普遍举办了公共食堂、托儿所、幼儿园、妇产院、缝纫厂（组）、磨面厂（组）等。全县共组织公共食堂5392个，参加群众达30多万人；托儿所2040个，幼儿园2571个；缝纫厂（组）78个，做鞋厂（组）1246个，磨面厂（组）5392个；妇产院154个。③ 这种"大办"运动所实施的集体化生活、军事化劳动，实质上是对社员权利的褫夺：社员生活在集体中，承担着社会主义建设的神圣职责，"私"的空间被"公"的空间挤占了，他们没有决策的权利，只有投入的义务。他们不但投入了所有的生产资料，包括被称为"资本主义尾巴"的自留地、家庭副业、集市贸易等，而且投入了个体自由，包括退社自由、包产单干的自由等。这样，没有了权利的农民就失去了发展的动力，"干不干，都吃饭；干不干，都吃一样的饭"、"工多不喜，工少不急，两餐稀饭，你吃我吃"④ 成了农民的顺口溜。如果有谁想要行使一下权利，或说保护一点利益的话，那么，"阶级斗争"的尚方宝剑就要出鞘了。

　　下面是一份1964年中共息县县委办公室报送中共信阳地委办公室的"（64）015号"报告——《刘文华分地到户、包产到户、放债剥削受到

---

　　① 林毅夫：《制度、技术与中国农业发展》，格致出版社2008年版，第2页。
　　② 《县委关于1958年工作总结和1959年工作任务的报告》（1958年12月7日），息县档案馆，全宗1号，1958年永久档案。
　　③ 《县委积极地办好和推广公共食堂、托儿所等项社会主义生活福利事业的指示》（1958年8月13日），息县档案馆，全宗1号，1958年永久档案。
　　④ 安贞元：《人民公社化运动研究》，中央文献出版社2003年版，第261页。

党纪处分》，① 全文如下：

> 刘文华，是关店公社丁店大队雷店生产队长，是一个共产党员。1963年秋，这个队因涝遭灾，大队党支部强调大种蔬菜，刘文华以集体种菜没有社员个人种菜好管理为理由，私自分地到户，每人按一分，共分地13亩2分，后被支部发现，刘又采用明收暗不收的方法，一再欺哄上级。1964年5月份又主持召开队委会把早稻分到户，每人按半亩，早稻不够分，用麦茬稻一亩四分折作一亩，公分稻71亩半（分光67亩半早稻，又分麦茬稻4亩），每亩包产200斤。
>
> 刘文华还搞放债剥削，倒卖化肥。第一次，本年7月刘叫社员刘同春到八里岔买化肥120斤，每斤0.165元，买回后，放给本庄社员张本连等六户共100斤，言定今秋收稻后，每斤化肥还大米2斤。第二次，由八里岔买回化肥200斤，买价每斤0.165元，卖给大蒋店冯世扬每斤0.26元，赚钱14元。
>
> 另外，刘还弄虚作假，瞒报面积、产量。今年夏季由于受灾，对于夏季粮食分配，大队叫按人予（预）借，结果分给社员3300斤，向大队只报1300斤，刘为了欺哄上级，让会计另记一本假账。另外实留小麦种子3003斤，向上只报1300斤。两项合计瞒报产量3703斤。1963年冬季瞒报水稻播种面积44亩，经大队派员检查实为72亩，而刘只报28亩。
>
> 以上由县委监委派员调查属实，给刘文华留党察看二年处分。

从中可以看出，分地到户、包产到户、放债剥削、瞒报产量是刘文华队长受处分的原因。虽然我们不能用现在的标准评判当年的是非，但是，最起码，这表明生产队除了接受上级的生产计划之外，毫无其他的自由权利可言。在当时的情况下，不管上级的计划是否科学合理、是否具有主观随意性、是否符合实际情况，基层农民都要按照这个计划来执行。一旦遇到一个"胆大妄为"的人，不管他是社员，还是基层组织领导，都要被上级追究责任、严肃处理。由此可见，当时的强制性供给原则是多么的

---

① 《中共息县县委办公室给中共信阳地委办公室的报告》（1964年9月20日），息县档案馆，全宗1号，1964年永久档案。

牢固！

　　下面我们从产权制度角度，分析计划调配供给原则是怎样产生的。从理论上讲，产权权能的分离与产权权利的分割是由所有者主体来支配的，尤其在生产力发展水平较低的历史条件下更是如此。产权制度的演变基本经历这样三个阶段：第一个阶段是产权权能高度集中阶段，仅有一个产权主体，即所有者主体掌握着财产的全部权能，同时也获得了全部权利。第二个阶段是由高度集中到分离的过渡阶段，这个阶段财产的所有权和使用权形式上分开了，并且对其他权利也进行了分割，但并没有形成真正的使用者（或经营者）主体，产权使用者仍附属于使用者主体。第三个阶段是产权高度分离阶段，形成了两个彼此独立、自主的主体，即所有者主体和使用者主体。它们之间的关系不是附属关系，而是以法规的形式规定下来的权利责任主体——民事法律主体，这是现代社会企业产权制度和权能分离的主要形式。① 由此可知，人民公社时期农村社区资源产权权能高度集中，土地等生产资料的产权归集体公有，农民仅以集体名义拥有和使用土地，实际上是"以集体的名义非对象化"了。② 这是一种主体虚置或不到位的状态，普遍存在着主体的重叠现象，即一物或一权多主。"产权主体的权、责、利不清，主体的非法人化，主体行为动机非理性，主体的随意性，主体行为的超经济强制，主体的非法律规范性"③ 等因素共同作用，使社区服务产生了计划调配的供给原则。

　　既然计划调配严重影响了农村社区服务的实际供给效果，那么，为什么这种计划调配供给原则一直持续到70年代末呢？显然，这与当时的阶级斗争有关。虽然农民不愿忍受这种强制性的计划调配原则，但是，一次次"以阶级斗争为纲"的运动，死死地将农民捆在一起，农民被牢牢地束缚在耕地上，劳动力没有半点自由流动的余地，更不让发展家庭副业，不让开展市场交易，并一次次地"割资本主义尾巴"。可以说，农民对这种强制性做法的忍耐已久，一场如饥似渴的体制大改革已经有了社会基础，只要政策松动，农民的自主行为就必然会得到释放。

---

① 毛科军：《中国农村产权制度研究》，山西经济出版社1993年版，第25页。
② 孙津：《中国农民与中国现代化》，中央编译出版社2004年版，第85页。
③ 毛科军：《前言》，《中国农村产权制度研究》，山西经济出版社1993年版，第3页。

第三节 农村社区服务体制的社会影响

一 加剧农村内部分割与城乡二元分割

从政策的出发点来说,尽管当时这种运行在农村社区的服务供给模式是一种"善政",本意是好的,但是这种模式的运行结果,却在客观上不仅加重了农村内部的分割,更加重了城乡二元的分割,实际上形成了社会不融合的事实。虽然说这种分割发展的局面并不是农村社区服务体制一个因素造成的,但是,它确实是重要的影响因素,并由此使农民对农村社区认同弱化。

作出这种判断,完全是与发达国家的社会发展事实做比照而得到的。从现实上看,世界各国普遍存在由国家承担的公共服务,而在中国,农村社区的服务却大都由农民自身来承担。20 世纪 50 年代,美国、英国等西方国家率先实现工业化,在国际上处于领先地位。它们在为社区提供公共服务时,能够把工农业发展当作一个不可分割的整体来对待,农业的发展不但以工业发展为基础,而且农业发展又能促进工业的进步,存在一个经济与社会同步发展的历史阶段。但是,我国作为一个发展中国家,近代战乱频仍,没有也不可能经历一个经济与社会同步发展的历史阶段。为了推动经济与社会发展,在不得已的情况下采取了城乡统筹发展的方法,实施了"先经济后社会"的发展策略。这是传统国家在向现代国家转变过程之中,要凭借农业提供的启动资金而获得发展的必要途径。此举说明,一个国家通往现代化的道路并非只有一条。在一定历史条件下,统筹城乡发展是这些后发国家实现现代化的终南捷径。

事实上,统筹城乡发展有两个阶段,第一个阶段,即城乡统筹、分割发展阶段,即采取剥夺农业的方式,为城市和工业的发展提供启动资金,以牺牲农业正常发展的代价,扶持工业发展。第二个阶段,即城乡统筹、一体化发展阶段,在工业发展达到一定规模和效益的时候,运用工业的积累资金,扶持农业和农村发展,从而实现工农业经济整体发展、城乡社会共同进步。这是一个连贯的过程,既适应和促进了生产力发展的需要,又在城乡统筹、宏观调控下快速走完其他国家需要上百年甚至几百年走过的路子。因此,包括中国在内的广大发展中国家,在追赶发达国家的过程中,面临一个共同的现实问题,即如何以城乡二元分割的手段,达到城乡一体化发展的目的。

现实中,构建城乡分割发展,必须具备如下三个条件:一是提高储蓄率,加快资金积累进度;二是保证有限的资源集中投向提高生产力发展的重工业领域;三是保证高积累下社会的稳定。质言之,实行城乡分割的发展模式,一方面是农业积累投入工业和城市,另一方面是农业发展依靠农业自身积累,工业和城市的收入基本不向农业和农村投入。这些条件不可能在一个竞争性的市场经济环境下获得,必须依靠城乡统筹方式解决。

由于实施城乡分割发展,这个时期农村社区服务体制在农村社区内部提供的是低水平的服务。虽然各个村庄普遍建立公共食堂、幼儿园、缝衣组、理发室、五保养老院等福利物品,但是,这些服务大多是简单服务,而且服务的质量相对较差,或者因无法维持而存在的时间不长。虽说农村社区因为有了民办教师而普及了农村教育,农村义务教育有所发展,不过,由于缺乏必要的教学条件和手段,教学质量难以与城市学校的教育质量相比。以1955—1965年的11年里民办教师的增长为例,1955年息县民办教师只有22人,公办教师731人;到1965年,民办教师猛增到2204人,公办教师只有1122人。① 民办教师的数量几乎是公办教师的两倍。教育大跃进之下,很难说教学质量大跃进。这个时期农村有了初步的医疗体系,但是,行走于社区农户之间的都是赤脚医生。1970年,息县农村建立合作医疗制度,赤脚医生开始产生。当年,县、社医疗卫生单位19个,厂矿企业卫生所16个,学校卫生室1个,医务人员326人。农村社区大队卫生所88个,赤脚医生216人,卫生员141人。到1979年,县、社医务人员达到737人,农村赤脚医生发展到1285人,卫生员4579人。② 农村社区医疗从业人员数目增幅大大超过县、社(人民公社)医务人员的增幅,但是,社区医疗服务水平却没有超过县、社(人民公社)医疗机构的服务水平。

与此同时,户籍制度与统购统销制度也束缚着农村社会的发展。实施户籍登记管理制度,首先开始于对城市人口的管理。1951年7月出台的《城市户口管理暂行条例》,要求城市人口一律实行登记制度。1953年的全国第一次人口普查为户籍管理奠定了基础。1955年6月,由政府民政

---

① 息县志编纂委员会:《息县志》,河南人民出版社1989年版,第357页。
② 同上书,第421页。

部门主管、公安派出所办理登记的城乡户口管理机制形成。从此，国家以户籍为依据，控制了经济和社会资源，对城市实行福利保障制度，即粮油棉布等生活必需品严格控制供应规模和范围，实行计划供应，为城市居民提供低价定量的粮油供应，每年投入 100 多亿元补贴资金，[1] 以此限制人口的流动和迁移，保证了社会的稳定。

另外，统购统销政策，包括计划收购政策、计划供应政策以及由国家严格管理粮食市场的政策和中央对粮食实行统一管理等一系列政策，都不断加快了城乡二元分割格局形成的步伐。这些政策自 1953 年开始实行，以"统筹兼顾、适当安排"为方针，[2] 通过工农业"剪刀差"为工业化提取积累（包括出口创汇），保障城镇人口的粮油供应（部分返销于缺粮地区农民）。国家通过国营商业和农村供销合作社两大系统掌握了 90% 以上的剩余农产品，基本控制了全部商品化粮油。[3] 为了保证统购统销，国家对农村自由市场也实行了严格管制。虽然原则上允许农民自由支配剩余农产品和在农村集市上调剂余缺，但实际上在许多地区和许多情况下，粮油棉市场是关闭的，尤其禁止从事农产品倒买倒卖、短途和长途贩运。在 1962 年之后，国家又将集镇上的手工业者和商贩下放农村，使之弃商务农。供销合作社被强令与国营商业合并，集市贸易被禁止。[4] 所有这些管制措施，只有一个相同的目的，即必须保证农业积累源源不断地向工业和城市投入。

从息县的事实来看，息县构建城乡分割的局面，肇始于对农业、工商业的社会主义改造。农业的改造一如前述，下面着重回顾工商业的改造过程。在手工业方面，1953 年，息县的手工业逐步由个体、生产小组经营改造为生产合作社，集中资金、设备、技术，相继成立石灰生产合作社、铁业社、印刷业联合社等组织，以利于发展生产。1957 年，全县手工业生产合作社达到 52 个，社员 685 人，职工 1932 人。在商业方面，息县在

---

[1] 肖冬连：《中国二元社会结构形成的历史考察》，《中共党史研究》2005 年第 1 期。

[2] 中华人民共和国财政部：《中国农民负担史》第四卷，中国财政经济出版社 1994 年版，第 175 页。

[3] 商业部商业经济研究所：《新中国商业史稿》，中国财政经济出版社 1984 年版，第 488—491 页。

[4] 《当代中国》丛书编辑委员会：《当代中国的乡村建设》，中国社会科学出版社 1987 年版，第 117 页。转引自肖冬连《中国二元社会结构形成的历史考察》，《中共党史研究》2005 年第 1 期。

发挥国营商业、供销社商业的主导作用时,对私营商业进行了改造。在国家计划指导下,国营和供销两大商业系统,分别控制、供应、经营着人民生产、生活的必需品,取消了棉花、医药、百货等中间批发商,对资本主义工商业采取公私合营、合作店(组)、代购代销、经销等形式的改造。到1956年,全县私营商业、餐饮业2012户,2533人,改造了1939户,2459人,其中加入公私合营53户,112人;参加合作店(组)1402户,1825人;从事代购代销365户,383人;经销119户,139人。在限制、利用过程中,达到了没有雇工、没有剥削,完全按照当时的政策从事工商活动,实现了对资产阶级的和平赎买和对小业主的和平过渡,既维护了主导商业的地位,又稳定了商业繁荣。1958年,供销合作社正式成为国营商业。但是,在60年代初的放活经营过程中,一度放松对个体经济的限制,开放集市贸易,国营工商业开始减员收缩,商业企业调整体制,实施国(营)合(公私合营)分家。当时,恢复了供销合作社建制和集体所有制性质,还将过渡到国营的一部分合作店(组)人员、资金退出。这次调整,共恢复合作商店92个、门市部184个、合作小组20个、从业人员335人。但是,到1965年,除了名义上属于集体所有之外,供销合作社再次收归国营,开始上交利润,不再交纳所得税。与此同时,动员1958年以来的农村职工返乡生产,精简下放277人,企业下放2650人。[1] 直到1977年,中央才宣布供销合作社"早已成为全民所有制商业",正式去掉了集体所有制的空名义。[2] 这样,在长达20多年的时间里,国营商业主导着城镇市场,供销合作社则保障着农村市场的供应与销售。显然,这一时期,农村社区服务体制一直承载着农业向工业发展提供积累的历史使命。

显然,农村社区服务的集体自我供给模式,不仅加速了城乡二元分割格局的形成,而且拉大了城乡经济社会发展之间的差距,是城乡二元结构的主要影响因素,在客观上产生了难以估量的社会后果。

二 社会认同弱化:农村社区服务的供给计划与实际承受能力的张力

所谓社会认同,在许多研究者看来,是指一个社会的成员共同拥有的

---

[1] 息县志编纂委员会:《息县志》,河南人民出版社1989年版,第207—209页。
[2] 陆文强、李建军:《农村合作制的演变》,农村读物出版社1988年版,第138页。

信仰、价值和行动取向的集中体现，是团体增强内聚力的价值基础和必要条件，在本质上是一种集体观念。[①] 一般说来，社会认同的变化都涉及社会组织方式与人们利益的关系。人们往往从自身的利益出发，对这些组织或制度进行理解、评价，并把这些理解和评价延伸到可知的支配者，形塑出对这些组织或制度及其支配力量的认同或者反对。[②]

从这个意义上讲，农村社区服务体制是影响农民认同的关键因素，社区服务的好坏决定着农民认同与否。因此，人民公社时期农村社区服务体制的运行，使农民认同发生了改变，在农民的利益得到维护和满足之时，农民对社区服务表现出了认同；在他们的利益无法得到实现时，农民则对这样的社区服务表现为不认同。甚至在农村社区服务体制的深入发展过程中，因服务绩效逐步远离农民的切身利益，致使农民出现认同危机。这个时期，农民认同既表现出同质性的一面，又表现出认同分离的一面，呈现出"总体性社会认同"[③]，从而形成一种蜂窝型认同结构。

从形式上看，农民认同由同质走向分离是社区认同弱化的一种表现，之所以出现这种认同结构，与农村社区服务的某些不切实际的供给计划密切关联。

20世纪50年代初，一系列偏离实际的社区服务供给计划相继出台，离不开当时特定的国内外形势。在国内，由于合作化运动的顺利进行与农业生产的良好态势使农村发生了显著变化，"一五"计划的实施使国民经济的发展走上正轨，工农业的这种进步不但激励着农民，而且振奋着党内高层决策者。在国外，国际形势出现了一些新的变化。1956年，赫鲁晓夫对斯大林在苏联社会主义建设中的错误领导进行了批判，使苏联的发展模式在国际上受到质疑。同时，"二战"结束之后，西方国家经济发展速度都比较快，发生了被称为"第三次工业革命"的新技术革命，农业生

[①] 参见李友梅《重塑社会认同与探索社会自我调适系统》，《探索与争鸣》2007年第2期。
[②] 李友梅、肖瑛、黄晓春：《社会认同：一种结构视野的分析》，上海人民出版社2007年版，第26页。
[③] "总体性社会认同"是指人们在整体上达成的一致认同，但是，在局部问题上却存在着不一致认同，即碎片化认同，是一种总体一致状态下内部不一致的存在。许多研究发现，在生产力水平不高并处于封闭社会状态的民族国家，人们之间会有高度的相互依赖关系，社会认同的基础性领域之间达成匹配就更有可能，也就更容易形成总体性的社会认同。当这个国家的生产力水平日益提升，并趋于快速开放时，其社会成员之间已有的依赖关系与合作机制就会面临严峻挑战，社会认同的基础性领域之间的匹配会越来越困难，社会认同的分化也会快速形成。

产随着科技进步实现了机械化、电气化和化学化,产量和劳动生产率得到大幅提高。

在这种国内外形势的影响下,党内高层决策者的建设热情不断高涨,进而深深激励着基层农民,并在一定程度上激发了农民急于求成的欲望。比如,1958年息县绘制了这样一个奋斗目标:"苦战一年,保证提前九年实现全国农业发展纲要所规定的粮食增产指标,争取实现双千斤县;同时大力发展地方工业,在两年内使地方工业总产值超过农业总产值,实现工农业生产机械化、城乡电气化,从根本上改变我县面貌,更有力地支援国家工业化,进一步巩固工农联盟,相应地改善人民的物质和文化生活水平。"① 这是一个超出当时历史条件的目标,即使推迟10年也无法实现。但是,这个时期的息县却调动了大批的人、财、物来保障该目标的实现。首先,从劳动力的分配上,投入农业的劳动力占总劳动力的45%—50%,投入工业的劳力占总劳力的35%—40%,投入福利事业的劳动力占总劳动力的10%—15%,组织各种专业队,搞好定额管理,组织各种工农业生产。其次,从财务管理上,组织各种经济收入,清理公社财务,扩大资金积累,保证用于工业。再次,从物资配置上,突出保证河网化的工具准备,以及钢铁、机械、基建等地方工业的物资供应,完成各种建材的生产,首先保证县各种重点工程的兴建。② 于是,从1958年开始,息县以"以钢为纲、工农并举、城乡协作、地区协作"作为服务供给原则,既注重农业生产,又大力发展社办企业。具体举措有:③

第一,以钢为纲,大力发展工业生产。投入22000多名劳力,以乡、社为单位,建立20个28立方米的炼钢高炉。同时,各个公社分别建立1个机械制造厂,形成机械工业网。在建材生产方面,重点发展水泥和石灰生产。在已有的7个高炉、70个土窑的基础上,再建2000个立窑、100个土高炉,达到日产水泥500吨,日产石灰1000吨。在木工制品方面,

---

① 《中共息县委员会关于社会主义建设全面跃进规划四十条(第三次修正稿)》(1958年7月18日),息县档案馆,全宗1号,1958年永久档案。
② 《县委关于1958年工作总结和1959年工作任务的报告》(1958年12月7日),息县档案馆,全宗1号,1958年永久档案。
③ 当年的一些做法普遍存在浮夸成分,但是,却能够反映出那时的投入方向与原则,笔者这里按照原始档案摘录下来,在结论时将会谨慎使用这些材料。详细内容参见《县委关于1958年工作总结和1959年工作任务的报告》(1958年12月7日),息县档案馆,全宗1号,1958年永久档案。

扩大木工厂规模,各分社木工厂应发展到 100—200 人,在木材需求上,"应根据大砍、大伐、大栽的精神,除经济树木和幼林外,要大力砍伐,以保证完成国家上调任务和我们工业建设需要"①。另外,还发展化学工业、电力工业以及各种加工工业,等等,满足社员的生活需要。

第二,农业生产大搞园田化建设,注重田间管理与加工施肥。(1) 要求做到深翻土地,一般要翻 1.5—2 尺深,卫星田深翻 3 尺,以治虫和分化土壤。(2) 大搞积肥,要求除保证完成每亩小麦 4—5 万斤的施肥外,要保证每亩大秋地施肥 8—10 万斤。(3) 水利建设以生产服务、发挥现有工程效益为主,逐步完成河网化建设,在原有治巷的基础上,再加宽加深,完成 350 条三、四、五级河道治理工作。同时,再修建小水库 100 座,整修旧塘 10000 个,合计土方 12430 万方,灌溉蓄水量达到 10899 万方,为农业发展提供了可靠保证。(4) 从 1958 年冬到 1959 年春,大搞植树造林运动,要求每人植树 4000 棵,其中春节前每人完成 2000 棵。同时,各分社要培植 1000—1500 亩的经济果木林,每次植树 600 棵,以解决人民食用水果的需要。

第三,大力发展多种经济,增加公社收入,保证社员的工资发放和发展工农业生产所需的资金。除大力发展轻工业(如酿酒、淀粉等)外,应大力发展小家禽、小家畜。要求生猪达到 70 万头,羊 10 万只,每人平均养兔 4 只,鸡、鸭、鹅 20 只,每人平均养鱼 50—100 斤。还要培植药材(半夏、蝎子、红花),养蜂、养蚕,并利用河坡、荒地种植苇子、荻子、荆条、柳条等,以保证增加收入,争取工资全部依靠多种经济解决。

第四,大搞交通运输。(1) 修公路。除完成息(息)新(蔡)、息(县)寨(河)②、息(县)汝(南)、固(始)潢(川)等主要干线及修补息(县)罗(山)公路外,修好分社到大队、大队到中队的大道,保证到大队能通汽车,到生产队能通马车,达到平、直、宽的要求。(2) 护路和养路工作。固定人员,建立养路专业队,划段负责,拉沙养路。

显然,这是一种带有主观热情的社区服务供给计划。姑且不说它是否

---

① 《县委关于 1958 年工作总结和 1959 年工作任务的报告》(1958 年 12 月 7 日),息县档案馆,全宗 1 号,1958 年永久档案。
② 寨河属于光山县的一个乡镇。

科学与合理，单就它能不能够做得到，就足以让人心生疑虑。这样的供给计划与实际承受能力之间有着怎样的张力呢？

事实上，这种服务供给计划没有顾及农民的切身利益，因而在实际落实过程中得不到农民的认同。对此，农民不同程度地流露着失望情绪而不愿听从指挥。我们可以通过这样一份调查报告看出农民的悲观心理。1960年8月，针对当时农业生产过程中存在的问题，息县在上报信阳地委的调查报告中写道：

> 座谈会中，也暴露出一些急待解决的问题。主要是：在两种地区，出现了两种不同的思想。先进地区，满足于今年秋季作物种的多，生产的好，加之"立秋"已过，认为再加工管理，也不能多收了，有丰收到顶论和坐等丰收的思想。后进地区，认为种、管任务大，加之"立秋"已过，再努力也不能赶上先进，存有悲观失望情绪。①

这是怎么回事？为什么不管是先进地区还是落后地区都纷纷以天气为借口，不愿再继续增加投入呢？这究竟反映了农民的一种什么心理？原来，连续两年的"大跃进"运动把集体的家底挖空了，粮食紧张起来，基层组织和农民的头脑冷静下来，他们开始有意识地抵制上级一些不符合实际的行政干预。

但是，由于上级部门依然存在着脱离农业生产实际的指令，盲目追求以生产关系的变革促进生产力水平的提高，所以，先于上级看清问题本质的基层农民，在内心或者行动上与上级决策部门之间存在着一定的张力就在所难免了。以参加座谈会的十里桥等七个大队为例，它们的情况很具代表性。从农业生产的进度上看，七个大队中有三个生产比较先进的大队，一个一般大队，三个落后大队；从自然分布情况看，有淮南丘陵地区（水稻区），有沿河沙土地区（经济作物区），有淮北平原地区（半稻区），有受水灾地区，也有非灾地区，有发生旱象地区，也有未发生旱象

---

① 1960年8月8日，中共息县县委组织召开了十里桥等七个农业生产大队夏季生产调查研究会，并于8月13日形成报告，在15日上报地委。笔者这里所采用的数据资料均出自该报告，有关详细内容可参见《关于召开十里桥等七个大队夏季生产调查研究会的报告》（1960年8月13日），息县档案馆，全宗1号，1960年永久档案。

地区。这七个大队共有耕地面积49170亩,人口10694人,男女整、半劳力3617人,役畜1173头,共有春播作物43292亩,占耕地面积的88%,每人平均合4.14亩,其中:水稻14382亩,红薯5182亩,黄豆7456亩,杂粮11649亩,合计粮食作物38669亩,经济作物2567亩,蔬菜2056亩。这些作物,通过查苗补种、除草追肥、抗旱排涝和消灭害虫等一系列的田间管理工作,普遍生产良好。特别是几个生产先进的大队,作物生产得更好、更旺盛。如曹黄林公社张岗大队,共种水稻3071亩,除660亩晚稻外,其余2300多亩根深叶茂、茎秆粗壮,其中有1200亩已经抽齐穗。杨店公社十里桥大队1510亩红薯,有1200亩已经进行锄草、追肥和封根培土,薯秧嫩旺,一部分早红薯的薯秧已结有一斤多重。这时的先进大队有如下特点:(1)生产方式采用打突击仗。如曹黄林公社张岗大队,系淮南丘陵地区,水稻面积大,在插秧时,通过大队干部包生产队和作业组的方式,突击完成。有一个叫魏寨的生产队,在大队长张立元的带领下,一直坚持23天。这样,全大队共完成3071亩水稻的插秧任务,比外队提前10天栽完,并且普遍擂秧2—3遍,增施追肥3011亩。(2)管理方式采用深抓细管。如杨店公社十里桥大队,在沤绿肥时,首先把全队的粪池进行一次排队。这个大队共有大小粪池和可以利用的废塘367个,已经填满的115个,大队、生产队、作业组干部101人,采取一人包一个粪池,分两批完成的方法,并且对每个粪池的长、宽、深进行丈量,计算出容量,根据容量大小,实行定任务、定质量、定劳力、定领导、定时间、定工分的"六定"责任制,并在粪池旁边插牌,以示负责。接下来全队新添了83把铁铲,干部都买了粪筐,一天两夜时间,就把101个粪池全部填满了。(3)搞好劳力组合,合理解决劳动报酬,大大提高了生产率。例如,关店公社张湾大队,系沿淮地区,地势比较低洼,当年曾两次受淹。但是,他们把80%以上的劳力投入农业生产,并且组织各种专业队,下分若干战斗小组,实行兵团作战。当天干活当天平工记分,根据工分按月发放工资,以此来激发社员的劳动积极性。这样,在麦收之后的7天内,突击完成了1541亩的播种任务。两次被淹作物3600亩,已经全部进行了复种,并且普锄了1—3遍,保证了各种作物的健壮生长。

上述资料显示,这些生产队不论是在人、财、物的投入上,还是在生产管理上,已经达到了边际效益的最大化。如果再要追加投入的话,不但超出了社区的实际承受能力,边际效益会逐渐递减,还造成了资源的浪费。

但是,在上级的干预下,这七个生产大队不得不继续追加投入。我们简单地算一笔账,三个先进大队和一个一般大队,共有水稻7431亩,除已经抽齐穗的1518亩早稻已经成熟收割或即将成熟收割之外,尚有中稻和晚稻5913亩,到成熟期还有20天至1个月的时间,于是每亩追施化肥12—15斤,或尿肥20担左右;有1400亩秧缺水发生了旱象,要求每亩浇水50—70方;2100亩红薯要求施速效肥30—40担;棉花178亩,要求每亩追肥20—30担,并结合追肥封根,继续搞好整枝打杈和治虫;荞麦和蔬菜追肥面积1500亩。如果按照这个标准计算,不但人力不够,而且物力也缺乏。(1) 从劳动力上计算,以上追肥面积为9262亩,每人每天要施肥1.5亩,共需劳动日6174个;锄草和搔秧面积9613亩,每人每天1亩,共需劳动日9613个;抗旱任务1400亩,每人每天0.8亩,需要劳动日1750个;封垄培土2278亩,每人每天2亩,需做劳动日1139个。合计需做劳动日18676个,四个大队,共计男女整半劳力2366人,按90%投入农业生产,每天可出勤2129人,如果按大干5—7天计算,尚缺劳力300人。(2) 从肥料上计算,四个队需要施肥作物9262亩,现有草木灰12000斤,可追施240亩,绿肥22万担,可追施7300亩,猪肥厩肥2550担,可追施850亩,尚缺872亩无肥可施。另外三个落后大队,共有需要锄草的作物3400亩,每人每天1亩,需要劳动日3400个;现有白地5400亩,每人每天种2亩,需要劳动日2700个;受旱面积3600亩,每人每天抗旱0.8亩,需做劳动日4500个。合计劳动日13300个。三队共有男女整半劳动力1251个,按90%的劳力投入农业生产,每天可出勤1120人。如果按照大干7天时间计算,尚缺劳力750人。另外,根据种植计划,三队缺少荞麦种子2000斤,红萝卜种子200斤。

这种不切实际的供给计划与实际承受能力之间存在的冲突与张力,大大降低了农民的社会认同。本应该从实际出发,量入为出地供给社区服务,通过满足农民的切身利益达成一致的认同,从根本上化解这种张力。但是,在当时的"左"倾思想指导下,经济组织和管理依赖于行政命令和政治的强制,不但未能有效消除已经存在的张力,反而使这种张力进一步扩大,给农业生产和农村社会带来了更大的危害和创伤,进一步加速了农民认同的分离。

三 操作层面的失误加速了农民认同的分离

农村社区服务体制变迁过程中,基于操作层面的主观失误,客观上加速了农民认同的分离。具体来说,如何使农业为工业和城市发展提供资源,持续地促进国家工业化建设的进程,在既能促进工业发展的同时又能保证农业发展不受重大创伤,满足农民必要的生产和生活需要,这就涉及以农立国时代工农业兼顾发展的问题。

应该说,在理论层面上对这个问题的理解和认识是清楚的。马克思曾经从社会分工的角度对农业基础地位提出过这样的论断:"超过劳动者个人需要的农业劳动生产率,是一切社会的基础"①,从而揭示了农业发展在分工分业中的基础性功能。1957年10月,中共八届三中全会通过的《1956年到1967年全国农业发展纲要(修正草案)》也达成上述认识:"社会主义工业是我国国民经济的领导力量。但是,发展农业在我国社会主义建设中占有极重大的地位。农业用粮食和原料供应工业,同时,有5亿以上人口的农村,给我国工业提供了世界上的最大的国内市场。从这些来说,没有我国的农业,便没有我国的工业。"②

但是,在实际操作层面,如何兼顾农业发展呢?换句话说,就是怎样把握对农业的提取限度,达到一个合理的平衡呢?怎样保持好这个"度",在当时情形下,的确是一个难题。因为全国农业的发展状况各不相同,很难有一个统一的标准,这就需要地方政府据实判断。即使是同一个地方,因天气等自然条件的影响,每年的生产情况也不相同,存在着丰年和灾年的变化。因此,农业的实际收入是多少,究竟提取多少比较合适,这些问题都考量着地方政府的执政水平和施政能力。自20世纪50年代开始,一些地方在操作过程中存在着理解与执行上的偏差,过多地提取农村资源,进一步加重了工农业发展之间的不平衡状况,使农民的生产积极性受到了打击,同时也波及农业生产的结构和产量,最终使农民背负起沉重的负担。这些问题,当时没有得到妥善处理,其结果在不同程度上影响了农民的认同。

尤其是在50年代末到60年代初的一段时期内,全国不少地方在实际

---

① 《马克思恩格斯全集》第25卷,人民出版社1974年版,第885页。
② 黄道霞:《建国以来农业合作化史料汇编》,中共党史出版社1992年版,第464页。

操作过程中，集中存在一个因主观判断失误而在客观上伤害农民利益的事实。那些本该投向农村社区服务的资源，却被征收透底，用到了工业生产和城市生活上面来，从而引发了一些恶性事件，影响了农民的认同。其中，"信阳事件"① 就是这样发生的，而息县就是这一事件的发生地和重灾区。

息县发生的"信阳事件"重创了农民的利益，对农民认同产生了难以估量的负面影响。1959 年 3 月，以上年标准为参照，中央上海会议确定的全国粮食征购任务是 1150 亿斤。但是，实际上，1959 年全国粮食大幅减产 11%，而征购数却增加了 14.7%。在农业支援工业的大背景下，国家每年都要下达计划征粮标准，各地认领任务之后就千方百计完成这个征粮任务，甚至不顾发生自然灾害造成的减产绝收，通过"反瞒产私分"、"反右派"等方式强行如数征收，这样就会不同程度地透支农民的口粮与种子粮的存量。1959 年，信阳地区发生百日无雨的大旱灾，但是当时"地委 9 个常委中，8 个人认为 1959 年农业生产比 1958 年丰收，是特大丰收年"②，因此，信阳地委确定当年的粮食产量是 72 亿斤，比 1958 年提高了 16 亿斤。这样，河南省委就认可了这个征购任务。事实上，信阳当年实际粮食产量仅为 30 亿斤，就是农民一年不吃不喝也完不成征购任务。因此，当粮食征购到 16.8 亿斤之后，仅剩下 13.2 亿斤，其中，农民的口粮已经吃了几个月，所以在征购尚未完成之时，许多社、队就没有粮食了。息县征收透底粮的形势异常严峻。1959 年全县秋粮总产量仅为上年的六分之一，本来已缺粮 4700 多万公斤，但是全县又征购 1327 万斤，更加剧了粮食短缺的状况。据 1959 年 12 月息县县委资料统计，全县 263 个大队 4101 个食堂 477125 人，生活能安排的只有 33 个大队 45 个食堂 73125 人；勉强维持的有 166 个大队 2586 个食堂 234720 人；断炊 64 个队 1058 个食堂 169258 人，需粮 6120 万斤。为能查出粮食，息县县委确定了"两头挤"（挤大队支部和群众）和破堡垒的工作方法，县委第一

---

① "信阳事件"是指 1959 年 10 月至 1960 年 4 月发生在河南省信阳地区的大批农民饿死的事件，是三年困难时期最惨烈的典型。关于"信阳事件"的详细情况，请参阅张树藩《信阳事件：一个沉痛的历史教训》，《百年潮》1998 年第 6 期。作者张树藩，1949 年曾任中共息县县委书记，发生"信阳事件"时，任中共信阳地委副书记、信阳行政公署专员，由于同情农民的遭遇而被时任地委书记的路宪文指责为"右派"而遭受斗争和批判。

② 张树藩：《信阳事件：一个沉痛的历史教训》，《百年潮》1998 年第 6 期。

书记亲率一个工作组进驻到项店公社魏店大队搞试点，强行搜查群众，刨挖地窖，捆绑殴打群众，逼迫交出粮食，个别群众甚至被殴打致死。在反瞒产运动中，仅此一个大队就有87户农民地窖被挖，被摔、砸群众生活用品548件，被打致死3人，伤6人，因缺粮饿死363人。在包信、夏庄等公社召开的反瞒产现场会上，认为全县有瞒产私分粮食的干部群众1244人。其中，夏庄会议一次被批斗25人，撤职13人，法办3人。无奈之下，各公社只好把农民为数不多的口粮报出，造成粮食奇缺。自1959年初至1960年春，息县一直处于缺粮期。在此期间，广大农民为了生存，不得不吃谷糠、薯藤、野菜、树皮、草根，有的人开始外出逃荒，有的地方开始宰杀牲畜。正如时任信阳行政公署专员张树藩所忆："我在批阅公检法送来的案件时，看到群众杀牛的案子我就深感问题的严重，开始批了几件都是从轻处理的。到1959年10月，杀牛吃的越来越多了，尽管报告上写的杀牛人都是如何坏，还给加了'破坏社会主义'、'反对大跃进'等罪名，可是我清楚地知道这都是在万般无奈的情况下不得不干的。"[1] 粮食征收透底的事实，使息县乃至整个信阳地区农业生产元气大伤，农业劳动力数量和能力锐减。1961年5月22日，信阳地委上报给河南省委的《关于由"民主革命补课运动"全面转向反"五风"运动的情况报告》中对事件的危害是这样描述的："全区粮食减产37.2%，林业破坏70%，牲畜减少20%多，家畜家禽减少60%以上，荒芜土地246万亩，倒塌房屋116.5万间，摧毁村庄10470个，农具家具损失70%以上。"[2] 息县在这个事件中受损也非常严重。据1960年9月息县对事件的灾情统计显示：在1958年10月到1960年6月的9个月内，息县外流人口（1959年冬到1960年8月）15957人；大牲畜（牛、驴、骡、马）死亡34792头，其中宰杀6104头，仅存77203头；小牲畜死亡情况为：猪36095头，羊16132只，鸡鸭191711只；土地荒芜面积63760亩；房屋破坏94514间；大小农具损坏147031件；家具损失142095件。我们从中可以看到这个事件的危害程度。

这个不幸事件，在今天看来，是计划经济的产物，从而遭到人们的

---

[1] 张树藩：《信阳事件：一个沉痛的历史教训》，《百年潮》1998年第6期。
[2] 鲁嘉宾：《信阳事件的前因后果》，《领导者》2009年1月8日（http：//www.zxls.com/Article/UploadFiles 2008/200904/zxls2009042020352305.doc）。

批评,但是,在当时看来,是农业支持工业、农村支持城市的光荣之举。在那个时候,作为整个国民经济的一个组成部分,农村集体经济的生产、分配和消费,都受国家计划的严禁控制,农民及社队没有生产经营的自主权。如果说农产品和物资存在着流通和交易的话,那么,这种流通和交易主要是一种"计划调配"、"划拨"和"供给",而非自由和平等的等价交换和市场交易。[①] 这个事件,不仅对息县经济与社会发展产生了极其不利的影响,而且对农民的认同造成了破坏性的分离后果。合作化运动以来,农民对党和国家产生的政治认同、阶级认同是利益一致基础的认同。但是,具体到操作层面上说,事件所造成这些大量的人员和牲畜非正常死亡,以及农业生产力遭受严重破坏的事实,表明农民的利益在当时没有得到有效保护。这个事件,实际上已经开始削弱了农民认同的一致性,客观上使农民认同出现了个人化与异质化的发展趋势,导致认同出现分离。

四 总体性社会认同的出现

总体性社会认同,存在着一种与国家权力对农村社区深度干预密切相连的关系。在过去的传统社会中,"皇权不下县",既是一种习惯,也是一种权力的约束,或称之为权力的边界。社区或共同体远离国家权力的干预,因此,建立在地缘或血缘认同基础之上的共同体,是一种自然或自发形成的社区或共同体。但是,新中国成立之后,我国农村基层社区和共同体的基础发生了重大而深刻的变化,逐渐形成一种以集体产权或经济为基础的生产和经济共同体,其本质上是由国家权力深度干预和控制而形成的政治共同体。

在这个背景下,农民认同开始由同质走向分离,即涂尔干所称的机械团结。机械团结与有机团结的区别在于,"(有机团结)是以个人的相互差别为基础。……(有机团结)之所以能够存在,是因为每个人都拥有自己的行动范围,都能够自臻其境,都有自己的人格。这样,集体意识就为部分个人意识留出了地盘,使它无法规定的特殊职能得到了确立。这种自由发展的空间越广,团结所产生的凝聚力就越强……由此,整体的个性

---

① 项继权:《中国农村社区及共同体的转型与重建》,《华中师范大学学报》(人文社会科学版)2009年第5期。

与部分的个性得到了同步发展，社会能够更加有效地采取一致行动"①。按照涂尔干的这个解释，在同质性认同基础上，出现认同分离，属于一种"总体性社会认同"。这种总体性社会认同状态，是指人们的社会认同呈现孤立化、分散化和封闭化状态。对这种状态的描述恰恰符合当时中国的状况，即各自相对独立的人民公社，仅由国家垂直行政权联系起来，缺乏横向的联系，换句话说，不仅城乡之间缺少横向联系与沟通，而且农村社会内部也同样缺少横向联系与沟通，类似一种紧密内聚而互不联通的蜂窝。②

在这种总体性认同结构之内，农民的认同则呈现出"V"形波动的变化轨迹。从合作化时期的高度认同，折向50年代末的认同低谷，然后再度逐渐回升、徘徊，一直持续到70年代末，总体上没有超出这种变化轨迹。通过考察息县农村社区服务体制变迁历史我们发现，合作化时期影响农民认同的因素有如下表现：

首先，工作方法上的偏差引起了农民的顾虑。这种顾虑源自一些地方干部急躁冒进的倾向，尤其是在互助运动基础较差的地方，存在着打击单干农民、强迫互助等形式主义做法。他们没有充分地开展保护农民所有制的政策宣传，解除农民"怕归公"的思想顾虑，安定农民的生产情绪，而是盲目要求大量发展互助组，让经济上处于中上水平的农民认为这是在拉帮穷人，他们从中不但没有得到收益，反而既得利益还受到了侵犯，因此，这种行为损害了占人口大多数的个体农民的生产积极性。

其次，技术上的偏差使一部分农民的利益受损。由于缺少互助经验，一些互助和互换的变工计算方法不太合理，客观上影响了一些投入生产资料的农民的利益。例如：人马换工比价，人工高于马工。一般的人工工资折粮17.5公斤，马工15公斤。有的人工顶10分，马工7分或8分，还有的一个人工顶一个半马工。这样，有马户的收益较过去大为减少，因此，他们不愿意接受这种变工和互换的投入方式。③

---

① [法] 埃米尔·涂尔干：《社会分工论》，渠东译，生活·读书·新知三联书店2000年版，第91页。
② 费正清、舒秀文（又译维维尼·舒，英文名字 Vivienne Shue）对中国乡村社会的蜂窝结构做过论述。参见项继权《集体经济背景下的乡村治理：南街、向高和方家泉村村治实证研究》，华中师范大学出版社2002年版，第40页。
③ 陆文强、李建军：《农村合作制的演变》，农村读物出版社1988年版，第54页。

再次，宣传上的偏差扰乱了部分农民的思想认识。宣传使人们明白道理，但是过激的宣传却引起了认识的混乱。例如，有的干部提出："组织起来消灭单干"、"谁要单干政府来见"等口号，则反映了基层干部对互助投入等经济方式的若干错误理解。这种错误表明，基层干部未能把社会主义的远景理想和特定历史阶段允许富农和单干存在的政策严格区分清楚；未能把不允许党员雇工、放高利贷的党内政策和仍然允许农民雇工、放债的社会政策区分开来。这些错误的实质，在于把未来的理想当作眼前的政策去做。这种时空错乱的宣传，引起了农民对特定投入方式的不认同，影响了投入效果。

最后，田间管理上的失误，也是造成一部分农民对集体合作前途不看好的原因。一些明显的缺憾，如一区杨店一社种下的黄豆有70多亩没有出芽，十区业店一社种四亩棉花已播种了四天还没有耙地，张店乡塘水漏了却没人管理，等等，让部分农民对合作劳动感到失望，因而提出将秋季收成好坏作为是否退社的依据。其中，一区王新庄乡五一社一户社员早早地向农业社申请退社，"我已经等两年了，早点申请以免分红后又须晚了"。还有的社员说："合作社优越，看庄稼长得真不眼气人。"加之劳动管理和记功不合理，全县121个社（占总数的50%）是临时派工，有91个社采用死分活记，40个社采用死分死记，因而出现窝工、费工现象，如王新庄社员所说："合作社活慢慢磨，累也累不死，闲也闲不着。"在评工记分上，王楼乡一社每次都评到半夜，而且还出现吵架斗嘴的。所以其他社员说："（虽说）单干不优越，（但是用）不（着）评工记分熬夜吵嘴。"① 这些管理上的漏洞，是造成一部分种田能手和富裕农民以及手工业者、小商贩等萌发退社念头的主因。

如果说上述因素影响了合作化时期的农民认同，那么，人民公社时期的"一平二调"、农民缺少参与、非自主合作等损害农民切身利益的行为，则直接导致了总体性社会认同（蜂窝状认同）结构的出现。比如，农民对公社的组织规模存在如下意见：

1. 初级社是在原来互助组的基础上，群众积极要求自愿建立的，

---

① 《互助合作社专职干部会议总结》（1955年7月14日），息县档案馆，全宗1号，1955年永久档案。

高级社也是几个初级社自愿联合在一起的,每次组织规模的变化,都要经过群众讨论,所以群众心中有数,对生产也有利。公社化以后,组织规模变化得过多过快,社员不摸底,连干部心中也是无数,对生产和经营管理是不利,社员反映"组织不定,人心不定,生产也不安心"。

2. 高级社时期,调查研究多,会议少,农业生产第一线人多,行政管理人员少;做实际工作多,统计报表少,有事同群众商量的多,行政命令少;干部参加生产的多,补贴少。公社以后,干部脱离生产的多,会议多,统计报告多,电话多,形成人浮于事。如杨店大队孔楼生产队队长徐文善说:"我以前当高级长时,脑子里有户口册,哪个社员啥思想我都知道,有地理图,哪块庄稼长的好坏我都了解,去年(1960年)一天能开四五次会,哪有时间参加生产呢?我现在成了一个糊涂人了,连本队种多少什么庄稼都记不清了。"电话机由原来大乡的1部增加到9部。目前公社向大队要各种报表45张,仅生活报表就有26张,最多的一天曾要过14张报表,大队会计光报表任务就应付不了。①

在平均主义的分配上问题上,影响了劳动积极性,尤其是负担轻、能力强的农民基本不认同这种做法。

高级社时采取夏季预分、秋季决算,一年两季分配,按实做工分参加分粮、钱、柴等,粮食随工分走的办法,多劳多得多吃。公社化后,就变成了吃饭不要钱,月月发工资。劳动的好坏,吃粮标准是一样的。由于高级社、公社两个时期分配方法不同……社员的劳动态度、思想动向也就不同。……高级社时时围孜大队粮食种植面积7667亩,实际收入混合单产135斤,总产1035045斤,折款82803元。经济作物种植面积271亩,收入折款5420元,农业生产总收入折款88223元,副业收入1400元,多种经济收入900元,全年总收入90523元,各项扣除31680.80元,占全年总收入的35%,除去社

---

① 《杨店人民公社典型材料调查报告》(1960年4月7日),息县档案馆,全宗1号,1960年永久档案。

员口粮部分 40320 元外，社员分红款 18522.20 元，每户平均收入 165.70 元，每人平均 42.03 元，每个劳力平均分配 101.45 元。公社化后，粮食作物面积 6676 亩，混合单产 109.2 斤，总产 717625 斤，折款 51193.40 元，经济作物面积 114 亩，折款 927.60 元，农业收入折款共 52121 元，1958 年比 1957 年减产 41%，副业收入 3000 元，增长 78.6%，全年总收入折款 55121 元，减少 39.3%，公粮、种子、饲料、公积金、公益金、生产费用、行政费等各项扣除 19292 元，占全年农副业收入的 35%，社员分配部分 35829 元，占总收入的 65%，社员供给部分 35840 元，占社员分配部分的 103%，除全部吃掉外，并向国家贷款来发给社员工资共 2846 元。由于公社后分配上存有平均主义，也就不能鼓励劳动好的生产积极性，反而影响了农民生产积极性，造成社员实做工日逐渐下降，如时围孜大队（1957 年）高级社时，每个劳动力全年平均做工 281 个劳动日，公社化后 1958 年实做工日 250 个，下降 11%，1960 年每个劳动力平均仅做 240 个劳动日，实做工日比 1957 年下降 14.3%。因此，社员反映高级社时有"三怕"，公社化后有"三听清"、"一装"。如时围孜大队原高级社干部朱广发说："高级社打粮多，社员卖余粮怕站队挤不上，怕粮食卖不掉，怕卖粮回家晚耽误生产少做工分。"十里桥大队社员马记亮说："公社化后社员对吹饭哨听得清，收工哨听得清，喊发工分听得清，干部喊社员干活装病。"又如十里桥大队社员刘同选说："高级社时社员找干部，现在干活是干部找社员。"还说，"五八年宣布吃饭不要钱，月月发工资，干活都不积极了，反正干不干一天三顿饭。"①

"一平二调"不但影响到生产积极性，而且影响到社员的集体认同和大局观念。

公社化后，时围孜大队共损坏大、中型农具 50 件（大车 5 辆、红车 11 辆、犁子 7 张、耙 8 盘、耧 16 盘），小农具 277 件；大中型

---

① 《杨店人民公社典型材料调查报告》（1960 年 4 月 7 日），息县档案馆，全宗 1 号，1960 年永久档案。

农具丢失91件（红车20把、犁37张、耙27盘、耧7盘），其他小件农具230件。因此社员反映说：农具坏了大队修，丢了大队买，反正公社里有钱，管它做什么？①

事实上，这种认同的变化是农民的价值观念冲突的一个表现。由于农业集体化运动改变了农民的行为方式，造成了家庭本位的价值观与集体本位的价值观之间的冲突。② 在人民公社范围内，每一个农民都被安排在生产队里，并严格规定他只能在生产队里劳动和生活，使他们失去了向外发展的任何可能性，农民只能向内发展。但是，由于生产队内部资源具有有限性，不能满足农民的多样化需求，同时，在一口锅里搅勺把，内耗是不可避免的，任何一个农户之有所得，就意味着其他农户之有所失，在现实的利益面前，纷争四起，本来和睦的人际关系此刻却变得充满了"短兵相接"的味道，认同分化就在所难免了。

其实，有关认同（identity）的研究，很早就引起了人们的关注。在曼纽尔·卡斯特（Manue Castells）看来，认同是人们意义（meaning）与经验的来源。"对特定的个人和群体而言，认同可能有多种。然而，这种多样性不管是在自我表现中还是在社会行动中，都是压力和矛盾的源头。""认同尽管能够从支配性的制度中产生，但只有在社会行动者将之内在化，并围绕这种内在化过程构建其意义的时候，它才能够成为认同。"③ 因此，在一个支配性的组织中，人们可以做到或者完成一件事或一项任务，但是，行为者（即完成此项任务的人）不一定会认同它。换句话说，做这件事与认同这件事不一定完全一致，有两种表现：一种是在认同这件事的时候做了这件事，另一种是做了这件事的时候可以不认同这件事。其中，行为者、行为结果、认同行为三者之间的关系是：行为者可以产生行为结果，却不一定产生认同行为，但只要产生认同行为就一定会产生行为结果。之所以是这种关系，其根源在于认同"具有充分的自主

---

① 《杨店人民公社典型材料调查报告》（1960年4月7日），息县档案馆，全宗1号，1960年永久档案。
② 张乐天：《告别理想：人民公社制度研究》，上海人民出版社2005年版，第329页。
③ ［美］曼纽尔·卡斯特：《认同的力量》（第二版），曹荣湘译，社会科学文献出版社2006年版，第5页。

性，完全独立于支配性的制度与组织的网络逻辑"①。也就是说，作为内在化的行为，认同是独立的，因此构成了"压力和矛盾的源头"。国家、政党或组织的决策者在处理人们的认同问题时，如果做到了行为者的行为结果与认同行为相一致的话，那么，社会实践活动就能顺利进行。反之，一旦出现蜂窝状认同，不但实践活动迟早要遭遇失败，而且还不利于实现社会融合。

虽说人们对新生事物不可能一下子完全接受，必须经历一个建构认同的时期，这是符合社会发展的客观规律的，但是，具体到农村社区服务体制来说，只要这个机制能够维护农民的利益，农民就能够认同它。在农业合作社时期，农民的合作是一种自愿行为，农村社区服务体制在维护农民的利益、防灾抗灾，以及使农业生产快速发展、农民生活得到改善等方面，体现了制度的优越性，因此得到了农民的高度认同。然而，在公社化时期，由于"一平二调"等因素的"政治侵蚀"，社区服务方式同农民的切身利益之间存在着张力，致使农民的认同有所销蚀。尤其是在 1958 年秋人民公社成了强制性的运动，加之 1959—1961 年出现的农业危机，农民认同度降至最低值。虽然在此后十余年之中，农民认同度有所回升，但是，这种销蚀的认同再也没有恢复到合作化时期的水平。这个事实可以从工农业发展速度的比较中得到证实：在农民认同度最高的 1953—1957 年间，工农业发展速度之比达到最高值 4∶1（表 2-4），这个事实反映出不同时期工农业发展速度之比的波动与同期农民认同的波动呈现正相关关系，即农民认同度高，农业对工业的贡献就大；反之，农业就会对工业减少支持力度。

表 2-4　　　　　　　　　　工农业发展速度比

年份	农业年递增率（%）	工业年递增率（%）	比例关系（以农业为1）
1949—1952	14.1	34.8	2.5∶1
1953—1957	4.5	18	4∶1
1958—1961	-6.8	9.7	
1962—1965	9.9	8.2	0.83∶1

① ［美］曼纽尔·卡斯特：《认同的力量》（第二版），曹荣湘译，社会科学文献出版社 2006 年版，第 10 页。

续表

年份	农业年递增率（%）	工业年递增率（%）	比例关系（以农业为1）
1966—1978	2.9	10.5	3.6:1

资料来源：郑有贵：《半个世纪中国共产党对工农关系的认识历程》，载于农业部农村经济研究中心当代农业史研究室《中国共产党"三农"思想研究》，中国农业出版社2002年版，第117页。

  为什么利益分离会导致农民的总体性社会认同结构呢？在回答这个问题之前，我们先梳理一下相关的研究成果。据研究显示，任何一个农村社区都是"相对自治的整体"，"这种社区在人口、经济和文化诸方面相对来说自成一体"。"每个社区都是一个社会整体，所有社区都属于同一类别，但每个社区又都有自己的独特性"，"在这些结构非常牢固的社区中，一切努力都是为了整体的稳定"。[①] 从这个意义上讲，具有心理属性的认同，在这里便表现出一种政治的特性。在当时的中国，农民认同便是农民的政治特性的一种体现，但是，这种认同受制于农民的经济基础，质言之，农民认同是由农民的经济利益决定的。由于农民具备了相近的经济实力，相互之间在生活方式和文化趣味上表现出趋同性，因此，共同的利益便成为认同的形成基础。一般而言，农民有两种政治性质：革命性和保守性，[②] 也就决定了农民的认同会在这两种性质之间波动。尽管农民的这种革命性和保守性主要是针对不同的生产关系和政治制度而言的，但是，在通常情况下，农民在相同的生产关系和政治制度下也会表现出不同程度的革命性或保守性，或者二者兼而有之。马克思曾以波拿巴王朝的政治性质来描述农民的这种性质，"波拿巴王朝所代表的不是革命的农民，而是保守的农民；不是力求摆脱其社会生存条件即小块土地的农民，而是想巩固这种条件的农民；不是力求联合城市并以自己的力量去推翻旧制度的农村居民，而相反，是愚蠢地拘守这个旧制度，期待帝国的幽灵来拯救自己和自己的小块土地并赐给自己以特权地位的农村居民。波拿巴王朝所代表的不是农民的开化，而是农民的迷信；不是农民的理智，而是农民的偏见；不是农民的未来，而是农民的过去；不是农民的现代的塞文，而是农民的

  [①] [法] H. 孟德拉斯：《农民的终结》，李培林译，社会科学文献出版社2005年版，第7—8页。

  [②] 刘文科：《论农民的政治性质》（http://www.shwd.net/shownews.asp?newsid=2103）。

现代的旺代"①。虽然农民具有力图改变社会生存条件的革命性和积极性,但是,农民同样具有保守性,这种保守性主要表现为政治冷漠,即政治不认同。如果农民的这种保守性在国家现代化发展阶段表现得突出的话,那么,它就会成为政治发展的一个主要的障碍。因为这种不认同不可避免地影响着农村政治发展甚至国家政治的发展,尤其是在一个农业人口占多数的国家,社会的发展在很大程度上依赖于农业、农村、农民的发展,需要农业为工业发展提供大量的积累。马克思曾经对小农的保守性进行过分析,指出"各个小农彼此间只存在地域的联系,他们利益的同一性并不使他们彼此间形成共同关系,形成全国性的联系,形成政治组织"②。基于此,新中国成立之初我国对小农进行了改造,引导农民走上合作化道路。但是,无论是合作化还是集体化,都要切实维护农民的利益,尤其是在农业为工业提供积累的阶段,更应该兼顾农民的利益。虽然把农民组织起来有利于促进农业生产发展和农村社会进步,但是,任何一种组织化都有限度,同时农民还得自愿联合才行。因为"人们唯独能够认同的联合是那些自愿形成的联合,这种联合促进着自我实现"③。农民联合起来或者组织起来既是工具又是目的,一切由经济利益决定的,一旦他们的利益受损,或者没有得到有效代表,他们就会不可避免地对这种联合或组织方式产生社会不认同心理,行为上表现出政治冷漠。所以,改造农民的组织结构必须立足于维护农民的经济利益,一旦农民的利益受到影响,认同亦随之销蚀。因此,在不同的历史时期,农民依据自己经济利益的变化状况,表现出不同的社会认同度,也就是说,在农民的经济利益得到维护或提高的时候,农民的社会认同度就高,认同面扩大;反之,社会认同度就会降低,认同面狭小,蜂窝状认同状况就会形成。

总体性社会认同状况反映了农村社区服务体制在人民公社时期没有很好地维护农民的切身利益,尤其是"一平二调"的做法不但不利于共同利益的形成,反而具有"鞭打快牛"的不良效应,导致了共同利益的下降。按理说,保障农民经济利益不受损害,只需通过发展农业生产力即可解决,但是,"为了保证国家工业化建设的资金需求,国家通过农业税、

---

① 《马克思恩格斯选集》第一卷,人民出版社1995年版,第678页。
② 同上书,第677页。
③ [加]查尔斯·泰勒:《自我的根源:现代认同的形成》,韩震等译,南京译林出版社2008年版,第707页。

农副产品的征收派购等强制性的制度安排，低价甚至是无偿地拿走了相当于生产队全部收入的30%，所剩的70%在扣除了来年的生产基金和'两金'后，仅能勉强满足社员的基本需求"[1]，质言之，农业不仅承担着农民生活和农村发展的经济责任，而且，更重要的是承担着工业和城市发展的经济责任，需要为工业发展提供大量的资金和原材料。显然，这是一种向工业发展偏斜的发展方式，由政府的宏观统筹决定。但是，当农业难以支撑工业化快速推进和国民经济的正常运行之际，只好放慢工业发展速度，增加对农业投入，以促进农业发展，这是国家对偏斜发展的修正，仍是宏观调控的行为。有资料证明，1962—1978年，农业生产中化肥的使用以每年16.5%的速度增长，粮食和经济作物的新品种被引入和加速采用，机械化的使用比例越来越高。[2] 这种纠偏行为得到了农民的认同。于是，在工农业发展的这种波动过程中，农村社区服务体制是这种波动的调控杠杆，使"偏斜运行与纠偏交替发生"[3]，决定农民的认同状况随之处于波动之中。

在集体经济背景下，农村社区服务体制既是社区调节内外部因素的整合手段，又是国家统筹城乡发展的调控工具。它以集体投入为基础，既提取于集体经济，又服务于集体经济。由于农村社区服务供给必须首先以有效提取为条件，再加上农业承担着工业发展资金积累这个特定历史责任，所以决定了农业提取行为必须以农民"共同"占有产权的形式为基础。之所以这样，是因为农业集体成员统一劳动、统一分配，他们中的任何人不再是独立的产品所有者，以此为对象的提取比建立在个人独立产权基础上的提取效果好、矛盾少。因此，在60年代初的危机之后，农村社区服务体制不但没有改变运行方式，反而为了有效供给社区服务，国家把人民公社的功能限制在管理与协调层次之上。显然，这是一种变革生产关系的举措。之后，一系列现代农业技术陆续投入到农业生产之中，使农业生产率一度得到提高。但是，当技术投入所创造的经济增量达到饱和状态之后，必然会出现一个增长停滞状态，这是普遍的经济规律。一旦农业生产力发展出现停滞或遇到困难，农民就无法维持自身利益，既有的认同度持

---

[1] 辛逸：《农村人民公社分配制度研究》，中共党史出版社2005年版，第73页。
[2] 林毅夫：《制度、技术与中国农业发展》，格致出版社2008年版，第9页。
[3] 郑有贵：《半个世纪中国共产党对工农关系的认识历程》，载农业部农村经济研究中心当代农业史研究室《中国共产党"三农"思想研究》，中国农业出版社2002年版，第118页。

续下降，认同面逐步缩小，蜂窝状认同结构就会加固，社会融合难度增强。

第四节 小结

基于分散的小农生产对生产资料的需要以及对改善生活的期盼，在国家的提倡和支持下，互助合作成为新中国成立之后农村一种特殊的社区服务而受到农民的欢迎。为扩大合作的范围，经由互助组、合作社，进入人民公社。此后，相当长一段时期，农民都生活和工作在人民公社之中。在三级所有、队为基础的所有制形式之下，生产队既是农村最基层的生产单位和核算单位，也是最基层的农村社区及社会生活共同体。由于人民公社使农民的生活空间与生产空间相重叠，因此，农村社区首先是一种生产共同体或经济共同体，其次才是生活共同体。这时的社区服务是一种国家安排下的农民自我服务，在三级所有、队为基础之上，借助于国家有限的财力支持，以村集体收入为主要资金来源，向农民提供着集中化与均等化的服务产品。在"政社不分"、"政经不分"和集中经营的条件下，基层社队或社区经济组织同时兼有行政和政治组织的功能，经济组织和管理依赖于行政命令和政治的强制。社队不过是一种集经济、生产和政治于一体的农村基层共同体。由于农民对于所属的集体和社区事实上没有"选择权"和"退出权"，因此在农民的内在心理上，产生了双重认同，即利益攸关的生产队小认同与国家大认同，当然，这种小认同不过是集体所有的产物，是基于对集体经济的依赖以及对权力的服从，是在经济和超经济控制下的生存依赖而已，并不是独立和自由选择的结果。农村社会内部之间、城乡社会之间相对分离，是一种"机械团结"状态。因此，农民认同是一种总体性社会认同。农村内部不融合，城乡之间也不融合。

第三章 农村改革后社区服务与社会认同的变迁

在 20 世纪七八十年代，以家庭联产承包责任制①的改革为契机，农村社区服务体制进入一个新的发展时期，由此产生了不同于以前的社会后果，从而改变着农民的认同，也影响着社会融合的状况。在此期间，农村社区服务的供给主体发生了变化，即农民集体力量逐步消退，农户、国家与市场力量开始出现。社区服务供给方式的改变，使农民认同发生了深刻而显著的变化，社会融合问题引起了人们的广泛关注。

第一节 农村社区服务体制的改革与发展

这个时期，农村社区服务体制的改革，主要以家户化为形貌表现出来。与过去的社区服务产品由村集体作为投入主体供给不同，现在则部分地甚至大部分地转到农户家庭供给。国家主要通过政策对农村社区服务进行调控，有时也给予一定的财政补贴，到了后期，还逐步引入市场机制，以市场作为辅助中介。与人民公社时期的供给方式相比，农村社区服务走向家户化，有利于农业生产力的解放，更能满足农民的需要，具有社会进步价值。至于一家一户的分散经营能不能走向现代化，经不经得起市场风险的考验，这些问题是改革发展中的问题，需要通过深化改革来解决，但是，一味指责家户化是社会的倒退，或者指责农民是小生产者，信息不

---

① "家庭联产承包责任制"作为一种经济制度，始于 1978 年末各地普遍开始的农业生产责任制，只是在 1978—1982 年农村改革初期实行过 4 年。在 1982 年之后，得到国家认可以以政治手段大规模推行的制度，实质上是被温铁军称为的"大包干为实质的家庭承包制"，只不过官方文件上的政策语言没有跟随这种客观变化而改变。直到 1998 年的十五届三中全会，才把文件中早已没有实际意义的"联产"和"责任"取消，正式明确为"家庭承包制"。参见温铁军《"三农"问题与制度变迁》，中国经济出版社 2009 年版，第 294—295 页。

灵，不能及时调整生产结构，盲目种植，日益成为农业现代化发展的障碍等，① 显然是有失公允的。

一 农民的分散经营与需求的多元化

从过去集体化的束缚中解放出来的农民，实现了以家庭为单位的分散经营。家户化的经营模式体现着家庭具有农业生产经营权。在现代社会形态中，社会大生产与小生产并不是绝对对立的。规模的大小是随着生产力发展而改变的。中国农村家庭联产承包责任制"把集体的土地承包到户，实行双层经营，本身就是农村集体经济最有效的实效形式"②。对于农民来说，就是使农民得到完全的充分的公民权利，包括公共事务中的民主权利与私人领域中的自由权利。整个农村改革的过程，就是使农民逐渐独立，自由地进入市场，同时提高人格的过程。③ 从这个意义上说，农村改革不是一个后退的过程，而是社会的进步。

在家户化改革进程中，家庭经营一开始并没有统一模式，不同状况的生产队有着不同的承包形式。十一届三中全会之后，息县农村相继建立了不同形式的生产责任制。先是采取小宗作物定产到田，责任到人；麦、稻等大宗粮食作物实行定额管理，评工记分、小段包工等形式。到1979年10月小麦播种时，有的生产队实行了联产责任制，采取包产到组、以产定工的形式；有的生产队采取大包干到组的形式；一些低产落后的生产队，在不改变生产队集体所有制的前提下，采取了包产到户的形式。到1980年麦收之时，联系产量的责任制比不联系产量的责任制增产效果要强，特别是在那些长期低产落后的生产队，联产到劳动力，比联产到组的增产效果更为明显。实践证明，联系产量的生产责任制更能把集体生产的成果同社员个人的物质利益紧密地结合起来，使多劳多得的原则在分配上直接体现出来，有利于提高出勤率，提高劳动效率，提高农活质量，正所谓"联产联着心，联谁谁操心"。这个制度适合当时"群众思想觉悟、干

---

① 王郁昭：《家庭承包经营与农业现代化》，载农业部农村经济研究中心当代农业史研究室《中国共产党"三农"思想研究》，中国农业出版社2002年版，第15—16页。
② 中共中央政策研究室、中国农村杂志社编：《江总书记视察农村》，中国农业出版社1998年版，第324页。
③ 秦晖：《关于农民问题的历史考察》，载农业部农村经济研究中心当代农业史研究室《中国共产党"三农"思想研究》，中国农业出版社2002年版，第145—146页。

部管理水平和生产水平，高产、地产地区都可以推广，各种形式的联产责任制，在实践中都收到了明显的效果"。①

为了进一步完善和提高联产责任制，1980年8月，中共息县县委发布施行《关于农业生产联产责任制的意见》（息发〔1980〕49号）用于指导农村改革，明确提出要尊重生产队的自主权，不允许"一刀切"，要因队制宜，允许社员根据自己的条件民主选定联产责任制的形式，并且提出五种供选方案：

> 第一种形式，凡是领导班子强，生产条件好，农业、工副业搞得好，连年增产、增收、增贡献的队，大多数群众不要求改变现行管理办法的，都要继续实行小宗作物采取"五定"联产到劳力，麦、稻、豆等大宗粮食作物采取定额管理、评工记分的办法，这有利于巩固集体经济，应当稳定不变。
>
> 第二种形式，坚持队为基础，实行分组作业，土地、耕牛、农具固定到作业组管理使用，所有权归队。作业组的划分，应本着有利于生产，有利于团结的原则，自愿结合。骨干、劳力强弱合理搭配。作业组对生产队实行"三包"合同制，即：包完成生产计划，包完成国家农副产品交售任务，包上交公共积累和各项提留、剩余产品。在生产队统一分配方案指导下，由作业组进行分配。……这种包产到组的形式，既能充分体现按劳分配的原则，又没有涉及所有制的变动，也比较容易地解决用水和机耕的问题，……防止在克服了"大呼隆"以后还会出现"小呼隆"。
>
> 第三种形式，在坚持生产队统一领导、统一生产计划、统一分配、统一灌溉、统一经营队办工副业的前提下，采取包产到户，生产队直接对农户实行"三包一奖赔"合同制，即：包工、包产、包费用、全奖全罚。社员必须完成包产任务，生产队必须抓好定产和交产，坚持统一分配，通过认真试算，队户签订承包合同。
>
> 第四种形式，对于集体经济空、生产条件差、干部管理水平低、社员家底穷、长期低产落后的地方，可以实行"包干"到户，有农

---

① 《关于农业生产联产责任制的意见》（1980年8月26日），息县档案馆，全宗1号，1980年永久档案。

户根据承包土地面积，直接向生产队承包粮、棉、油产量，交售任务，上交公共积累和各项提成等包干任务，剩下产品全部归己。这种在特定条件下的特殊形式，既要看到在一定条件下增产效果的一面，又要看到它不利于统一经营、容易滑向单干的一面，因此要加强领导，签订好承包合同，社员要保证完成上交国家的，完成集体的，无故完不成任务者，生产队可根据实际情况收回一部分承包土地。

第五种形式，在生产队的统一领导下，走专业化、联合协作的道路。把粮食作物、经济作物和工副业生产以及多种经营生产，根据每个劳力的技术专长，包给专业组、专业户、专业工，这比一般的平均包到户或"包干"到户，搞"小而全"的经营方式要好得多。这种形式有利于发挥人们的技术专长，有利于农林牧副渔的全面发展，走农工商联合经营的道路。应当积极引导，逐步地向这个方向发展，各公社可以在条件具备的生产队搞好试点，以便取得经验，逐步推广。[1]

这五种方案既具可选性，又具限制性。一方面，尽管县委提供了五种备选方案，但是，联产承包毕竟是新事物，在尚未完全成熟之前，谨慎地限制是符合常理的做法。另一方面，虽然县委小心翼翼、不敢完全放手，但是终究给社员提出了可供选择的方式，无异于发出了变革的信息，有利于培养社员的独立性和自主性。

家庭经营权不仅解放了生产力，而且修复和改善着社会关系，使农民需求呈现多元化发展趋势。首先，改变了生产队干部的工作方式。过去一个生产队一二百人，六七十个劳力在一起劳动，大事小事都要队长操心，"安排生成靠队长，下地干活等队长，遇到困难找队长，牲口下田喊队长，粮食减产怨队长。队长一步不到，生产就要放炮"。农民没有自主权，缺少生产积极性。联产责任制改变了干部过去那种催收催种、催征催购、发号召、抓进度的工作内容，变为调解群众因争水、争牛以及农机使用和管理方面产生的矛盾；解决好"四属"、"五保"和困难户在生产、生活上的具体困难；签订好合同、抓好分配，促使各种联产责任制不断完

---

[1] 《关于农业生产联产责任制的意见》（1980年8月26日），息县档案馆，全宗1号，1980年永久档案。

善起来；等等。干部由决策者变为协调者。工作方式的改变，修复了社会关系。群众对大包干的方式形象地说："大包干，大包干，直来直去不转弯，既省事，又简单，干部满意，群众喜欢。"显然，家庭经营权使农民拥有了自主独立性。

其次，联产责任制能够把社员个人利益和集体利益更加直接地联系起来。农村集体经济组织中的生产责任制经历了一个从不联产到联产，从只许联产到队、到组进而联产到户的变迁过程。[①] 过去一个生产队在一起"大呼隆"，社员吃的是"大锅饭"，干的是糊涂活，每年劳动果实能分多少，心中没数。实行"大包干"，生产任务明确，社员对种多少、收多少、上交多少、能分多少等情况心中有了一本账，这就是保证国家的，留足集体的，剩余是自己的。群众感到"大包干"有靠头，生产有干头，生活有奔头。实行"大包干"出现了"三多一少"现象：关心生产的人多了，参加劳动的人多了，干活出力的人多了，非生产性开支少了。家庭经营权使农民的利益明确凸显出来。

最后，联产责任制调整了农民之间的人际关系。过去由于政治运动不断，搞阶级斗争扩大化，破坏了人与人之间的正常关系，今天抓"纲"，明天抓"线"，搞大批促大干，你上台，我下台，弄得人与人之间的关系紧张。"大包干"可以使人一心联系着产量，专心于经济发展，能耐都用到了发家致富上面，不用担心外界干扰了。

发展经济、改善社会关系，家庭经营权使农民务实起来，使他们的需求呈现多元化。在农村改革过程中，"家庭经营再加上社会化服务，能够容纳不同水平的农业生产力，既适应传统农业，也适应现代农业，具有广泛的适应性和旺盛的生命力"。[②] 显然，在土地集体所有基础之上的家庭经营方式，使农民拥有了土地使用权、经营权，从而拥有了进行相对独立商品生产的自主权、自我劳动的择业权、劳动产品享有权、市场准入权。可以说，农民的这种多元化的需求，正是农村社区服务体制的改革与发展的内在动力。

[①] 陈锡文、赵阳、陈剑波、罗丹：《中国农村制度变迁60年》，人民出版社2009年版，第28页。

[②] 中共中央政策研究室、中国农村杂志社编：《江总书记视察农村》，中国农业出版社1998年版，第323页。

二 农村社区服务体制的发展及其限度

满足农民的多元需求，是农村社区服务体制改革内驱力的源泉。分析农民潜在的需求，具体表现在如下几个方面：

第一，想粮食多增产，经济多收入。现在农民从生产的实践中看到，今后要想粮食多增产，经济多收入，单靠过去的种植方法、管理水平和单纯抓粮食生产是不行的。必须在现有耕地面积上搞好科学种田，种好粮食作物，大力发展多种经营，挖掘土地潜力，才能取得低成本、高效益。所以现在农民白天干、夜里想，既想粮食夺高产，又想多拿钱。现在农民一方面盼望技术人员深入基层传授科学种田技术，一方面登门拜访，虚心学习先进的增产经验。群众为了多赚钱，在不减少粮食作物面积的前提下，黄豆地里带芝麻，废弃地里栽油菜。

第二，想卖的能卖掉，想买的能买到。从当前情况看，群众需要出售的农副产品主要是黄豆和红麻。这几个公社干部群众反映，现在农户家里的黄豆存放很多，粮食部门不收，原因是色泽杂，破伤率高，调不出，积压背利息，群众急需卖而卖不出。红麻也是收了调不出。据项店供销社反映，去年收购红麻410万斤，现在库存210万斤调不出，群众还可卖100万斤，但是不敢收。目前群众想急需购买的生产资料主要是磷肥、化肥，特别是尿素；生活资料主要有建房材料，还有不少社员想买自行车、缝纫机等高档商品，但是这些物资群众又很难买到。

第三，想农副产品价格不变，国家能够及时兑现。随着农业的迅速恢复和发展，农民需要向国家出售大量的农副产品，但是农民担心粮、棉、油、麻等完成三定任务后，国家不收超购，最担心超交了国家不再加价。

第四，要求稳定市场物价。随着市场的开放，小商贩增加很多。在当前农民购买力普遍提高，而国家商品还不能满足群众需要的情况下，这部分人大量出售农民急需的日用品，有的漫天要价，致使市场物价比较混乱，突出的是烟、糖、火柴、煤油、化肥等物资，有的成倍涨价。群众反映，农民腰包的钱真正回笼国库的不多，都让小商贩混去了，迫切要求稳定市场物价，打击投机倒把活动。

第五，要求活跃农村文化生活。实行联产责任制后，社员有了自主权，空余时间多了，农民需要丰富的文化生活，要求电影、戏剧能够经常下乡为群众演出。

第六，要求提高小学教育质量。当前农村小学民办教师过多，教师水平差，教学质量低，致使入学率下降。群众反映，拿着钱上学，学不到东西，不如在家放牛。要求加强农村教师队伍的建设，提高小学教育质量。①

这些潜在需求，既存在于生产领域，又存在于流通领域；既有物质方面的需求，又有精神方面的需求。但是，总体来看，流通领域的需求，重于生产领域的需求；物质方面的需求，重于精神方面的需求。农民需求表现出的这种不平衡分布状况，主要反映了这样几个社会规律：

（一）改革不能单兵突进，需要各项配套措施环环相扣，综合推进。农村率先改革，实行了联产责任制，促进了生产的发展，农产品日益充盈。但是，改革之初的农民，仅仅是一个商品生产者，他们没有条件也不可能进入流通领域，这是多年的统购统销措施束缚了农民的手脚的结果。如果流通领域不畅通，农民想要的买不到、想卖的卖不出，就制约了农民生产的积极性。因此，生产领域改革之后，下一步就要搞流通领域的改革。

（二）物质需要先于精神需要。"仓廪实而知礼节"、"民以食为天"就是对这个规律的描述。农民首先需要的是丰富的物质生活，这是精神生活的基础，如果物质生活不发达，精神生活肯定丰富不起来。联产责任制使农民的物质生活有了一定的发展，所以他们才有条件追求精神生活。

（三）人们的需要呈递增之势。以文化需要来说，精神文化的需要从基本的需要开始，一步步达到高雅艺术，有一个逐步递进的上升趋势。在村里演几场电影或戏剧，是生活改善之后农民的需要；希望孩子受到较好的启蒙教育，也是生活改善之后农民的需要。这些需要都属于基本公共服务的范围。

因此，农村社区服务体制的改革就是朝着更好地满足农民的这种需要

---

① 中共息县县委办公室：《关于农村实行生产责任制情况的调查》（1982年3月3日），息县档案馆，全宗1号，1982年永久档案。

转变的。与过去由集体承担风险不同，家庭承包制使农民由"产品生产者"转变为"商品生产者"。①联产到户使每一个农户独立地面对市场，独立地从事交换活动，他们必须考虑投入成本和效益。农户在享受丰收的喜悦之时，也要独立面对种子、农药、化肥、农机具、家禽家畜养殖等一系列风险问题。因此，农户成了一个集生产与消费、利益与风险于一体的独立结点，彻底改变了过去联产到队或联产到组对农户角色的淹没。正是由于农户具有了独立性，农村的财产积累、分工分业、劳动要素的流动和重新组合等规则都将发生深刻的变化。因此，农村社区服务体制的改革，不仅要健全服务体系，突破传统计划经济体制的禁锢，形成多元化、多层次、多形式经营的服务体系，而且要创新服务内容，以农民需求为导向，适应农业结构多元化和农产品加工流通的要求，提供种养殖技术、农机和农资配送、病虫害防治等农民迫切需求的技术服务。

这个时期，农村社区服务体制的改革，主要集中在两个方面：（1）供给主体。人民公社时期村集体作为供给主体，现在开始消退，农户和市场开始加入供给主体行列。（2）经费来源。由集体收入承担为主，转变为由集体提留和集资摊派为主。与此相应，在筹资方式上，由生产队作为基本核算单位转向了农户作为基本核算单位。

正是由于农村社区服务的供给主体与经费来源发生了变化，才使得20世纪90年代以来农村社区服务体制的发展受到限制。因为集资摊派作为一种非正式的或制度外筹资方式损耗了乡村资源，从而使农村社区服务体制的供给能力受到局限。用道格拉斯·C.诺思的理论来说，"报酬递增"是制度变迁的一个推动力量，"组织不断演化，以便获取由制度框架界定的各种机会。但与技术方面的情况一样，这并不意味着组织所获取的技能一定会使社会效率提高。协调效应能直接从与其他组织的契约中产生，也可间接地产生于对政治组织进行投资这样一些辅助性活动。更重要的是，正式规则将导致一系列非正式约束的产生。它们修正正式规则，并将正式规则延伸至各种具体的应用领域。适应性期望的产生，是由于建立在特定制度基础上的契约的受欢迎程度的增加能降低规则持久性方面的不确定性。简单地说，制度矩阵的内部依存网络产生了很大程度的报酬递增""在一个制度报酬递增的动态世界里，行为人的不完美的或笨拙的

---

① 杨善华：《改革以来中国农村家庭三十年》，《新华文摘》2009年第14期。

努力所反映出来的是：以现有的心智构念（mental constructs）——观念、理论和意识形态——来辨识复杂的环境是多么的困难。"[1] 这两段颇有些艰涩的语言，论述了报酬递增对制度变迁的推动作用。正是由于正式制度会产生一系列的非正式制度，在一个复杂的环境中，非正式的制度往往会给人们带来一些在表面看来有用的价值，即"适应性期望"，因此，一些人会不计后果，追求短期效益。也正是短期效益的存在，推动了正式制度的变迁。换句话说，非正式制度的运行及其产生的不确定后果客观上修正了正式制度。

农村社区服务体制的发展及其限度验证了这个理论。这个时期，由于对农村社区服务进行投入，可以直接推动农村经济和社会的发展，出于这样的制度绩效的期望，当分税制实施之后，虽然地方财力在保障农村社区服务的供给时出现了困难，但是，一些非正式的规则，诸如集资、摊派等变相增加农民负担的方式出现，在一定程度上延续了社区服务的供给。

一个曾经在息县不同乡镇当过乡镇长和书记的采访对象，讲述了20世纪90年代农村社区服务制度外筹资的情况，从中也反映出了当时农村社区服务体制想要继续发展所面临的限制。

> 因为乡镇能够从老百姓头上任意取钱，提多少钱，这个框自己定。有取钱的门路和道道儿了，慢慢就开始互相攀比，财政有钱了嘛，除了满足人员工资，还可以吃喝，不够的话就再加收一点。这种恶性的膨胀，逐步加重了农民负担。农民负担是怎样加重的？就是这样一点儿一点儿膨胀的。后期收费越来越高。我们知道它是怎样来的：就是每年把所有的预算一项一项算出来，修路、办校、人员工资、招待等需要多少钱，都算出来，再把人和地算出来，然后开个人代会通过一下，按人和地分摊到村里，然后村里如数征收上交。一般来说，农业税按土地面积征收，要是种地面积多，就多交一点。公益事业，像教育、卫生之类按人头提取。后期人多少、地多少也分不清楚了。找老百姓要不清了、算不清了，一摊出来这么长，有几十项，就按地7人3或者地6人4的比例收费。修路、教育、卫生得按人头

---

[1] [美]道格拉斯·C.诺思：《制度、制度变迁与经济绩效》，杭行译，格致出版社2008年版，第131页。

而不能按地亩呀。想收费都得找个项目出来，算清楚，否则，老百姓不给钱啊。有了项目，人收多少，地收多少，按一定比例来收。……后来收费基数越来越大，矛盾越来越多，收的多了老百姓就不给了。收的少了老百姓能给，你说我给你修点路，办个学校，老百姓一看给他办了实事，他就给了。但是，后来老百姓慢慢地就失去了兴致，再加上那几年自然灾害比较严重，大概是1996年吧，自然灾害较多，矛盾面更突出，向老百姓收的钱数一个不少。如果钱收不上来的话，就采取过激手段，拉人家的粮食，牵人家的牛，出现了过激对抗事件。一旦矛盾面扩大，再想向老百姓收费就不行了。[①]

上述征收方式，无疑是一种"饮鸩止渴"式的征收方式，对农村社区服务体制的发展极其不利。要想改变农村社区服务体制，本应从完善服务内容、健全服务体系等方面入手，这才是最好的切入点。不过，由于那时的基层政权事实上存在着财权与事权的不对等、不匹配的制度安排，使农村社区公共服务根本无法获取足够的投入资金，即使曾一度实施过以制度外的筹资方式来弥补资金缺口，但由于对此项措施未能很好地规范和约束，反而加重了农民的负担，逐渐演化成"三农"问题，致使农村社区服务体制的发展受到了限制，农村社会的融合依然是一个不容忽视的问题。

第二节 从集体化服务到市场化服务

农村改革之前，社区集体化服务供给交易成本居高不下。农村改革之后，农村社区服务的承担主体、筹资方式和供给渠道均有变化。这个时期，农村社区居民的基本消费水平有了明显提高，其家庭和市场是满足基本需求的主要渠道。农村社区基本公共服务的供给和消费增长水平远远低于同时期私人产品供给和消费增长水平。在这种背景下，一个走向市场化的农村社区服务体制的时代即将到来。

[①] 2009年9月20日笔者在息县与原夏庄镇党委书记的访谈。

一 投入主体：集体主体逐步消退，农户与市场主体开始出现

从农村改革前后的对比情况来看，农村社区服务体制的投入主体，总体上呈现一种此消彼长的交替状况，即改革前村集体作为投入主体，在改革后逐步甚至大部分地转移到农户家庭为主体上来，尤其是到了 90 年代，则更多地引入市场作为投入主体。当然，此时市场所供给的内容大多是有偿服务。在整个转变过程中，国家仍然是公共服务的供给主体，其主要的供给方式，则通过政策对农村社区服务进行调控，有时也直接给予一定的财政补贴。

在这个期间，村集体从投入主体中退出。这种退出行为，与农户分散经营方式有关。人民公社时期，农村社区服务的供给，被视为集体经济的一种特殊分配方式。对于这种供给方式，所需资金直接从集体收入中扣除，农民个体无法选择接受与否，农民谁也不知道究竟自己为此付出了多少钱。进入以农户为基本核算单位的家庭承包制时代，农民付费就具有了消费的性质，花在哪里，花了多少，农民基本是清楚的。同时，服务的内容与绩效，则成为农民愿不愿意付费的判断标准，从此，农民有了选择性付费的权利，农民作为消费者的权益有了保障。这种付费方式的改变，最终促使集体组织退出投入主体的历史舞台。

作为新生事物，市场由小到大、由弱到强，逐步取代村集体而成为投入主体，源源不断地供给着各种有偿服务。一旦村集体从投入主体中退出，必然留出许多的服务空白地带，这为有偿服务提供了巨大的发展空间。1992 年 6 月 8 日，中共息县县委、县政府下发《关于加强农业社会化服务体系建设的决定》（息发〔1992〕3 号）的文件，提出了"以专业化服务实体为依托，以乡村集体经济组织的整合性服务为基础，以农民自办服务为补充，逐步形成多成分、多层次、多功能、上下贯通、左右相连的服务网络"[①] 的意见，为农村社区有偿服务发展提供了政策保障。1995 年，息县再次出台文件规定了发展有偿服务的范围：凡国家没有明令禁止的行业和商品，个体工商户和私营企业均可生产、经营；国家尚未规定或规定不明确的行业和商品，只要对社会发展有利，也允许个体工商户、私

---

① 《关于加强农业社会化服务体系建设的决定》（1992 年 6 月 8 日），息县档案馆，全宗 1 号，1992 年永久档案。

营企业生产和经营；特别鼓励从事工业性生产。[①] 这些措施使市场供给主体有了稳定的发展。

与此同时，国家作为农村社区服务的另一个供给主体，主要通过地方政府来实施服务的行为。其中，乡镇政府把乡统筹费（包括乡村两级办学经费、计划生育费、民兵训练费、乡村道路建设费、优抚费）用于乡村教育、道路建设、其他公益事业及其政权建设等方面，既发展生活服务，又发展生产服务，一直发挥着投入主体的功能。下面以息县路口乡为例，来看这种功能是怎样发挥的。

息县路口乡，位于息县城关北部，辖19个行政村，288个村民小组，3.66万人，是一个盛产小麦、水稻、大豆、玉米、西瓜等作物的农业大乡。1993年，全乡农村社会总产值5132万元，农村经济收入3111万元，农民人均纯收入771元，比全县人均纯收入高出83元，乡级综合实力在信阳地区乡镇综合实力三十强中排名第24位。路口乡生产服务的主要做法是：

（一）面向市场，调整经济结构。该乡在引导农民保证粮食稳产高产的同时，调整经济结构。首先，根据市场变化，合理调整产业结构。由以前的单一种植业结构调整为种植业、养殖业和乡镇企业综合发展，种植业、养殖业、乡镇企业在农村社会总产值的比例分别由1991年的69∶12∶19，发展到1993年的46∶23∶31。其次，发挥优势，调整种植业结构。在稳定粮食种植面积的同时，不断提高复种指数，扩大棉花、西瓜等经济作物种植面积，通过向农民推广间作套种技术，变一年两熟为一年三熟四熟，使粮经种植面积比例由1991年的7∶3调整为4∶6。

（二）促进发展个体私营经济。围绕流通市场服务做文章，先后建立了路口、土桥、六湾三个中心集贸市场，年成交额3600万元。以此为依托，组织和引导农民发展个体私营经济，已发展各类工商个体户609家，每年收入1227万元，仅此一项，全乡人均可获纯收入40元。

（三）立足资源优势发展乡镇企业。以丰富的农副产品为资源，不贪大求洋，形成了以食品生产、饮食服务、砖瓦制造、建制运输和农副产品加工为主体的五大行业。1993年，乡镇企业产值达2858万元，实现利税320万元，其中税金30万元，由此全乡人均收入增加81元。

[①] 《关于加强我县个体私营经济发展的决定》（1995年10月10日），息县档案馆，全宗1号，1995年永久档案。

（四）建立健全各类服务机构。以乡科协、粮管所、供销社、农技站、农机站、兽医站、水利站等单位为依托，分别成立了农业科技咨询部、粮油贸易公司、信息服务中心、股份有限开发公司、农机服务公司、畜禽服务公司、生产资料供应公司和庄稼医院等。为农民提供科技推广，农用生产资料供应，优良品种调剂，农副产品购销，畜禽防病配种，农作物病虫害防治和信息咨询等产前、产中、产后系列化服务。① 1994年，路口乡注重发展邮电、通信、电力、交通、教育、卫生等项服务。先后开通了县乡无线传真、2000部程控电话、无线调频广播；架通了路口至土桥村高压主杆线路；完成了息（县）正（阳）公路路口段11公里的修建，新建路口至陈庄村柏油路一条，全长2公里。在教育上，解决了拖欠的教师工资，稳定了教师队伍。在卫生上，改善乡村医疗条件，新建一座标准化门诊楼。1995年的计划是，架通岳庙、大孙庄、曹庄、小何楼、孟店、刘老店6个村的11万伏高压线路，接通陈庄、周庄、田庄、王围孜、土桥5个村80%的农户用电线路；集资60万元，新建一个路口农贸市场，建200间平房和路口街道两旁的下水道；延伸路口新街道1公里，东西接通息县至彭店的柏油路，建成环乡街；全乡人均集资20元，改善乡中学办学条件；采取以工代赈和群众集资相结合的办法，两年内修通路口至六湾的砂石路；投资50万元，开发一个种、养、加开发区，建成一个万亩西瓜批发市场，开发水产业基地，在息（县）彭（店）公路路口段两侧路沟种植莲籽。为此，必须做到：加快乡镇企业发展，推动地方特色农业升级换代，扩大财源，增加乡村财政收入。

由此可以看出，乡镇政府在分税制之前，基本能够承担公共服务的供给，但是，在分税制之后，乡镇政府的供给能力有所降低，提供的服务种类不断减少。一个在乡镇政府担任过多年主要领导的干部接受我们采访时，给我们讲述了分税制之后乡镇财政提供社区服务的情况：

> 1994年农业税飞速地上升，提取数额也在增长。1995至1996年，最高时一亩地提取150到160元。当时一个乡的土地应该在5到7万亩，人口有4到5万人。像我那个乡（指东岳乡，笔者注）有

---

① 中共路口乡党委、路口乡人民政府：《发展农民商品经济，增强乡级综合实力》，《岁月》（内部刊物）1995年第1期。

75000 亩地，一亩收 150 元，能收 1125 万元。如果一个乡镇应收 1000 多万的话，实际上也只能收到 600—700 万元，这是必须得完成的，不完成的话就摘乡政府领导的帽子。收上来的钱是怎么花的呢？除给县里交一部分之外，剩下的由乡里支配，其中，教师工资支出占 300—400 万元，接近一半；修路、建校等公益事业每年占 100—200 万；再就是乡干部工资福利和村级干部工资支付等。①

显然，分税制的实施，大大弱化了乡镇政府供给公共服务的财力。要想继续保持原有的服务种类，只能提高农业税，不过这一途径必将额外增加农民的负担。

虽然说，这个时期的村集体开始退出投入主体的行列，但是，在一定条件下仍然离不开村集体提供的社区服务。长陵乡王寨村，地处息县东部，南临汪湖，北接乌龙港，是一个地势低洼、滩涂面积大的村庄，素有"大雨大灾、小雨小灾、十年九灾、一年数灾"之说。面对这个现实，经村民决议，全村决定大力治水改土，通过动员全村民众集资集劳，解决水患问题，变劣势为优势。全村 540 户，有钱出钱，有力出力，历经两年多时间，先后出工 3 万余人次，挖填土石方累计数十万立方，开挖养鱼水面 700 多亩，新增灌溉面积 1000 多亩，变水害为水利，优化了农业生产条件。同时，村里调整种植结构，把粮经比例由过去的 4∶6 调为 5∶5，推广麦、菜套种，麦、瓜套种，稻田养鱼等高效农业。1993 年，仅种植业亩产值由过去的 300 元上升到 800 元。该村根据水面多的优势，注重发展渔牧业。1992 年，以湖北省水产科研养殖公司为技术依托，在 1000 多亩宜鱼水面投放 40 万尾育苗，1994 年收获成鱼 16 万公斤，其中村办水产养殖场收获成鱼 8 万多公斤。1995 年预计总产可达 20 多万公斤，其中村水产养殖可收获 12 万多公斤。该村在推动水产养殖过程中，还配套了家畜家禽的立体化养殖，即鸡粪养猪、猪粪养鱼的循环养殖做法，变废为宝，合理利用资源。在畜禽饲养和防病等技术得以保障的情况下，该村农户养牛 5 头以上的 10 户，养羊 20 头以上的 100 多户，10 头以上的 300 多户，养猪 10 头以上的 10 多户。村办万只养鸡场 1 个，年出栏 500 头的养猪场

---

① 2009 年 9 月 20 日笔者在息县与原夏庄镇党委书记的访谈。

1个。个体私营经济中，精米加工厂1个，米面加工厂3个。① 这个事例说明，虽然村集体整体上不再提供社区服务了，但是一旦有需要的话，村集体的动员能力，仍然是其他组织所不可比拟的。

当然，在这个时期，作为投入主体的乡镇政府和村集体，都还或多或少地提供着其他主体所无法供给的社区服务，诸如义务教育、乡村公路建设、合作医疗、五保供养、村村通电等，都有利地改善了农村的生产和生活条件。不过，从某种程度上讲，这些服务的供给，不可避免地加重了农民负担。之所以出现这种局面，一方面，是由于地方政府的事权与财权不对等。例如，农村实际工作中的一些升级、达标活动，都是上级政府一级一级压下来的，如果不照此执行，就要违反组织原则，如果照此执行，就会侵犯农民利益，这种两难的选择必须由乡村两级做出了断。有效果的话上下皆大欢喜，出问题的话，由乡村两级担着。乡村两级俨然是一个戴着镣铐的舞者，跳着一场凄美的舞蹈。另一方面，是执行国家的刚性政策造成的。以息县1993年计划生育工作为例来说。1993年3月，息县出了一个大问题，即息县计划生育检查评比在全市排名倒数第一，被省政府黄牌警告，息县工作被一票否决。于是，息县决定打一场计划生育工作翻身仗，人口要绝对控制，当年不能再出生属鸡的小孩。② 为此，息县花费了很大精力，派出大批干部到乡镇指导工作。由于人口出生率是硬性指标，做到这一点就必须采取非常过激的措施，这样就激化了乡村干群关系矛盾，弱化了社区服务的社会效果。从这个意义上讲，乡镇政府和村集体作为投入主体既是干事者，又是坏事者。

二 筹资渠道：集体收入、"三提五统"与集资摊派

家庭联产承包责任制时期，农民的需要具有明显的外部化特性，人们的消费水平与观念有了显著改变。除了家庭和市场满足居民基本需要之外，以农村社区为基础提供的公共服务也成为农民生产和生活的必需品。但是，此时官方话语系统中公共服务供给原则是："谁受益，谁负担"、"取之于民，用之于民"、"谁办事，谁拿钱"。为了提供公共服务，社区居民按照受益程度的大小进行集资，政府作为政策倡导者，给予一定的财

---

① 长陵乡王寨村村委会：《立足大农业全面推进村域经济发展》，《岁月》1995年第3期。
② 按照阴历1993年是鸡年。

政补贴。因此,"国家投一点,集体筹一点,农民缴一点"就成了农村社区服务筹资的真实写照。往往是国家投得少,农民集得多,以至于有"头税轻(国家税)、二税重(合同内的三提五统)、三税(集资、摊派、行政收费等合同外社会负担)是一个无底洞"之说。①

这个时期的筹资渠道基本上有两种,一种是制度内的,另一种是制度外的。其中,集体收入和"三提五统"属于制度内的筹资渠道。所谓"三提五统",是指村级集体提留和乡级统筹,"三提留"包括公积金、公益金、管理费;"五统筹"包括乡村两级办学经费、计划生育费、民兵训练费、乡村道路建设费、优抚费。"三提五统"是一种参与农户收入的分配方式,在此基础上形成的农村公共收入分配制度,长期以来成为国家财力的必要补充。②

制度外的筹资渠道主要是集资和摊派。作为一种非正式规则,集资摊派也为农村社区服务作出了贡献。对于制度内的"三提五统"收费行为,国家还出台了相关的约束规定。相比之下,制度外的集资筹派却是一把软尺子,完全由地方政府任意裁量,全部根据实际需要决定。下面以息县教育为例来说明这种情形。

据息县教育志记载,息县的集(筹)资办学活动开始于1978年。在农村实行联产责任制之后,息县对中小学校舍修缮经费的提取没有明确规定,大多数农村学校的校舍和设备缺乏维修。当时,为了解决学校的实际困难,群众献工献料,自发捐助。1982年10月,息县依据信阳行政公署关于中小学校舍修建问题的指示精神,确定了县重点初中小学及高中由县教育局负责修建;各公社所在地的中小学由县教育局和公社共同筹资修建,国家给予少量补助。城镇要大力提倡厂矿企业和街道集资办学,公社要发动群众集资助学,修建校舍。1983年9月,息县提出"县、社、队三级领导抓教育,七十万人民集资办学"的口号,当年集资397万元。1984年,县教育局增设了集资办学办公室,并抽调专职干部分赴各乡镇协助开展集资工作,全年集资454.4万元。1985年,《中共中央关于教育体制改革的决定》出台,息县对学校实行三级管理体制:县管高中,乡管初中,村管小学,并明确规定了"谁集资,谁使用"的原则,当年完

---

① 高鉴国:《中国农村公共物品的社区供给机制》,山东人民出版社2009年版,第49—50页。
② 徐小青、郭建军:《中国农村公共服务改革与发展》,人民出版社2008年版,第9页。

成集资280.36万元。在此后的几年,息县教育体制逐渐稳定下来。1990年,根据国家教育委员会安排,息县进入普及九年义务教育阶段。1995年2月,为了加快"普九"步伐,息县召开了全县教育工作会议,确立了三条筹资渠道:(1)依法足额征收教育费附加,城镇教育费附加按"三税"的3%征收,农村教育费附加按农民上年人均纯收入的1.5%征收。对教育费附加严格实行"乡征、县管、乡用"的原则,保证专款专用。(2)开征地方教育附加费。一是开征机关、企事业单位干部职工教育附加费,按年工资总额的1%征收;二是在单位和个人有偿使用土地费用总额中加收5%的教育附加费,由土地管理部门负责征收;三是按非生产性基本建设投资总额的1.5%征收教育附加费,由计划和城建部门征收;四是从城镇建设维护费中划出10%用于中小学建设;五是企事业单位和个体的货车、客车每辆每年加收200元,工具车、面包车每辆每年加收150元的教育附加费;六是凡购买控购商品千元以上者,提取总额的5%作为教育附加费,办理控购手续时缴纳,违控购买的商品,没收拍卖后,如数转入教育账户。(3)继续发动全县人民和社会各界集资办学。各乡村根据本地实际做好规划,搞好预算,缺多少集多少,原则上每人每年集资不少于20元。根据建校任务的大小,可一次集一年的,也可以一次集两年或三年的。要求一年内的集资量不得超过60元。三项措施实施后,息县当年筹资1919万元。[①] 1998年,经过9年的准备,息县顺利通过了国家义务教育的评估验收工作。笔者根据有关的数据,列出了1983—1995年以及1998年息县集资办学筹款情况统计表(见表3-1)。

表3-1　息县1983—1995年以及1998年集资办学筹款情况统计表

(单位:万元)

年度	金额	年度	金额
1983年	397	1985年	280.36
1984年	454.4	1986年	310
1987年	289	1989年	503
1988年	311	1990年	902

[①] 息县教育委员会教育志编辑室:《息县教育志》(1905—1995),内部资料,第214—228页。

续表

年　度	金　额	年　度	金　额
1991 年	586	1994 年	685
1992 年	554.7	1995 年	1919
1993 年	246	1998 年	3664

资料来源：息县教育委员会教育志编辑室：《息县教育志》（1905—1995），内部资料，第228页。其中，1983—1985年的数据见第218页。表中数据是笔者合并整理而成。1998年的数据摘自中共息县县委书记叶昭垲在1998年10月16日召开的息县减轻农民负担工作会议上的讲话——《切实减轻农民负担，保持全县大局稳定》。

从表中可以看出，1983—1993的十一年中，共计筹款4833.46万元，平均每年439.41万元，这是分税制改革之前的常态筹款情况。其中，筹款最高年份是1990年，达到了902万元。这是因为，这一年是息县开展普及九年义务教育的第一年，为了使"普九"工作有一个良好的开端，比往年平均多集了一倍的钱。从数据上看，分税制改革之后的两年，共计筹款2604万元，平均每年1302万元，比常态筹款多了近两倍，1998年达到3664万元。由此，我们可以这样判断，尽管并非全部是缺口资金，但是，多出的近两倍的筹款，实质上填补的是因分税制实施之后地方财力上解所留下的空白，这样的事实，恰恰足以反证制度外筹资的随意性。

就这样，农村社区服务筹资渠道，在制度内与制度外的两种收费方式之间左右摆动，维持着农村社区服务的供给。在地方财力困难与不足的情况下，农村社区服务的投入就以集资、摊派等非正式的规则来筹集所需资金，这是地方政府和村级组织履行职责时必须要依赖的手法。尤其是在分税制改革之后，那种适应新情况的、更为完善的投入机制尚未形成之前，依靠收费、集资、摊派等非正式途径筹集资金，弥补了制度内资金来源的缺口，毕竟，这种行政作为总比行政不作为要好一些。

三　供给原则：从计划调拨转向社会化服务

这个时期的供给原则，存在着一种由计划性向市场性转变的过渡的性质。在前期，农村社区服务供给原则体现出一种政府倡导下的准强制性，尤其是公共服务的供给，形象地说，就是"政府请客，群众买单"、"上级出政策，下级出票子"。显然，这仍是一种行政干预的体现，基本还是一种计划调拨。

这种准强制性，体现在两方面：

（一）准强制性收费。与人民公社时期的隐性提取方式[1]相比，这一时期农村社区公共服务供给的收费是一种显性提取方式。[2] 隐性提取方式有两个好处：其一，提取的效率高。在尚未分配之前，就直接从集体的大堆儿上划走，显示了提取的优先权，而且是足额提取，数量上有保证。其二，提取时的矛盾少。在集体的大堆儿上直接划走提取费用，不与每个农民发生直接联系，提取环节的矛盾就减少了很多。但是，显性提取具有参与农民收入分配的性质，不具有隐性提取的优先权，不仅需要每家每户分散上交，而且一定会发生有些人拖欠，甚至拒交的情况，不一定能够及时足额收齐。这是因为，随着农村经济体制改革的深入，产权关系也发生了变化，农户成了基本核算单位。每个农户或每个农民是真正的经营者，而不再是生产队体制下的主体虚置式的简单劳动者了。农户不仅掌握着土地的使用权，而且还掌握着其他生产资料的支配权。由于农户拥有了经营权，他们可相对自由地安排自己的生产结构，力所能及地满足生产生活中的需求。他们开始真正关心资产（集体的和农户自己的）的利用和增值，成为权利和风险责任的实体。[3] 农户的产权主体地位使农民的民主权利意识增加了，权利和责任风险对等了。在这种情况下，农民对社区服务需求的个体差异就有可能凸显出来，但是，这并不意味着社队制时期农民对社区服务的需求就没有差异，只是因为那时候农民需求的差异性被集体公有的虚置主体所抹杀，使农民没有条件表现出各自的不同需求罢了。当显性提取方式与农民对社区服务需求的个体差异性表现出来之后，政府应当加以规范并积极引导，既要提高社区服务效率，又要尊重农民的民主权利。农户可以不关心社区服务是由国家提供的还是由私人提供的，他们关心的

---

[1] 此处是指人民公社时期农村社区服务所需资金是在集体分配之前提取的。在20世纪80年代，隐性负担的含义特指"限额外负担"，指包含税金、提留外向农民的各类行政性收费、集资和摊派等。它包括税收、价格负担和社会负担等多个方面。隐性负担随机性强、弹性大、涉及面广、负担率高，且制定和收取标准多为自上而下的各级政府部门、地区级或以下各级地方政府一个文件乃至农村学校的一个规定即可付诸实施，成为农村"乱收费"的根源，时常和"苛捐杂税"联系起来。

[2] 显性负担是指农民除缴纳税金、政府的农产品定购任务以外所承担的村提留、乡统筹费、劳务以及其他费用，此类负担为"限额内负担"，其各个时期收取范围和标准符合中央政府政策的规定，是合法的。

[3] 毛科军：《中国农村产权制度研究》，山西经济出版社1993年版，第56—57页。

是生产生活中困难能够有效解决；农民可以不关心社区服务周全与否、完善与否，他们只关心哪怕只是很少的服务，只要是出于自愿，只要有效就行。然而，恰恰是在政府倡导农村社区服务过程中，由于偏重效率而忽视了农民的民主权利与个体差异形成的选择性需求，甚至一厢情愿地为了健全社区服务而不惜加重农民的负担，运用一些强制性手段向农民伸手要钱。由于政府行政干预没有尊重农民的民主权利，所以兴办公益事业只许成功不许失败，如果失败，就得不到农民的宽容，由此积聚的矛盾就可能成为下次拒绝交费的理由。

（二）准强制性提供服务。提供社区服务本应该从农民生产生活的实际需求出发，在经济上保障了农民的物质利益、在政治上尊重了农民的民主权利。但是，政府在提供公共服务过程中，往往通过行政命令的形式，强行要求农民接受那种农民认为不需要但上级领导认为需要的服务。我们以息县农村文化服务为例来加以分析。下面是息发〔1987〕33号文件：

关于加强我县农村文化工作的意见①

发展农村文化，活跃农民的文化生活，是农村全面建设的一项重要任务，也是实现农业现代化的必要条件。近几年来，随着体制改革的深入，我县农民的物质和文化生活普遍有了提高。到现在为止，全县已有专业文艺团体两个，业余文艺团体六个，农村电影队十九个，乡级文化站二十二个。但是，总的来讲，文化生活仍然相当落后，缺乏文明健康的文化娱乐。农村文化工作普遍存在着两难一差，即：电影队放映收费难、农民看戏难和文化站设施差。因而，文明健康的社会主义文化还没有真正有效地、全面地占领农村文化阵地，一些地方聚众赌博、封建迷信及其低级庸俗活动盛行，严重地影响了农业生产，腐蚀了农民，尤其是青少年的思想，广大农民对此反映很强烈。根据国务院办公厅国办发〔1984〕21号文件关于努力办好积极发展农村文化站的指示精神和省委《关于"七五"期间加强社会主义精神文明建设的意见》，以及中共中央宣传部、广播电视部、文化部、农牧渔业部《关于解决当前农村看电影难问题的意见》等文件精神，

---

① 《关于加强我县农村文化工作的意见》（1987年9月22日），息县档案馆，全宗1号，1987年永久档案。

结合我县实际情况，现就加强我县农村文化工作提出如下几点意见：

一、加强文化站建设，切实做到"四个落实"

农村文化站是农民文化活动的重要场所，也是农村精神文明建设的重要阵地。乡（镇）文化站性质为"乡办国助"，隶属乡（镇、处）政府领导，各乡（镇、处）要把文化站建设列入乡（镇、处）建设总体规划，进一步加强领导，真正把文化站办好，"七五"期间三分之一左右的乡（镇）要逐步兴办文化中心，各行政村要认真办好本村的文化室，其活动经费从村提留的公益金中支付，从而逐步建立健全我县三级群众文化网。各乡（镇、处）文化站要根据实际情况，逐步做到"四个落实"：

任务落实：通过群众性的文艺、体育、科普活动和文化艺术手段提高农民的思想文化素质，按照政策规定对农村群众文化事业、民间艺术表演团体、民间艺人和文化个体户进行管理。

人员落实：各文化站都要有专人负责，文化专干的调查任免须征得所在乡和县文化主管部门考核同意。

经费落实：按照国办发〔1984〕21号文件和省财政厅、劳动人事厅、文化厅〔1987〕8号文件规定，文化站的经费列入各乡（镇、处）财政预算。文化站人员的工资福利等由乡财政负担，国助部分（每站每年500元）全部转入乡财政。文化站可以经营或代销图书报刊，经营录像、照相等"以文补文"活动，其收入主要用于发展文化事业，任何单位不得平调或挪用，亦不得因此削减正常活动经费。

场地落实：各乡根据当地的经济条件，逐步建立和扩大乡（镇、处）文化站的工作场地，不断充实文化设施。各乡文化站要做到有阅览室、游艺室和简单的体育活动场所，要有电视机、录音机、乒乓球台，图书不得少于2000册，报刊杂志不得少于20种，乐器10件以上。

二、进一步普及农村电影放映

电影是深受群众欢迎、喜闻乐见的一种艺术形式，也是进行爱国主义宣传教育的重要工具。同时，大量的农业科教影片，对提高广大农民群众科学文化水平，推广使用先进的农业生产技术，推动农村各业发展，起着直接的促进作用。因此，进一步抓好农村电影的普及放映工作是加强农村文化工作的重要一环。为此，首先要妥善解决电影收费难的问题。凡有条件的乡（镇、处）、村可以开设固定售票点，实行售票放映，不能售票放映的，在集体经济条件好的和比较好的乡（镇、处）村电影费用可以从乡（镇、处）村的统筹中的公益金部分支付，也可以从乡（镇、处）村办的企业收益中提取一部分，为农民包场看电影。在集体经济较差的地方，可以在自愿的原则下，由群众集资或采取群众容易接受的其他办法，解决看电影的费用，而不应视为"乱收费"、"乱摊派"。

其次，积极办好集镇电影院。当前要采取有力措施，使停业的电影院迅速活动起来。要大力开展电影普及放映。在掌握合理布局的前提下，县电影公司要在几个中心集镇设立电影放映管理站，以加强对集体、个体放映队的管理、指导和服务。全县每个行政村农民一年至少要看六场电影。

三、坚持戏剧下乡，解决农民看戏难的问题

戏剧是我县农民非常喜欢的一种艺术形式。但是前几年，由于种种原因，我县的豫剧团常年下不了乡，农民看戏难的呼声很高。为活跃广大农民的文化生活，解决看戏难的问题，县豫剧团每年应拿出不少于四个月的时间在我县农村巡回演出。我县每个行政村农民每年看戏不得少于两场。

各乡要认真做好接纳剧团演出的有关工作，不能因为有困难、怕麻烦而让农民常年看不到戏。

豫剧团演出收费办法可参考电影收费办法解决。县豫剧团要坚持"两为"方针，认真排演群众喜闻乐见的戏剧，并围绕党的中心工作，运用戏剧的形式，做好对广大农民的宣传教育工作。

四、加强文物保护工作

我县地处黄淮之间，历史悠久，有众多的历史文物和革命文物。因而，抓好文物保护工作是各级政府的一项重要任务。要广泛、深入地宣传国家《文物保护法》和有关政策法令。乡政府领导对本乡重点文物和古遗迹应了解和关注。各乡政府有保护本乡文物、遗址的责任，有配合上级主管部门进行文物发掘和现场保护的责任。对于流散在社会上的文物，各乡有责任进行收集和配合上级文物主管部门进行的征集活动，有权制止破坏文物、盗掘文物、倒卖文物和走私文物的行为。如发现上述行为，要积极向上级文物主管部门和公安、工商部门汇报,并积极协助查处。

五、加强对农村文化工作的领导

各乡要把做好农村文化工作作为加强农村社会主义精神文明建设的一件大事来抓。要有一名副书记(或副乡长)分管此项工作,具体工作由党委宣传委员牵头。要定期召开文化站、电影队、体育、教育、农业、共青团、民兵、文联、科协等有关部门参加的联席办公会议,切实加强对这项工作的领导。要及时了解文化站、电影队工作人员的思想,帮助他们解决实际问题,克服困难,切实把我县的农村文化工作搞好。

中共息县委员会

息县人民政府

一九八七年九月二十二日

由这个文件可以看出,作为农村文化主要载体与平台的文化站、电影、戏剧,对农民提供的文化服务,首先是从中央到省、县的行政安排的服务,来头不小且意义重大;其次是"国家请客、农民买单"式的服务,而且这个"单"还必须得买,不管各村经济条件好坏,一律是每年六场电影、两场戏剧;再次是行政规定给农民提供文化服务买单的钱"不应视为'乱收费'、'乱摊派'",从而具有了"免死牌"和"护身符",即使减轻农民负担的话,此项费用也不在削减之列。

实际上,农村社区服务准强制性原则就是这样堂而皇之地运行着。"国家请客、农民买单"式的服务都有红头文件撑腰,而且个个言必称对农村如何如何重要,仿佛农民不买单的话,马上就要天塌地陷!这样说似乎意味着农村并不需要社区服务,恰恰相反,农村和城市一样,作为生活共同体非常需要各种服务,但是,农村需要的是真正能够带来利益和方便的服务。如果通过接受服务能够使农民的生产生活得到提高和改善,农民是愿意掏腰包的,而且再多掏一些也是情愿的,就像农村电网改造、兴修道路那样,农民根本不会产生任何怨言。农民是对行政不作为或者加重负担的乱作为有意见,也不愿意为这种服务买单。

那么,除此之外,政府倡导下的准强制性合作还有哪些表现呢?我们以下面的一份调查报告为例予以说明。1985年7月,中共息县县委政策研究室对路口乡何庄村农民负担情况展开了详细调查。以下是本次调查的主要信息，其中，农民出钱的总体情况是：

何庄村现有 1903 人，3779 亩耕地。1985 年计划统筹 67514.04 元，人均 35.48 元，因价格上升，约增加生产投资 38382.72 元，人均 20.17 元，两项合计农民负担总额 105896.76 元，人均 55.65 元，分别比 1981 年增长 82.74% 和 77.7%。①

以下是笔者根据调查数据，以表格形式列出的付费细目（见表 3-2）：

表 3-2　息县路口乡何庄村农民负担情况（1985 年调查数据）

乡统筹部分（单位：元）			村提留部分（单位：元）		
提取项目	提取数额	人均负担	提取项目	提取数额	人均负担
农业税	9799.24	5.15	村干部报酬	4500	2.36
国库券	1960	1.03	队干部报酬	2900	1.52
还集体贷款	10570	5.55	退职村干部补贴	540	0.28
禽畜三包费	1133.7	0.6	村兽医报酬	180	0.09
乡建中学	6791.4	3.57	报刊费	900	0.47
军烈属补助	493	0.26	幼儿教师补贴	1260	0.66
民办教师补贴	2731.7	1.44	管理费	1332	0.7
民兵训练费	512.2	0.27	五保户补助	650	0.34
村医报酬	540	0.28	电影费	1000	0.53
生猪派购补贴	3806	2	广播员报酬	330	0.17
兴修街道费	1707.3	0.9	护林员报酬	1080	0.58
文化事业费	1707.3	0.9	扫盲教师补贴	228	0.12
广播事业费	512.2	0.27	村建小学	10000	5.25
毒麦检疫费	250	0.13	护鱼员补贴	100	0.05
总　　计	42514.04	22.34	总　　计	25000	13.14

---

① 中共息县县委政策研究室：《路口乡何庄村农民负担情况调查》（1985 年 7 月 27 日），息县档案馆，全宗 1 号，1985 年永久档案。

续表

其他费用（单位：元）		
提取项目	提取数额	人均负担
生产资料价格上升	37868.72	19.9
学生学杂费上升	514	0.27
总计	38382.72	20.17

报告在分析农民付费的项目及原因时，这样写道：

何庄村农民负担重，至少有以下五个原因：

一、负担项目逐年增多。近年来，县、乡、村要农民出钱办事的越来越多，未能量力而行，导致农民负担项目逐年增多。1981年农民负担为19项，1985年增加到28项，增长47.8%。

二、享受固定报酬的人员过多。据统计，1985年该村享受定额补贴的达66人，占全村人口的3.47%。其中村干部10人，队干部32人，退职村干部3人，村医生3人，村兽医1人，护林员3人，广播员1人，扫盲教师1人，幼儿教师3人，护鱼员2人，民办教师7人。对于上述人员的报酬（补贴），农民要负担14389.7元，占农民总负担的13.59%。

三、生产资料价格上涨，加重了农民负担。近年来，供应给农民的生产资料价格不断上升，增加了农民的生产投资。与1981年相比，碳铵由每斤0.094元上升到0.117元，尿素由每斤0.225元上升到0.28元，磷肥由每斤0.09元上升到0.11元，按照每亩每年施碳铵、磷肥各100斤，尿素25斤计算，全村共增加21464.72元；红麻种子由每斤1.20元上升到3.20元，全村2000亩红麻，增加12000元；水费（机械提水）由每亩水稻10元上升到17元，全村350亩稻田，增加2450元；手扶拖拉机打场由每亩1.2元上升到1.6元，1985年该村使用手扶拖拉机打场面积约2385亩，增加954元；手扶拖拉机犁地也由每亩3元上升到5元，全村1985年机耕面积约500亩，增加投资1000元；家禽技术服务三包费（即大家禽配种改良，猪、禽防疫，大家禽和生猪阉割）由每亩每年收费0.15元增加到0.30元，增加566.85元。

此外，学生学杂费上升，给农民增加了新的负担。该村1985年在校学生258名，其中小学生250名，初中生7名，高中生1名。小学生学杂费由过去的每学年3元，提高到5元，初中生学杂费由过去每学年8元提高到10元。

四、集体欠下的贷款和支农资金转由农户偿还。过去村集体贷款兴办一些生产建设项目，多数没有效益，欠下了一笔债务。农村联产承包后，连本带利平均分摊给农户偿还，每年都达万元以上。

五、村办集体企业为零，无力为兴办集体公益事业提供资金，一切费用均由农民负担。

诚然，调查组的分析有一定道理。尽管该报告没有刻意把社区服务项目和费用单列出来，但是也包含了不少方面，诸如教育、文化、优抚、卫生防疫、技术服务等。其中，人员工资、补贴有14389.7元，占负担总额的13.59%，社区服务建设和做事方面有23244.9元，占负担总额的21.95%，两项合计有37634.6元，占负担总额的35.54%，即三分之一强，其余的三分之二弱，除上交农业税等各项开支之外，皆因价格上涨和历史欠账等因素冲抵。在社区服务方面，人员工资、补贴占38.24%，也就是说，三分之一强的费用在养人，这还无法判断这些人做事效益如何。同时，社区服务基本是"国家请客、农民买单"的内容，真正体现民生内容的也仅仅是兴修街道、禽畜三包等少数几项。这就是国家倡导下的准强制性合作服务的现实。

实际上，农民需要及时有效的社区服务，而且有权利选择社区服务。同时，有差别的服务和选择性服务，有利于市场竞争，符合经济规律，具有历史进步意义。然而，现实中国家倡导的准强制性原则，潜藏着极大的片面性，尤其是随着服务型政府职能的转变，准强制性原则的负面作用将会越来越明显，其行为既不利于市场服务的成长，又不利于公共服务的完善。这种状况直到90年代，随着市场经济的发展，才逐步有所改善，计划经济的影响和平均主义的观念才慢慢消退，服务的社会化才逐步确立起来。

第三节 农村社区服务体制的社会影响

与集体化背景下农村社区服务体制相比，这个时期农村社区服务体制不断完善起来，但是，由于在城乡公共服务之间仍然维持着二元的供给体制，因此，这种体制也产生了较为严重的社会后果，影响了农民认同与社会融合。

一 "三农"问题凸显

农村社区服务本应成为促使农民收入较快增长、转变农业发展方式、破除城乡二元结构的有效手段，但是，这一时期农村社区服务体制不仅未能实现这个目标，而且在一定程度上成了"三农"问题恶化的诱因。

客观地讲，"三农"由来已久，过去不但不成为什么问题，反而还有助于其他问题的解决，尤其是新中国成立之后，它被认为是推进中国现代化发展的源动力。在20世纪50年代我国实行的各项社会改革，充分调动了农民的生产积极性，使农业生产取得了很大成绩，并为国家工业化积累了启动资金。但是，到60年代中期之后，随着"文化大革命"在全国的铺开，农业生产停滞不前，农村经济发展缓慢，农民生活处于贫困状态，中国"三农"问题才悄然出现。1978年，十一届三中全会揭开了中国农村改革的序幕，家庭联产承包责任制逐步推广，使中国"三农"困境有所改善。80年代前半期是农村发展的黄金时期，农业丰收的成果既能满足家庭和集体经济的需要，也能满足国家和城市工业化的需要。农村集体不但有了积累，而且使乡镇企业发展了起来，这个时期的"三农"问题似乎消失了。到了80年代后期，经济改革和政治改革出现波动，通货膨胀和政治风波相互影响，农村社会发展出现了一些问题：粮食卖不出去，棉花、油料、烟草、麻、茶叶等都积压在农民手里，农民增产不增收。不仅如此，农民还要为县、乡基层财政和义务教育承担大部分费用，农民沉重的负担开始浮现。1992年，中国市场经济体制得以确立，城市经济催生了农民的"打工潮"，农村人口开始外流，农业收入的比重在农民收入结构中开始下降。1994年，分税制改革使地方财力尤其是乡镇财力日益空虚，与城市经济发展得到国家大量投入相比，国家对农村社会经济发展投入颇显不足，乡村落后的基本服务设施只能靠农民集资或摊派等方式予以解决，由此进一步加重了农民负担。世纪之交的中国，在城市，国企改革遇到巨大困难，亚洲金融风波接踵而至，工人大量下岗分流，城市经济增长放缓，就业机会减少。在农村，种田亏本，非农就业机会供给严重不足，打工成本迅速上升，城乡居民收入差距继续拉大，农村经济发展严重滞后，城乡社会发展的不协调问题浮出水面。

对此，国内不少学者对"三农"问题进行大量研究，他们认为：

（一）农业问题，集中表现为农民种田不赚钱。在学者们看来，农业劳动生产率低，比较效益差，难以获得社会平均利润率，所以农业是弱质产业。因此，自古就有"农不如工，工不如商"的说法，但是科技发展到现在，还没有哪个产业可以替代农业给人类提供比较稳定的食品，人们对农业的生存依赖是百分之百的，所以农业又是永恒的必不可少的产业。在发达国家，政府一般都要援助作为弱质产业的农业，普遍实行农业支持政策，如对农产品给予价格支持，对主要农产品的进口进行限制，出口给予补贴等。我国农业问题主要表现在：一是农业生态恶化，水资源短缺，土地荒漠化严重，"圈地之风"盛行，人均耕地面积锐减等。国土资源部的统计显示，我国耕地保有量已从1996年的19.51亿亩减少到2002年的18.89亿亩，全国人均耕地面积也从1996年的近1.6亩降到现在的1.2亩，是世界人均水平的1/3，而且这种趋势还在加剧和扩大。二是农业人口过多，大量剩余劳动力滞留在农村，在农业产值占GDP的份额只有14.5%（2002年）的情况下，农村人口比重仍有60%多，农业就业比重仍高达50%，这使得农村剩余劳动力转移任务非常繁重。三是因资源配置长期形成的农业产业结构和产品结构不合理，导致农产品结构性过剩。四是因农产品市场化率低、生产成本过高，农产品因质量及污染问题而缺乏国际竞争力。五是因粮食流通体制、农村金融体制、科研推广体制改革滞后而阻碍了农业经济的持续发展。

（二）农村问题，集中表现为农村面貌落后，经济不发达。曾有人形容中国是"城市像欧洲，农村像非洲"。在计划经济体制下，城市的公共产品供给由国家全包，农村则基本上是由农民自筹解决。国家财政用于农村农业的支出严重不足，而且还逐年下降。2000年，中国财政用于农业的支出为1298亿元，约占财政总支出的8%，比1990年的10%约低2个百分点，比1980年的12%约低4个百分点。这样，在基础设施（交通、邮电、通信等）、医疗卫生和义务教育等公共服务供给方面，农村远远落后于城市。比如，在基础设施方面，1998—2001年，中央安排国债资金5100亿元，其中用于农业基础设施建设的为56亿元，仅占1.1%，只能满足同期农业基础设施建设资金需求的10%左右。在医疗卫生方面，1990—2000年，政府投入农村医疗卫生总费用比重由12.5%下降到

6.6%，87%的农民是完全自费医疗。有统计表明，我国70%的农村人口仅消费5%医药商品，而30%的城市人口消费95%的医药商品，被列为世界上卫生公共资源最不公平的国家之一。而我国农村医疗卫生，在新中国成立后的六七十年代，因农村实行集体合作医疗制度，曾被世界卫生组织称为"世界上非常成功的典范"。在义务教育方面，据国务院发展研究中心对襄阳县教育总投入的调查看，农村义务教育的投入几乎全部是由农民负担，省级以上财政专款仅占0.11%。结果人们看到的就只有城市的现代化，而没有农村的现代化，农村的交通、卫生、教育等还很落后。

（三）农民问题，是"三农"问题的核心，直接表现为农民收入低，增收难，城乡居民贫富差距大，实质是农民权益得不到保障。学者们认为，农民收入低、增长慢，一是因为粮食、棉花等农产品生产太多，供过于求、价格下跌，增产不增收；二是城镇化进程滞后，城市人口相对少（只占30%），购买农产品的城市消费群体相对比重太低；三是城市企业开工不足，乡镇企业有很多破产，劳动力转移困难，没有非农就业收入，农民增收陷入停滞。农民权益得不到保障，比如说农民不能和市民一样享受同等国民待遇，农民进城务工要办证要交费，农民的土地财产被收回被征用得不到合理的补偿等。结果城乡差距拉大，以2002年城乡居民的收入差距作分析：全国城镇居民人均可支配收入为7703元，农民人均纯收入为2476元，收入差距额为5227元，差距比为3.1：1，这已经超过国际公认的城乡差距3：1警戒线。若将城市居民的一些隐性福利（比如奖金、住房补贴、公费医疗等）与优惠折算成收入，城乡居民收入差距将达到6：1。这种情形，已经严重影响到国民经济的整体发展和社会的全面进步。[①]

因此，从根本上说，城乡社区服务二元化供给机制造成了"三农"问题。在过去相当长一段时期内，我国实行城乡公共服务的二元体制及以城市和市民为中心的公共服务政策，直接造成城乡居民在教育、医疗、卫生、社保等基本公共服务上的严重失衡，使城乡之间基本公共服务存在着明显的非均衡状况。农村社区居民生活性公共物品，以及与生活相关的民主权利、文化教育等服务供给相对缺乏，农民大多需要自己解决社会保障、医疗卫生、教育、娱乐等方面的费用。因此，"'三农'问题的根本

[①] 汪忠列：《"三农"问题的由来、现状和对策》，《历史学习》2004年第z1期。

是结构问题"。①

这一时期农村社区服务体制的运行,客观上加重了"三农"问题的严峻性。正如长期在农村一线担任领导的宋亚平对此所作出的分析,"农村的农田水利设施、道路交通、电力、通信、居民住宅、自来水、学校、医院、文化等基础设施建设,在相当长的时期基本上处于任其自然的状态之中,结果使得城市与农村在现代化的道路上形成了明显的两极分化。……农民负担最重的并不是'皇粮国税',而主要是教育双达标、水利建设、乡村道路和电网改造等集资费"②。在公共服务供给方面,尤其是基本公共服务供给方面,如果仍然固守先前"谁受益,谁负担"的操作原则,那么,其结果不仅影响着农民素质的优化、农业经济的可持续发展和农村社会的进步,而且最终必将阻碍国民经济整体的协调发展。因此,"谁受益,谁负担"在社区公共服务领域是不适用的。一位美国学者也有相同的认识:"政府在放弃公社的政治和管理职能的同时,几乎没有建立起相应的机构来代行这些职能,以致在医疗保健、教育以及其他许多应该由当地政府承担的职能方面,情况都有所恶化。也有人抱怨某些与集体生产相关的职能,例如灌溉水渠和设施等,都没有得到很好的维护。"③邓小平在 20 世纪 70 年代就论述过工农业关系:"工业支援农业,促进农业现代化,是工业的重大任务。……工业越发展,越要把农业放在第一位。"④ 工业对农业的支持作用,不仅仅表现为反哺情结,更主要是为整个国家的现代化培土固根。

实际上,农村社区服务体制的运行绩效缺乏必要的监督,变相地强化了它所产生的不良的社会后果。地方政府应该是农村社区服务体制运行的监督者,但是,在"三农"问题出现甚至趋于加重之时,地方政府却对"三农"问题采取回避态度。例如,1997 年 10 月 29 日,中共息县第八次

---

① 陆学艺:《"三农"问题的根本是结构问题》,《农村工作通讯》2009 年第 21 期。
② 宋亚平:《"三农"问题的根本出路在于现代化》,《江汉论坛》2000 年第 8 期。
③ [美] D. 盖尔·约翰逊:《中国的经济改革》,载《经济发展中的农业、农村、农民问题》,林毅夫等译,商务印书馆 2004 年版,第 23 页。
④ 中共中央文献研究室:《邓小平年谱(1975—1997)》(上),中央文献出版社 2004 年版,第 83 页。1975 年 8 月 18 日,邓小平在国务院讨论国家计委起草的《关于加快工业发展的若干问题》时,对这个文件的修改提出七点指导性意见,其中第一点是:确立以农业为基础、为农业服务的思想。工业支援农业,促进农业现代化,是工业的重大任务。工业支援农业,农业反过来又支援工业,这是个加强工农联盟的问题。工业越发展,越要把农业放在第一位。

代表大会召开，县委书记常法武做了题为《高举旗帜，加快发展，把我县改革开放和现代化建设事业全面推向二十一世纪》的工作报告。该报告通篇一万七千余字，字里行间根本没有出现"三农"二字。报告在讲到今后五年全县经济社会发展的指导思想、工作思路、奋斗目标时是这样说的：

> 全县经济社会发展的指导思想是：高举邓小平理论的伟大旗帜，坚持党的基本路线，全面贯彻落实党的十五大精神，正确处理改革、发展、稳定的关系，扭住经济建设中心不放松，以经济效益为目标，实现所有制结构由单纯国有经济向发展多元经济、混合经济转移，投资重点由基础设施建设向膨胀经济规模、壮大骨干工业企业转移，工作重点在稳定的基础上向抢抓机遇、加快发展转移，从而达到强农、兴工、活商、富民的目的，促进全县政治稳定、经济振兴、社会进步，把我县改革开放和现代化建设事业全面推向二十一世纪。
>
> 工作的基本思路是：强化一个基础（农业），确保两个增长（财政收入、农民人均纯收入），实施三大战略（开放带动、科技兴息、依法治县），抓好四个重点（党的建设、精神文明建设、社会稳定、计划生育），突出五个带动（靠集团化带动工业化，靠"公司+农户"带动农业产业化，靠搞活流通带动城乡一体化，靠科技进步带动经营集约化，靠推进股份制、股份合作制和大力发展民营经济带动经济成分和投资主体多元化），促进我县国民经济持续、快速、健康发展。
>
> 全县主要奋斗目标是：实现四个翻一番，工作再创新辉煌。即同1996年相比，国内生产总值翻一番，工业总产值翻一番，财政收入翻一番，农民人均纯收入翻一番；人口自然增长率控制在10‰以内，2000年以前基本普及九年制义务教育，为下世纪初实现撤县建市奠定基础。

2003年9月18日，中共息县第九次代表大会召开，县委书记赵兴华做了题为《务实兴县，加快发展，为全面建设小康社会而努力奋斗》的工作报告。在这个一万两千余字的报告中，仍然没有出现"三农"这个专指字眼。该报告提出今后五年全县经济社会发展的基本思路、奋斗目标是：

> 今后五年全县经济社会发展的基本思路：以十六大精神和"三个代表"重要思想为指导，以加快发展为主题，以全面建设小康社

会为目标,坚定不移地走非农化之路,加快工业化、城镇化和农业现代化进程,进一步加强社会主义精神文明建设和民主法制建设,继续加强和改进党的建设,为全面建设小康社会奠定建设基础。

今后五年的主要奋斗目标是:在优化经济结构和提高效益的基础上,进一步加快发展速度,确保国内生产总值年均增长12%以上,全社会固定资产投资年均增长15%以上,财政收入年均增长8%以上;农民人均纯收入年均增长8.7%,城镇居民人均可支配收入年均增长7.6%;人均国内生产总值达到4757元,非农产业比重达到67%以上,非农劳动力比重达到40%以上,城镇化水平达到29%以上;人口自然增长率控制在7‰以内。

从1997年的报告中可以看出,"投资重点由基础设施建设向膨胀经济规模、壮大骨干工业企业转移"是一个重要的发展转折。息县的基础设施建设,尤其是农村的基础设施建设,不是很完善,理应加大基础设施建设投入才对,为什么不去投入基础设施,反而把投资重点转向了工业企业呢?原来,1996年12月30日,《中共中央、国务院关于切实做好减轻农民负担工作的决定》(中发〔1996〕13号)下发,要求一切因升级、达标等活动而向农民伸手要钱要物的行为必须停下来。于是,加重农民负担成了一根政策的高压线,不允许再碰它。在此之前,息县农村基础设施建设基本上是依靠向农民提取、集资等方式完成的。地方政府从农民头上提取钱物用来改善农村基础状况,加重了农民负担,使"三农"问题有所恶化;地方政府因唯恐农民负担过重而引发不安定因素,害怕触犯政策的高压线,转而采取得过且过的行政不作为态度,任由"三农"问题继续存在。因此,息县就把投资重点转到了工业企业上面,也因此在2003年的县委工作报告仍然对"三农"二字不予提及。正是由于农村社区服务体制缺少地方政府的监管,它才能产生如此不良的社会影响。

二 农民职业和身份的分化

从理论上讲,人们根据凝集力的大小,往往把认同分为三个层次。第一个层次是出于较低层次的认同,主要表现在文化层面上,体现为某种生活方式、消费方式以及文化品位上的趋同性减少,差异性增大;第二个层次是居于中等层次的认同,主要表现在为了共同利益而结合在一起的组织的认同，如政党的认同、实体性阶级的认同等；第三个层次的认同，是高层次的认同，主要表现在为了共同的信仰而结合在一起的组织的认同，如某些宗教组织等。①

20世纪90年代，农民的认同开始裂变，主要表现在农民职业和身份的分化之上。依照认同的三个层次，这时的认同裂变，只是第一个层次的裂变，即农民生活方式、消费方式以及文化品位上的趋同性减少，差异性增大。这主要是由于不同阶层的人们由于具备了相近的经济实力，其内部成员在生活方式和文化趣味上表现出的某种趋同性，而不具备相同经济实力的人们则被排除在外，认同开始裂变。

显然，农民认同的变迁与我国改革开放的大环境有关。在市场经济发展过程中，农民作为独立的经济个体，不仅可以自主流动，还可以自由选择职业。农民的流动使农民的共同利益开始分化，一致性的认同随之裂变。

具体说来，农民认同裂变表现在以下两个方面：

（一）职业分化。在传统农村，农民以土地和农业为生。在改革开放之后，农民的就业渠道和领域得到拓展，非农就业比例增加。农民可以在乡镇企业和城市务工经商，流动与就业范围涉及工业、商业、服务业、建筑业、运输业、采掘业等，主要是第二、三产业。农民的职业分化为农业劳动者、非农业劳动者和兼业型劳动者。

（二）社区身份分化。农民流动带来了工作和生活的地理区位的变动，城市是他们的主要活动空间。尽管心理上他们很难真正融入城市社会，但是他们与城市的利益关联却在逐步加强，从而使得他们的生活方式、思想观念与农村社区越来越远。农民的身份开始分化为城市农民工、小城镇农民工和乡村劳动者阶层。②

市场经济条件下，农民认同发生裂变，可以从80年代初非市场经济条件下农民认同趋同的事实得到反证。根据1982年息县的调查，刚刚富裕起来的农民，他们的经济条件相同，认同具有趋同性。1982年3月，即息县实施家庭联产责任制三年之后，中共息县县委办公室对项店、东

---

① 沈晖：《当代中国中间阶层认同研究》，中国大百科全书出版社2008年版，第59—60页。
② 徐勇、徐增阳：《流动中的乡村治理：对农民流动的政治社会学分析》，中国社会科学出版社2003年版，第82—83页。

岳、陈棚、关店、八里岔五个公社进行了调查。这次调查显示，农户在扩大再生产的同时，也在积极改善生活条件，翻盖新房、添置衣被、购买自行车、缝纫机、手表、收音机等商品。其中，东岳公社王围孜大队仅在1981年一年里就购买耕牛125头，化肥130吨，磷肥90吨，手扶拖拉机5台，其他农机具3000多件，盖新瓦房210间，购买自行车53辆，缝纫机27台，收音机145部，手表11块，衣被7000多件（床）。与此同时，农民多种经营发展较快。过去多种经营的收入一般占农业总收入的15%至20%，本次调查显示，1982年农民的多种经营收入增加到35%至40%。陈棚公社王林大队刘小庄生产队，148人，520亩耕地，通过种植芝麻、油菜等经济作物和发展以养猪为主的饲养业，多种经营的收入占农业总收入的60%，人均纯收入717元。[1] 息县的调查显示，初步富裕起来的农民，他们在生产方式和生活方式上表现了趋同性。翻盖新房、添置衣被，购买自行车、缝纫机、手表、收音机等商品，是生活观念上的趋同，属于一种文化认同的表现。购买耕牛、拖拉机等农机具以及化肥、磷肥等生产资料，种植经济作物和发展饲养业是生产投入的趋同，也属于文化认同的表现。这说明改革之初，农民普遍富裕起来，农民的认同趋同性增强。这时，基于经济发展的需要，一些河流湖泊的除险疏浚、灌溉排涝工程的修建加固、支干线道路的兴修等农村社区服务供给效果明显。1978—1984年是农村经济与社会的黄金发展时期，农业总产出增长为42.23%，这一产出增长中有45.79%来源于社区服务投入的增加。[2] 但是，从1985年开始，随着农村劳动力的外溢，即每年递减8.6%，在1985—1987年的三年间，仅此一项，就使农业总产出比1984年的水平下降了2.95%。[3]

从以上情况可以看出，农村改革之后，农民认同有一个显著的变化过程，尤其是到了80年代后期，农民认同呈现出裂变趋势。

三 "搭便车"与分税制加速了农民认同的裂变

家庭承包制后期，农民认同出现裂变，究其原因，笔者认为有两个主要影响因素：一是农村社区服务过程中的"搭便车"问题，二是分税制

---

[1] 中共息县县委办公室：《关于农村实行生产责任制情况的调查》（1982年3月3日），息县档案馆，全宗1号，1982年永久档案。
[2] 林毅夫：《制度、技术与中国农业发展》，格致出版社2008年版，第80页。
[3] 同上书，第83页。

的实施促使农村社区服务制度外筹资方式形成,加速了农民认同的裂变进程。

(一)"搭便车"问题与农民认同的变化

"搭便车"问题是一个与集体行动有关的问题。作为一种集体行动的产物,"搭便车"首先是由美国经济学家曼瑟尔·奥尔森于 1965 年发表的《集体行动的逻辑》一书中提出。它的基本含义是不付成本而坐享他人之利,特指在非排他性的产品的生产和消费中,那些期望他人付费而自己不愿付费的行为,如果由个人来表示他对某种非排他性产品愿意支付的代价,个人会隐瞒自己的偏好,谎报自己愿意支付的意愿,以便从他人的支出或生产中得到好处。① 奥尔森搭便车理论在此处的本意是:公共物品一旦存在,每个社会成员不管是否对这一物品的产生做过贡献,都能享受这一物品所带来的好处。公共物品的这一特性,决定了当一群理性的人聚在一起想为获取某一公共物品而奋斗时,其中的每一个人都可能想让别人去为达到该目标而努力,而自己则坐享其成。结果,在一个大群体中,虽然每一个人都想获取一个公共物品,但每个人都不想因此而付出代价。② 这个集体行动中惯常存在的问题,必将出现在联产责任制时期农村社区服务体制之中。

本来,以行政村为筹资单元的服务,是当时农村社区服务供给的一种主要形式,诸如道路、水利设施、治安和道德教化等项服务,其经费来自于居住在社区里面的每一个居民。因此,行政村既是社区服务投入核算单元,又是社区服务供给单元。正是由于社区服务供给与地缘有关,所以人民公社最终实行"三级所有、队为基础"的核算方式,所有农户都属于某个生产队,且农户不能退出生产队。生产队就是一个集体组织,既是行政建制的一部分,又是经济组织的一部分,是政经合一的组织。由这个政经合一的组织提供农村社区服务就十分方便,因为它具有筹资的优先权,所以就排除了"搭便车"者。③

但是,在联产责任制时期,农户成为了基本核算单位,行政村的经济功能基本丧失,而只是一个行政建制而已。正如贺雪峰教授所言,当

---

① 于洪波:《"搭便车"问题的制度分析》,《中共青岛市委党校青岛行政学院学报》2006 年第 3 期。
② 赵鼎新:《集体行动、搭便车理论与形式社会学方法》,《社会学研究》2006 年第 1 期。
③ 贺雪峰:《什么农村,什么问题》,法律出版社 2008 年版,第 146 页。

行政村丧失经济功能后，农村社区服务如何供给，就重新成了大问题。以家庭经营为基础的农户，在日常的生活中，通常面对着两类性质不同的事务。一类是通过农户自主努力即可解决的事务，即具有竞争性和排他性的私人事务，农户行为的好处，不会被他人所享受，农户可以通过个人努力及通过等价的市场交换，来解决这类事务。另一类是具有非竞争性和非排他性的公共事务，不能仅仅依靠农户个人力量及市场交换的方式来解决，而必须有超出农户的结构性力量。① 但是，因为公共事务具有非排他性，而使一些人可能只愿得好处而不愿意付出费用，或者说，公共事务就是那些需要排除"搭便车"的事务，属于社区服务范畴。因此，一旦"搭便车"行为出现，社区服务的供给就将陷入筹资乏力、无以为继的困境。

一般说来，农村社区服务的"搭便车"问题，缘于农村社会结构的分层化现实。随着联产责任制的深入发展，农户独立经营权越来越完善。不同的家庭有着不同的经营能力，也决定了农村社会出现贫富差距，就有了穷家与富家之别。社会的分层化使不同的阶层有着不同的需求和资源。"在农民社会里，我们一方面要处理财富和权力之间的交换问题，另一方面要处理接近生存线的农民问题，而义务规范在很大程度上是由下层阶级的现实需要所确定的。"② 当社会上层的需求与社会下层的需求出现分歧的时候，双方就以"搭便车"的形式来逃避为对方分担责任的义务。一个没有子女的单身汉，让他集资建校，他定然是不情愿的。同理，一个拥有供水系统的家庭，让他集资建村庄的自来水厂，那他也不会同意。这样一来，社区内部相同的需求越来越少，提供社区服务也就越来越困难。

那么，如何解决农村社区服务筹资问题呢？贺雪峰提出了这样两种思路：一是通过引入强制性力量来予以解决。国家税收，传统社会的族规乡约，都可以被视为这样的强制性力量。二是通过强有力的舆论力量及内在的道德力量来予以解决。比如传统社会的软规范，强有力的地方舆论，村民之间的连带关系，以及其他各种可以有效将"搭便车"者边缘化的办

---

① 贺雪峰：《什么农村，什么问题》，法律出版社2008年版，第147—148页。
② [美]詹姆斯·C. 斯科特：《农民的道义经济学：东南亚的反叛与生存》，程立显、刘建等译，译林出版社2001年版，第233页。

法。① 但是，强制的方法必须以良性的集体经济做后盾，随着20世纪90年代外出打工人员的增多，土地撂荒状况的恶化，以及年轻人常年不在家，甚至有些农户举家外出打工的严峻现实，一些地方农村社区服务投入主体一定程度上虚化了，大量外出人员成了社区服务的"搭便车"者，由"利益相关者"变成了"利益无关者"。

正因为如此，农村社区服务陷入了筹资难的困境，情况严重的地方，甚至出现社区服务有名无实的现象。息县路口乡许村，有一位许姓农民，因为村委会无钱照顾他的"五保户"哥哥，从20世纪90年代就开始上访，先后到县、市、省、京一级不落地上访，信访不成就开始人访，成了远近闻名的上访老户。各级部门对许某的上访层层批示，最后还是由村里来落实"五保户"照顾问题。但是，由于村里撂荒的土地特别多，"三提五统"基本断了源头，村委会根本筹不来钱，并且村里类似许某哥哥的情况不止一家，甚至比他还困难的人也有不少，村里解决起来有很大难度。就这样他年年上访，村里也年年解决不了，一直拖了十几年。②

情况好些的地方，也有"搭便车"者，但是由于村里有强制性措施，例如，拖欠村委会费用的农户不给批建房宅基地等，最终能够收回拖欠费用，保障了农村社区服务的供给。项店镇李楼村是远近闻名的富裕村，也是现代农村社区建设的试点村。该村在90年代前后也存在一定的收费拖欠现象，主要是村提留款征收不齐，甚至有一个农户，在十几年的时间里，欠村里的钱累计达3万元之多。怎么办？用李楼村党支部书记李锋的话说，"治村得有规矩"。于是，李楼村出台农民建房的三条原则：本村常住人口，违背计划生育政策处理过了的，没有欠集体债务的。后来，当该农户要盖新房之时，村委会要求必须补齐以前的欠款之后才能建房，因为他先前所欠下的提留款都是由村里替他垫付的，如果不补齐的话，就不给他批宅基地。村民们对要求补齐欠款的做法也支持，还同意对耍滑的人收取相应的利息。③

实际上，当时包含农村社区服务投入所需经费在内的"三提五统"，

---

① 贺雪峰：《什么农村，什么问题》，法律出版社2008年版，第149页。
② 《真情开出和谐花：息县路口乡许某上访案》，《息县信访积案化解案例汇编》，息县信访局内部资料，第88—89页。
③ 2009年9月27日笔者在河南息县对李楼村党支部书记的访谈。

是以行政村为单位征收的。一旦出现"搭便车"现象时,那些能够做到内部抵充的村庄,即不交费的农户所造成的资费缺额,由同村其他农户多交费予以垫付,欠账发生在内部,对外则如数上交,不存在拖欠问题,这种村庄社区服务到位,集体经济得以良好发展,就是好村、富裕村。因此,村干部有政绩,被上级定为"双强"村。那些内部不能抵冲的村庄,即农户之间彼此不垫付,不交费的农户形成的缺额被直接上交,也就是说,农户欠村的,村欠乡镇的,村庄和乡镇为了填平缺额,不得不向信用社贷款来垫付欠款,久而久之,就形成了村庄债务问题。由于债务是当时的村干部经手办理的,对于已经交费的农户来说,他们交了自己该交的费用,所以没有理由接受这个债务;对于没有交费的农户来说,由于不是他们自己出面借的,所以他们根本就不认账。这种以村委会名义举借的贷款,就成了村庄矛盾的祸根,影响着村庄内部的和谐,使社区服务后继乏力,集体经济日益衰败,致使村级组织无法开展工作,就形成了落后村、瘫痪村,因此被上级定为"三类村"。

  在相同的制度环境下,不同的村庄由于内部因素安排的不同,就出现了两种截然不同的政策对接结果。一个能够化解内部矛盾、依靠税收或摊派而不是依靠转移支付来保障社区服务投入所需资金的村庄,促进了集体经济的发展,使之进入一个良性循环的轨道。以李楼村为例来说,该村共有19个村民小组,"三提五统"、完粮纳税的任务在组与组之间实行差额互补,即有的组交粮多了,多余的部分就顶没有完成交粮任务的组的缺额,如果仍有缺额的话,就从村提留中扣除,这样对乡里来说李楼村对外不存在拖欠。然后,小组之间再进行内部结算,该补的就补,一时补不上,就挂账。私人欠私人的款与私人欠国家的款相比,偿还起来要快得多,一是债权债务主体对等、责任明确,二是乡里乡亲感情和道德因素存在,欠账的农户有钱马上就还。即使出现赖账户,村里给累计起来,也不会不了了之,最终还要讨还回来。表3-3是该村1986年内部决算一览表。

第三章　农村改革后社区服务与社会认同的变迁

表 3-3　息县项店镇李楼村 1986 年完粮结算一览表

组别	本年任务	向粮管所交粮 小麦 斤	向粮管所交粮 小麦 款	向粮管所交粮 稻谷 斤	向粮管所交粮 稻谷 款	向粮管所交粮 主粮	计价合计 小麦 斤	计价合计 小麦 款	计价合计 稻谷 斤	计价合计 稻谷 款	计价合计 主粮	合计 款数	合计 主粮	乡应提款	村应提款	款项单位:元 得	款项单位:元 打	粮食单位:斤 得	粮食单位:斤 打
曹庄	26030	15813	3253.16	13870	1953.02	9699	15813	3253.16	13870	1953.02	9699	5206.18	25512	1271	1498.50	2436.68			518
赵东	19430	11084	2282.02	12930	1823.13	9042	11084	2282.02	12930	1823.13	9042	4105.15	20126	955.20	1127	2022.95		696	
赵西	21435	12451	2548.59	12450	1755.45	8706	12451	2548.59	12450	1755.45	8706	4304.04	21157	1028	1211.50	2064.54			278
赵庄	25300	15311	3135.68	13372	1885.45	9351	15311	3135.68	13372	1885.45	9351	5021.13	24662	1144	1305	2572.13			638
胡庄	36285	21742	4468.69	20403	2874.14	14268	21742	4468.69	20403	2874.14	14268	7342.83	36010	1541.80	1985.50	3815.53			275
李寨	25420	12084	2482.09	17198	2424.91	12026	12084	2482.09	17198	2424.91	12026	4907	24110	1349.40	1543	2014.60			1310
李楼	37240	20899	4283.67	24626	4247.78	17221	20899	4283.67	24626	4247.78	17221	8531.45	38120	1470.20	1671.50	5389.75		880	
黄庄	26075	16367	3374.08	14003	1979.92	9792	16367	3374.08	14003	1979.92	9792	5354	26159	1235.40	1402.50	2716.10		84	
甄大庄	30625	19405	3997.47	16635	2345.53	11632	19405	3997.47	16635	2345.53	11632	6343	31037	1435	1651	3257			
魏庄	21615	12527	2577.13	14475	2039.73	10122	12527	2577.13	14475	2039.73	10122	4616.86	22649	1163.40	1362.50	2090.96		362	
张庄	17220	6606	1360.50	13408	1901.50	9376	6606	1360.50	13408	1901.50	9376	3262	15982	1149	1171	942		1034	1238
王东	27010	13104	2681.99	18844	2667.81	13178	13104	2681.99	18844	2667.81	13178	5349.80	26282	1269	1269.50	2784.30			728
王西	26920	12769	2631.23	19786	2794.64	13836	12769	2631.23	19786	2794.64	13836	5425.87	26605	1269	1296.50	2860.37			315
蔡东	20045	11444	2348.25	11900	1677.90	8322	11444	2348.25	11900	1677.90	8322	4026.65	19766	1025	927	2074.65			279
蔡西	19776	11425	2344.96	11848	1670.81	8285	11425	2344.96	11848	1670.81	8285	4015.77	19710	1018	920	2077.77			66
刘东																			
刘中	35000	18311	3764.83	21523	3041.91	15051	18311	3764.83	21523	3041.91	15051	6807.74	33362	1953	1594.50	3259.24			1638
刘西																			
李油坊	17555	8039	1663.92	11352	1600.63	7938	8039	1663.92	11352	1600.63	7938	3264.55	15977	960	1158.50	1146.05			1578
合计	433030	239381	49198.76	268623	38684.26	187845	239381	49198.76	268623	38684.26	187845	87883.02	427226	21236.40	23122	43524.62		3056	8861

注：上交与任务相符，不打不得。
注：上交与任务相符，不打不得。
注：此表数据为笔者 2009 年 10 月在李楼村调查所得。表中"主粮"系由稻谷折算而成。"得""打"是指交粮任务内部的一种结算方式；"得"是指交粮多的组应该向管它完成交粮任务的组那里收回的欠粮任务款，相当于债权；"打"是指没有完成交粮任务的组应该向曾它完成该项粮任务的组偿付的粮或款，相当于债务。"得""打"在村委会统一协调下偿付交割。

从表中可以看出，在 19 个村民小组中，除了刘东、刘西两个组实际交粮与应该上交任务不多不少正相符合而没有列出之外，其余 17 个小组均实行内部结算。显然，共有 12 个组需要"打"粮，合计 8861 斤；5 个组"得"粮，合计 3056 斤。"打"、"得"两项抵冲之后，尚缺 5805 斤主粮（实际上从本年任务与合计主粮两项计算的缺额为 5804 斤，其中 1 斤应视为误差），计价为 1190 元。本年度的村提留应为 23122 元，扣除 1190 元的缺额之后，实际提留为 21932 元。因此，李楼村对乡里来说不存在钱粮的拖欠，但是，内部拖欠是存在的，即部分村民拖欠村委会的。与近邻的邵楼村相比（该村村民不仅拖欠村提留 100 多万元，而且还拖欠乡统筹 200 多万元①），李楼村没有外债，即使存在一些内债，也能渐渐化解，不会影响社区服务的供给，有利于保障集体经济的良性发展，所以就成了十里八乡有名的先进村。

总之，"搭便车"问题是影响农村社区服务供给的重要内部因素。但是，这个内部因素的产生与国家的监管不力有关。农村社区所需要的各种服务产品，尤其是公共需求层面上的服务产品，国家都负有不可推卸的监管责任。如果监管到位，就会提高服务质量，这样就杜绝了"搭便车"的机会。如果监管不到位，农民就不愿为劣质服务产品买单，久而久之，就使"搭便车"问题长期无法解决，直接影响了社区服务的供给后劲，客观上使农民认同裂变。

（二）分税制与农民认同的变化

财税体制的改革对农村社区服务体制的运行产生了深刻的影响。如果说"搭便车"是来自村庄内部的影响因素的话，那么，分税制改革则是来自村庄外部的影响因素。1993 年 12 月 15 日，国务院发布《关于实行分税制财政管理体制的决定》，于 1994 年 1 月 1 日起实行。这次改革，主要是为了使财政和税收体制适应市场经济的需要，以保证中央政府在财力分配中处于主导地位。其实，我国自改革开放以来，财政体制经历了几次变化。首先，把改革开放之前的统收统支体制改变成为"划分收支、分级包干"的体制，到 1985 年实行"总额分成"，进行了小幅调整。1988 年，又在包干的总体精神不变的情况下，实行了"收入递增包干"、"总额分成"、"上解额递增包干"等多种办法，即中央财政与地方财政"分

---

① 2010 年 1 月 10 日笔者与李楼村会计的电话访谈。

灶吃饭"的体制。① 这是一种财政包干体制,即中央政府的财政收入是通过地方政府征收的,其收入不仅取决于与地方政府之间协商达成的分配比例,而且还依赖于地方政府征收财政收入的积极性。这个体制是中央政府与各地方政府(省级)一对一分别谈判的结果,是一种"契约关系",② 它在一定程度上约束了中央宏观调控的主动性,因此,改革之后的新体制要从制度上符合市场经济体制要求,既有利于地方政府促进当地经济发展,财力壮大,又有利于整个国民经济的协调发展。对此,经济界的学者们认为,家庭联产承包责任制改革不仅促进了农业的增长,而且增大了农民的自主权并导致了乡镇企业的崛起,其结果使地方实力增强,原来依靠国有企业的中央政府,主要通过财税体制改革,提高资源的配置效率,而不是引来更多的投资以提高中国的经济增长率。③ 国外一些学者也认为,财政权力和责任向各级地方政府的转移,有助于提高经济效率,因为和中央政府相比,各级地方政府在资源配置上具有信息优势。换言之,地方政府可以更好地提供各种公共物品的服务以满足本地需要。而且,当地方政府的官员承担起提供公共物品服务的责任时,他们也就处于当地居民更严密的监督之下,从而也更有动力去行使他们的财政职能以为公众谋求最大利益。④

事实上,无论是在分税制改革之前,或是在改革之后,地方财力主要是为地方经济发展服务的,具体到农村而言,主要是保障农村社区公共服务的供给。1987年,党的十三大报告中明确提出,"地方财力要更多地用

---

① 王卫星、周凯利:《向"分税制"迈出的坚实的一步——"分税包干"财政体制评析》,《经济研究参考》1992年第24期。

② 项怀诚:《"分税制"改革的回顾与展望——在武汉大学110周年校庆"专家论坛"上的报告》,《武汉大学学报》(哲学社会科学版)2004年第1期。

③ 林毅夫、刘志强:《中国的财政分权与经济增长》,《北京大学学报》(哲学社会科学版)2000年第4期。作者认为:集中的财政制度是与中国在改革前所采取的集中的生产和资源分配模式相一致的,但它与1979年开始的市场化改革不相容。有三个重要因素推动了中国财政制度的变化。第一个因素是非国有企业——乡镇企业、联营企业和私营企业——的快速增长,从而改变了国有企业一统天下的局面。亏损的国有企业越来越多,造成了国家财政的沉重负担,政府不得不去寻找其他的收入来源。第二个因素是经济改革使地方当局的政治权力得到了增强,这自然使得各级地方政府会在财政领域提出相应的决策权要求。第三个因素则纯粹缘于经济上的原因。经济利益会极大地影响个人乃至政府的行为,因此为了使地方政府有动力去努力提高财政收入和推动经济增长,就必须改变集中的财政制度。

④ 参见林毅夫、刘志强《中国的财政分权与经济增长》,《北京大学学报》(哲学社会科学版)2000年第4期。

于农业，以加强农田水利基本建设，防治水旱灾害，改善农业的基础条件"[1]。我们经常说的"全国一盘棋"，地方政府只是棋盘上的一个棋子，这种认识，是站在中央政府的角度取得的。依靠牺牲某一些行业或地区的利益维护整个国家的发展和稳定，那是在巩固政权时期采取的非常手段，此法可以用，但不可以长期使用，更为稳妥的方法则是在公平的前提下适当照顾，历史差距只有在历史长河中慢慢缩小。因此，作为一个棋子的地方政府，在全国的棋局中可以不重要，但是对当地老百姓来说却是至关重要的，再说了，中央政府鞭长莫及的地方，当地政府再不负起责任的话，那里的老百姓怎么生存？换句话说，地方政府首要的职责，是为本地的经济和社会发展服务的，理所当然要把财力投入到地方建设之中去，如果让一个地方源源不断地向中央提供财力，一方面容易造成地方财源的枯竭，公共服务后继乏力；另一方面也容易形成区域和行业矛盾，形成不平衡的发展态势。由于各地顾及自身利益而争资源、上项目，其结果必将导致各地的无序竞争。只有通过制定政策、实施宏观调控、缓解无序竞争，才恰恰是中央政府的职责所在。而那种一味指责地方政府的论调，诸如"'三乱'、'三热'，即'乱批地、乱贷款、乱集资'，'房地产热、炒股票热、开发区热'，各地方政府违规批出土地进行开发建设，大量银行资金不顾风险进入股市或贷给房地产投机商，民间组织、公司、企业纷纷以高息集资，扰乱金融秩序"[2]，等等，则是为中央政府宏观经济调控失衡开脱责任。

对于县域农村工作来说，提供农村社区公共服务是地方政府的头等大事，尤其是涉及县域利益的服务，应该举全县之力予以保障。客观地说，在实施分税制改革之前，家庭联产责任制为农村发展提供了经济增长的制度空间，同时，乡镇企业也得到了发展，县域财力有所充实，在事关全县重大利益的服务设施的投入方面尚有能力给予保障。1991年，息县就开展了一场历史上最大规模的治水改土工程，有力促进了当地经济和社会的发展。这一年，从5月中旬到8月下旬，息县境内大雨、暴雨连续不断，骤涨的洪水吞噬了农田，淹没了村庄。据估计，洪水造成夏粮损失七成以

---

[1] 赵紫阳：《沿着有中国特色的社会主义道路前进：在中国共产党第十三次全国代表大会上的报告》，人民出版社1987年版。

[2] 项怀诚：《"分税制"改革的回顾与展望——在武汉大学110周年校庆"专家论坛"上的报告》，《武汉大学学报》（哲学社会科学版）2004年第1期。

上，3万多间房屋被冲倒，桥涵、沟渠、闸站等工程设施1700多处（座）被毁，经济损失高达5亿元。7月中旬，中央政治局委员李铁映、河南省委书记侯宗宾、省长李长春等，先后到息县察看灾情。严重的水患使当地的干部群众认识到，发展农业不仅要靠土地，而且更要靠服务，如果没有水利工程作保证，洪水一来连窝端，收成再好也白搭。水利服务设施联系着农业的发展和稳定。农民有需要，灾害在眼前，于是，息县做出了"大灾大治，大治大干"的治水决定。

这次治水改土工程开始之前进行了三项准备：一是"养精蓄锐"。从减轻农民负担做起。1991年9月3日，息县决定全年减、免、缓农民负担3156万元。这个数字对于一个财政强县来说，可能九牛一毛，但是对于息县这样一个负债县来说实属不易。全县该提留的不再提了，该建的项目缓办了。全县勒紧裤腰带，大治水利。二是"和衷共济"。采取国家、集体多投资，农民多投劳的方式，解决治水改土工程的资金问题。县里一方面向上级汇报灾情，争取到国家投资315.5万元（商品粮基地投资102万元，黄淮海平原农业综合开发投资213.5万元），另一方面全县压缩有关项目用款，整合资金262万元，群众集资和投劳折款1340万元，基本解决治水改土工程的费用（仅泥河①治理工程投入达1533万元）。三是"集思广益"。也就是充分发动群众，群策群力，科学规划。通过60多名工程技术人员逐渠、逐河实地勘测，科学论证，制定出综合性、科学性、实用性、长久性融为一体的全面规划。

经过两个月的努力，1991年11月6日，息县县委、县政府出台了《关于今冬明春开展农田水利建设的决定》，制定了治水改土工程的任务：整修、新挖沟、渠、河2794条，计1870.01公里；更新电灌站19处；配套建筑物1686座；除险加固水库8座；改造坑塘240口；新打机井10眼；清淤配套机井1500眼。共需完成土石方979万立方米，砌石21425立方米，砌砖1124立方米，混凝土1745立方米，钢筋混凝土1118立方米。工程全部完工后，可新增旱涝保收农田面积2.01万亩，新增除涝面积4.5万亩，改善灌溉面积2.17万亩。如此大规模的治水改土工程，在息县历史上是前所未有的。

此项工程的总体规划是，冬季以治理泥河工程为龙头，全县共分6

---

① 息县境内除淮河之外第三大河流，属于淮河支流。

个战区。针对 41 公里长的泥河河床排涝能力低、泄量不足，一遇暴雨，坡水滞蓄的现状，对泥河干流进行疏浚。考虑到灾后农民的承受能力，息县决定着重对 27.7 公里的泥河主段进行路、林、河综合治理，以此为主战区，在中部对黄淮海平原农业实施综合开发，强化对中、低产田的改造力度；对淮南坑塘、水库进行改造，对南湾灌渠水毁地段进行整修加固，修缮北部的机井配套和排涝沟港；加固城关防洪排涝工程。

接下来，就是治水改土工程的实施过程。全县组织 33 万民工和技术人员在 6 个战区同时开工，推土机、拖拉机、架子车从四面八方汇集于各个工地。从县里到乡镇再到村组，各级干部吃住在工地，与民工同拉车、同挖土，既当指挥员，又当战斗员。在泥河工地上，处在下游的长陵、陈棚两个乡施工地段几乎都是沼泽，铁锹下去抬不起，就在这样困难的施工现场，参战的民工敢啃硬骨头，直到吃透了河底。城郊、小茴、临河三乡的河段，要拓宽河道，可土硬得一锹下去一道印，施工人员就用推土机配合人工，硬对硬地拓宽了河底，加固了河堤。在南湾渠首，民工们从六里外的地方往工地取土，沿路的架子车排成长龙，不停地运送土方。这次施工都是量化质量指标，层层建立责任制，民工对组负责，组对村负责，村对乡负责，乡对县指挥部负责。临河向高集段，在 28 米宽的河底上，为了达到"地平如镜"的标准，民工们排成纵队一锹一锹铲平；50 米的河口两侧是人行道和 6—20 米宽的林带，全部达到堤口平直如线，堤坡草皮牢固如毡，成为样板工程。

但是，分税制改革之后，涉及县域农村的生产服务和生活服务的供给状况将是一个什么样的情景呢？

1993 年 7 月 18 日，中共息县县委、县政府发出《息县发展优质高产高效农业规划》（息发〔1993〕23 号）的通知，提出了以市场需求为导向、以增加投入为基础发展全县优质高效农业计划，对种植业、畜牧业、林业、水产业在"八五"后三年的发展做出了详细的规划。如下是这四业的规划全文：

(一) 种植业

1. 优质农产品基地建设。①建立优质小麦生产基地 21 万亩，其中在岗李、包信、东岳、白店四个乡（镇）建设以"豫麦 18"为主的小麦生产基地10万亩和"面包麦"生产基地2万亩；在张陶、杨店、孙庙、城郊、项店、夏庄六个乡（镇）建设以"扬麦7号"为主的小麦生产基地9万亩。②集中在孙庙、城郊、杨店、张陶、项店五个乡（镇）建立杂交稻"香优63"、"香稻丸"、"9001"、"黄金晴"、"猫牙"、"水晶"等优质稻生产基地20万亩。③在东岳、彭店、路口、白店、包信、岗李、小茴七个乡（镇）建立优质玉米生产基地10万亩。④在岗李、东岳、包信、白店、小茴五个乡（镇）建立以"中棉12"、"中棉375"、"88031"为主的优质棉生产基地10万亩，其中麦棉套种面积达到8万亩。⑤在项店、临河、陈棚、长陵、夏庄和小茴南部，建立以"粤74—3"为主的优质红麻生产基地10万亩。⑥在孙庙、路口、关店、陈棚、临河、长陵六个乡（镇）建立油料生产基地10万亩，其中"秦油2号"、"华杂2号"优质油菜基地5万亩；开发"中花2号"优质花生基地5万亩。⑦在城关、城郊、陈棚、包信、夏庄五个乡（镇）建立塑料大棚优质蔬菜生产基地1400亩。

2. 良种基地建设。建立小麦、水稻、棉花优质品种繁育基地4万亩。其中在农三场建立小麦"豫麦18"、"扬麦7号"良种基地500亩，优质水稻良种基地500亩，年生产小麦良种10万公斤，水稻良种15万公斤；在岗李、包信、城郊、东岳建立小麦优良品种生产基地2万亩，年产良种500万公斤；在项店、夏庄、城郊三乡（镇）建立名、优、特、新水稻良种基地1万亩，年产良种300万公斤；在包信、岗李、东岳三乡（镇）建立优质棉种繁育基地1万亩，年产良种75万公斤。

（二）畜牧业

1. 建立优质黄牛开发基地。在路口、彭店、杨店、包信、小茴、东岳、岗李、张陶、项店、夏庄十个乡（镇），建立10万头役肉兼用型黄牛生产基地，平均出栏率达到30%。并建立以牧工商开发公司为龙头、以优质黄（肉）牛生产为主，融改良、发展、育肥、屠宰、加工、冷藏、销售于一体的养加销一条龙、贸工农一体化经营模式，年提供商品牛肉30万公斤。

2. 瘦肉型猪商品基地开发。在城郊、项店、杨店、路口、彭店、陈棚、临河、长陵、小茴、夏庄十个乡（镇），建立10万头瘦肉型猪商品生产基地，年出栏合格商品猪5万头以上。重点扶持年出栏10头以上养猪专业户200户。

3. 良种家禽生产开发（含水禽）。以良种蛋鸡为主，在城郊乡和县牧工商公司建立父母代良种鸡场2个，年提供雏鸡100万只。适度规模地发展肉鸡生产，有重点地扶持规模养鸡户100户，年出栏商品鸡300万只。在许店、曹黄林、八里岔、李塘、孙庙、城郊、杨店、张陶、项店、夏庄十个乡（镇）建立水禽开发基地，年发展水禽从1990年的30万只扩大到150万只，年新增禽肉200万公斤。

4. 板皮山羊综合开发。在白店、东岳、张陶、小茴、彭店五个乡建立8万只板皮山羊开发基地。到"八五"末总饲养量达15万只，年出栏10万只。

（三）林业

1. 经济林基地建设。在孙庙、临河、岗李、许店、关店、陈棚、小茴、包信、张陶、城郊建立3万亩规模的银杏基地和杏粮间作10万亩，共植树120万株；在孙庙、城郊、杨店、张陶、项店、夏庄、临河建立6.8万亩规模的国庆桃、金水梨基地；在林场、苗圃场、林科所、林技站和临河乡的黄庄村、孙庙乡的月儿湾村建立400亩规模的银杏、杜仲育苗基地；在许店、八里岔、曹黄林、李塘和矿管局建立4.03万亩规模的板栗基地。

2. 用材林基地建设。在彭店、路口、白店、东岳、长陵建立2万亩规模的池杉用材林基地。

（四）水产业

1. 小水库半精养开发。以城郊乡的五一水库、曹黄林的金华山水库、李塘乡的砖板桥水库为主，建立536亩的小水库半精养开发基地，亩产鲜鱼50公斤以上。

2. 名特优生产品开发。在城郊、杨店、孙庙三个乡建立2000亩水面的革胡子鲶鱼养殖生产基地；以城郊、杨店、项店三角区为主建立1000亩优质莲藕商品基地；以城郊、孙庙、夏庄、长陵、陈棚为主建立3000亩莲籽、杂交菱角种植基地。

3. 水产品基地建设。以夏庄、长陵、陈棚为主建设4000亩家鱼养殖商品基地。①

息县对全县的农、牧、林、水产四业做出如此巨大而周详的规划,决不是头脑发热和自不量力的举动,而是根据本县1992年的发展实际做出的决定,也就是说,息县具备了发展优质高产高效农业的基础和条件。具体数据如下:

1992年息县粮棉油产量分别比1978年增长0.66倍、1.08倍和3.35倍,农民温饱问题已基本解决;林业实现平原绿化;畜牧业生产稳步发展,生猪和大家畜存栏量比1978年分别增长0.52倍和1.1倍;农业总产值(5.4亿元)和农民人均纯收入(415元)比1978年分别增长1.1倍和6.83倍。全县农田有效灌溉面积达到67.56万亩,旱涝保收田面积达到41.76万亩;拥有农机具10070台(件)。②

正是在这个基础上,息县对"八五"后三年进行了规划,目标是在"八五"末农业总产值达6.5亿元,其中种植业达4.29亿元,畜牧业达1.859亿元,林业达2015万元,渔业1495万元;农产品商品率达到70%;农民人均纯收入达到600元。③

上述规划,如果不出意外的话,顺利实现既定目标是毫无悬念的。但是,1994年的分税制是刚性改革,对息县高产高效农业规划起了釜底抽薪的影响。1993年之前国家实行的划分税种、核实收支、分级包干的财政管理体制,地方财政的留成比例较高,理财自主权较大,财政状况相对宽裕,而1994年以后实行的分税制,地方的独享税种,只有营业税、地方企业上缴利润、城镇土地使用税、印花税等小额税种,而增值税、所得税地方只分享25%、40%。息县根据税改政策统一了企业所得税率,取消内资企业调节税。企业所得税实行33%的比例税率,对利润较小的企业在两年内实行27%、18%两档税率予以照顾。④本来,高产高效农业的发展是依靠乡村两级财力来投入的,但是,由于分税制的实施限制了地方财源,使地方财力严重缩水,再加上乡镇机构臃肿、办公费、交通费以及

---

① 中共息县县委、县政府:《息县发展优质高产高效农业规划》(1993年7月18日),息县档案馆,全宗1号,1993年永久档案。
② 同上。
③ 同上。
④ 同上。

干部工资、补贴等基本支出使乡村财力不堪重负,地方政府向农村社区提供公共服务举步维艰,各种美好的规划蓝图顿时成为空谈。

正是由于国家监管不力,"搭便车"矛盾无法得到有效治理,再加上国家推行分税制,农村社区服务制度内筹资方式运行受阻。于是,依靠制度外的渠道为农村社区服务筹资就似乎顺理成章了。尽管在一定程度上制度外筹资保障了社区服务的供给,但是,此举实为饮鸩止渴,不具可持续性。即便供给一时,也不是利国利民的长久之策。从根本上讲,这是一种以非正式的规则为支撑,侧重于生产服务供给的体制。这种供给体制将经济增长作为主要追求目标,在实际运行中必然以不计成本,不看质量,甚至不惜以环境的破坏、资源的过度消耗以及对社会公正的忽视为代价。这是一种倾斜性的投入方式,其结果只是使少数人富起来,多数人不过是解决了温饱问题的小康水平,没有真正分享到发展的成果。对于社区居民的幸福感来说,个人致富、经济发展,仅仅是幸福的条件,不代表幸福本身,更不代表生活质量的全部,只有供给生活服务的社会政策才能激发人们的幸福感与满足感,社会才能稳定与和谐,相反,如果缺失必要的社会政策,中国的社会稳定就会失去坚实的基础。因此,认同的裂变就是在这样的情形下出现的。

第四节 小结

农村改革之后,农民获得了生产经营自主权。他们多样化的需求推动了农村社区服务体制的变迁。这时的社区服务开始由集体化转向市场化。由于我国长期实行城乡公共服务的二元体制,以及以城市和市民为中心的公共服务政策,直接造成城乡居民在教育、医疗、卫生、社保等基本公共服务上的严重失衡。在农村,这些本该由国家供给的公共服务大多经由农村社区供给,分税制的实行进一步弱化了地方政府的供给能力,农村社区服务体制的制度外筹资方式加重了农民负担,再加上国家对农村社区服务的供给缺乏有效监督,从而恶化了"三农"问题。虽然,农村依然实行统分结合的双层经营体制,但是,村两委对社会控制和组织能力大大弱化,不再可能运用传统的经济或超经济的强制手段来控制农民的生产、生活及行为。随着市场经济的深入发展,社区居民的流动性日益增大,使农民的职业和身份出现分化,他们的利益、观念也进一步分化、多元化,原有的集体化和集中化的生产和生活共同体已经改变。同时，农村社区服务资源的缺失和福利供给的减少，使农民已经不再完全依赖集体组织和村社区，农民的集体或社区认同不断弱化，同质性的社会和社区日趋分化与裂变。建立在集体经济和政治控制基础之上的农村社区或基层共同体走向衰落，而农民对于原有的集体及村社区的认同和归属感已经淡化，乡村社区及共同体陷入信任与认同危机。[①]

[①] 项继权：《中国农村社区及共同体的转型与重建》，《华中师范大学学报》（人文社会科学版）2009年第5期。

第四章 新农村建设中农村社区服务体制的改革

新农村建设时期农村公共服务改革进入一个新的阶段。党和政府将基本公共服务引入农村，从而对社区重建产生了推进作用，农村社区服务体制的传统供给模式被初步打破，国家开始逐步加大公共财政投入，形成了国家主导下的多元化供给体制。城乡基本公共服务均等化和城乡一体化，对农民认同与社会融合产生了良好的社会影响。

第一节 新农村建设：重大的社会建设工程

当前，新农村建设运动正在全国各地有序开展，从国家的统筹规划到省、市的具体实施，一个在国家层面上振兴农村的时代已经悄然到来。在此期间，政府主导的农村社区服务多元化投入主体逐步形成，侧重于保障生活服务供给的工作已有突破性进展，国家提供的基本公共服务开始走进农村社区。由此，农村社区服务体制进入全面创新与完善阶段，建构农民认同的时机已经成熟，社会融合的序幕徐徐拉开。

一 新农村建设中的社区重建

2007年，中央一号文件把过去沿用了近50年的"农业现代化"改变为"现代农业"，此举意味着现代农村即生态文明理念下的农村新时代的到来。[1] 农村社区重建的目标就是要迈向现代农村，即在内涵上更多强调的是农村的多功能性和多样化的特征，一方面表现为生产、生活、生态的统一，历史与现实的统一，人与环境的统一；另一方面突出强调农村的劳

---

[1] 温铁军：《"三农"问题与制度变迁》，中国经济出版社2009年版，第30页。

动就业、自然景观、环境保护、维护生物多样性以及农村文化遗产保护和传承等自然的、社会的、文化的和历史的功能。

这项社会建设工程,是伴随着社会主义新农村建设运动和农业税改革开始的。2005年10月,中共中央十六届五中全会正式提出"建设社会主义新农村"的历史任务。推进城乡统筹发展、推进现代农业建设、深化农村改革、发展农村公共事业、增加农民收入等五方面成为新农村建设的近期目标,生产发展、生活宽裕、乡风文明、村容整洁、管理民主等五方面成为新农村建设的长远目标,为现代农村社区建设拓展了发展空间。

如果说新农村建设为现代农村社区建设搭建了舞台,那么,农业税费改革则为现代农村社区建设投入了启动资金。2002年,河南省推行农村税费改革,到2005年全面免除农业税,农村税费改革经历了从减到免,再到补贴农民的历史性转变。2006年,河南省对农民实行了七项补贴政策,即种粮农民直接补贴、种粮农民柴油化肥等农业生产资料综合直补、优质专用小麦良种补贴、专用玉米良种补贴、农用机械购置补贴、农村劳动力转移培训和测土配方施肥补贴,补贴资金达到了30.49亿元。[①] 2007年,这些补贴则达到55.2亿元。2008年,河南省继续加大支农惠农力度,全年落实惠农补贴16项、补贴资金达100.5亿元。[②]

为探索符合自身实际的新农村建设的路子,2008年10月,河南省信阳市开展了农村改革发展综合试验。2009年4月,信阳市正式被河南省委、省政府确定为河南省农村改革发展综合实验区。作为新农村建设试点县之一,息县在新农村建设过程中,以农村社区建设为抓手,一边注重调查研究、制订方案,一边推行试点、积累经验。在综合比较全县338个行政村整体情况的基础上,那些基础条件好、两委班子战斗力强的村成了新农村建设的试点村。息县的实验原则是,实验一个建成一个,建成一个带动一片。截止到2009年7月,全县已有七十多个村正开展农村社区建设。

(一)现代农村社区建设的主要做法与模式

在对息县现代农村社区建设实践的调研中,发现有如下六种做法:

1. 以项店镇李楼村为代表:村两委统一操作,全村统一调整建房用

[①] 《今日安报》:《河南惠农补贴资金发放到位资金达到30亿元》(http://www.henan.gov.cn/ztzl/system/2006/08/22/010003333.shtml)。

[②] 田宜龙:《去年河南省落实惠农补贴达100.5亿元》(http://www.ce.cn/cysc/agriculture/ncjj/200901/13/t20090113_17942135.shtml)。

地，以5户为自由结合单元，实行5户联建。

2. 以项店镇李店村为代表：以徽派建筑为主，塑造社区的文化风格，着力打造新农村建设特色村。

3. 以项店镇董围孜村为代表：把城市的建房理念运用到农村建房之中，由开发商投资兴建，模式统一，功能齐全，建成之后群众出资购买。

4. 以白土店乡夏寨村为代表：由村集体出资兴建设施齐全的新区，村民只需交出旧宅，每户再交6000元即可购买新住宅。

5. 以包信镇徐楼村为代表：村两委从市里争取项目资金，辅以其他渠道筹集的资金，统一规划，建设好公益设施，不断吸引群众入住新区。

6. 以杨店乡十里桥村为代表：在原村庄的基础上进行重新规划，改道、改水、改厕，加强基础设施建设，实行旧村庄改造，是旧村整治的典型。

上述六种做法，按土地使用类型来划分，可分为土地置换与旧村（区）改造两种模式：

1. 土地置换模式。前五种经验属于此类模式。农村土地归集体所有，或是商人开发，或是村集体开发，或是群众联建，用土地流转或是腾地迁村的方式推动新农村建设，原则上不违背现行的法律或政策。因为有的村子以前就有小农场、小林场，现在以小农场、小林场的土地为依托建设现代农村社区，不会占用可耕地。像八里岔乡张山头村，该村原有2400多人，分散居住在10个自然村，方圆面积达4平方公里。从2003年开始，该村积极筹划，依托原来的农场，进行土地流转和置换，作为现代农村社区建设用地，这样既不减少可耕土地，又使农村社区建设得以顺利实施。项店镇董围孜村，在原有林场的基础上建设现代农村社区。该村首先进行公共基础设施（街道、路灯、下水道）和公益性服务设施（学校、敬老院、村卫生所等）建设，大大改善了社区居民的居住环境。第二期工程计划在每户原有规划面积的基础上，增加沼气池、拴牛棚等设施，以增加现代农村社区的吸引力。在我们进行调研之时，该村第一期工程建成之后，已有36户陆续入住，待新型社区建成后，可吸纳700户群众入住。仅董围孜一个村，实施土地置换、旧村复耕，就可以整理出来一千多亩土地。通过土地置换建设农村社区，既能节约耕地，又能改善农民生活的条件。这种模式适合于经济条件较好的村庄。

2. 旧村（区）改造模式。就是进行旧村（区）整治，以杨店乡的十里桥村为代表。该村有13个自然庄，2670人。该村充分利用原有的土地和水资源，在原有村庄的基础上，结合农村改水改厕，重新规划布局，建成一个中心村、三个社区服务点，加强了公共设施以及村级敬老院等公益性服务设施建设，实行群众集中居住。这样，旧村改造不需要大拆大建，只需把社区服务的基础设施建设配齐即可。这种做法不仅改善了农村的生活条件，而且节约了大量的建设新房的资金，该模式适用于本来就集中居住或是缺乏启动资金的村庄。

应该说，息县的这两种建设模式，代表着当前农村社区建设的主流。农村社会要发展，不进行社区建设不行，如果进行社区建设，仅仅重视社区硬件建设也是不行。换句话说，农村社区建设不仅需要硬件设施跟上，而且软件设施同样不容忽视，甚至从某种程度上说，农村社区的制度、文化、风尚等软件设施更为重要。但是，事物发展的规律是循序渐进的，从无到有、从易到难。在社区建设实践中遵循这个规律，找准工作的突破口，才能稳步推进农村社区建设工作。

息县农村社区建设的经验，揭示出当下社区重建的两大特征：其一，农村社区建设不能是单一模式。各地可以根据自身的村情民意，让居民自己选择适合本村发展的社区模式。其二，农村社区的基础设施建设是时下的工作重点。先硬件建设，后软件建设，以硬件建设带动软件建设。从改变村庄外部面貌入手，达到改变村民内部世界的目的。

（二）现代农村社区建设的保障措施

现代农村社区建设不但是农民自主创新、自我完善的过程，而且也是党和政府极力鼓励和全面保障的过程。如果说家庭联产承包责任制体现了党和政府对农民创新的尊重，那么，现代农村社区建设则完全是在党和政府的倡导与保障的基础上得以完成的。到2010年，息县338个行政村的社区规划编制已完成，并通过专家评审。其中，项店镇李楼村、董围孜村等11个农村社区已经初具规模，另有10个村正在紧张建设中，还有30个行政村已经办理了农村社区建设的选址意见书和用地规划许可证，社区建设正处于积极筹备之中。具体说来，息县现代农村社区建设的保障措施主要有：

1. 整合涉农资金集中投放。涉农资金实际包含两个部分，一是财政直补农民的资金，主要由财政部门统一发放；二是各种支农项目资金，涉及农业、林业、水利、建设、交通、教育、文化、卫生、民政等部门。全县支农项目五花八门，比如在基础设施方面，有"村村通"乡村道路建设、小城镇建设、通信基础设施建设、病险水库加固资金等；在农业产业化方面，有生态家园富民工程、农技推广、农村合作经济组织发展资金等；在社会公益事业方面，有农村改厕、沼气建设、村卫生室建设、有线电视"村村通"、乡村垃圾处理和中小学危房改造资金等。以2009年1至10月息县涉农项目经费情况为例（见表4-1），如果这些资金让各部门分散使用，就像撒胡椒面一样，难以产生集中效应。

表4-1　　　息县2009年1至10月涉农项目资金一览表　　（单位：万元）

项目名称	中央财政	省财政	市级配套	县级配套	农户自筹
危桥改造				200	
农村基础计划生育服务体系建设				40	
第二批耕地开垦费				896.27	
农民健身工程项目				20	
卫生服务体系				205	
动物防疫				三个项目分别为14.7、40、48	
运管补助				342.4	
农村沼气	13.5	9.6	9.6		244.8
安全饮水				800	
干线公路养护费				316	
成品油价格和税费改革	176.35	16.74	16.74		
第一批农村公路改造				225	
农产品资料安全检测体系				100	
贫困县县城供水	500				
廉租房	275	2000	50		
重大水利项目	943.64				
产业集聚区补助资金				800	
中等职业教育项目				1.5	

续表

项目名称	中央财政	省财政	市级配套	县级配套	农户自筹
农村公路	376	564			
基层医院卫生体系				50	
农村初中校舍改造				711	

资料来源：息县财政局经建股。2009年10月14日，笔者与息县财政局经建股股长冯新生访谈所得。

为此，2009年6月，中共息县县委、县政府制定了《息县农村改革发展综合试验实施方案》，决定"实行特殊政策，进行特殊管理，采取特定运行方式"，"实施涉农资金整合，发挥资金的集聚效应，提高资金使用效益"。按照"渠道不乱、用途不变、捆绑使用"的原则，在基础设施、农业产业结构调整、社会公益事业三方面，通过项目捆绑、资金整合等方式，加大对涉农资金的组织、监管，形成了"统筹规划、集中投放"的财政支农资金使用管理机制，有力地保障了现代农村社区建设的顺利开展。[1]

2. 实施创业人才投身农村社区建设的体制机制。生活的改善是以生产的发展为基础的。农村社区建设不仅是生活改善建设，而且还是生产发展建设。但是，不管是生活改善，还是生产发展，现代农村社区建设的主体必然是农村社区居民。然而，据我们调查，当前息县农村劳动力外出打工人员在全村人口比例中占三分之一到二分之一，其中基本是青壮年劳动力。[2] 如果不创新机制，任由劳动力从农村流出，那些留守家园的老人和孩子们又怎能承担得起现代农村社区建设主体的作用呢？因此，现代农村社区建设既要能够使人走出去，又要能够使人走进来。为此，必须依据自愿的原则，那些愿意在打工地安家的人，当地就应该吸收和容纳他们在那里安家；那些愿意到农村发展的人，农村社区同样也要有吸收和容纳的机制，采取这些措施方可让人们在城乡流动中找到最适合自己干事创业的位置。当下，现代农村社区建设不但需要资金，更需要人才，尤其是来自社区之外的人才。

---

[1] 中共息县县委：《息县农村改革发展综合试验实施方案》（息发〔2009〕2号）文件。
[2] 2009年7月3日上午笔者在息县与中共息县县委副书记的访谈。

为探索一条加快农村改革发展的新路子，息县制定实施了创业人才投身农村社区建设的体制机制。该文件规定："鼓励机关、事业、企业等各类人才参与试验区的改革发展，领办、创办农民专业合作组织、农业产业化企业、高效农业庄园、创办养老院等，创业期间其身份、工资、待遇、编制不变，成绩突出的给予提拔重用，实施外出务工经商人员回归工程，发展回归经济。""鼓励和支持大中专毕业生到试验区创业。对自愿返乡创业的大中专毕业生，相关部门要在金融信贷、税费减免、工商登记、信息咨询等方面优先提供服务和支持，县人事部门免费提供人事代理。鼓励农村基层干部以土地、资金、技术等形式投资、入股、领办、创办农民专业合作组织、产业协会、农村社会化服务组织或龙头企业等新型农业经济实体；支持'双强'村干部和'大学生村干部'充分发挥个人在资金、信息、技术及观念等方面的优势，带头建功立业。"①

3. 减免税收。建设现代农村社区，实行税收减免政策，体现在两个方面：一是对农村社区组织机构自身的减免，免所得税、营业税等。如对农村创办的农业企业、三产企业、资源综合利用的企业；对农民从事种植、养殖、饲养、捕捞行业；对社区科技人员、创业人才、退役官兵创业等实施税收减免政策。二是给予向农村社区捐赠的机构和个人以税收减免，在缴纳所得税前全额扣除等。如对企业以提供免费服务的形式，通过非营利的社会团体和国家机关向农村"寄宿制学校建设工程"进行的捐赠，实行税前抵扣等政策。②

社区重建中的这些措施，促进了宏观、中观与微观因素的互动，体现了党和政府对农村、农业和农民的整体发展的规划，既考虑国情，又兼顾进步，关系全局并影响深远。

二 将基本公共服务引入农村

在社区重建过程中，把基本公共服务引入农村社区，是迈出城乡一体化发展的第一步。从某种意义上说，重建农村社区，其重点不完全在于农民的收入能否增长，而在于提高农民社会福利水平和社会保障水平，形成安全稳定的生活方式，提高人们的幸福感，促进农村社会经济全面健康发

---

① 中共息县县委：《息县农村改革发展综合试验实施方案》（息发〔2009〕2号）文件。
② 2009年7月3日上午笔者在息县与中共息县县委副书记的访谈。

展,并由此产生新的社区吸引力和维系力。

新中国成立以后,特别是改革以来,我国基本公共服务呈现出范围不断扩大、服务质量不断提高的趋势。但是,总的来看,当前我国基本公共服务仍然存在供给不足、享受不均的问题,尤其是城乡之间的差距仍在扩大。不过,农村公共服务存在的问题并不是单纯的经济问题,实质是权利及体制问题。新中国成立后相当长一段时期,我国教育、医疗、卫生及社会保障实行城乡二元化体制,国家财政投入重城轻乡、重工轻农,整个国家公共服务体制也是一种城市优先发展的体制,农村社会建设及公共服务的发展实际上服务并服从于城乡优先发展战略。这不仅造成城乡之间基本公共服务的资源占有、服务能力及供给水平存在较大的差距,也导致城乡居民民生权益及公共服务享有的权益严重失衡。近些年,党和政府立足城乡统筹,致力于消除城乡之间及不同地区之间人们公共服务的差距,基本公共服务逐步覆盖农村,但是,我们也必须看到,迄今为止,我国的公共服务体制的制度设计,仍是坚持城乡分离的思路,按照人们的身份和地域来区分,而不是城乡一体的体制。基本公共服务仍实行城乡二元化体制。[1]

因此,将基本公共服务引入农村,实行城乡一体化的供给体制,打破传统的二元结构,将是农村社区重建工作的重要内容。从理论上讲,在现代化条件下,传统的二元供给结构使农村社区公共服务供给的有效性递减。在自然经济和传统社会条件下,农业社区可以维持自给自足,甚至为工业化起步提供积累。然而,在工业化、城市化达到一定程度之后,村庄经济本身不能够充分承担和维持基本公共服务的供给,原来依赖社区资源提供的基本公共物品的福利效能呈现递减趋势。目前中国经济水平已经达到工业化后期阶段,而城乡差异处于较高数值。在这一时期,降低城乡二元结构系数、推进城乡均衡发展、让公共服务惠及农民,需要国家加大公共投入力度,尤其是建设好农村的水、电、路等基础设施,以及教育、卫生、文化等社会事业,促进城乡社会生态的平衡发展。实施保护性的农业税收和补贴政策,提高农村社区公共物品的现代化水平,改善农村居民的

---

[1] 项继权:《我国基本公共服务均等化的战略选择》,《社会主义研究》2009年第1期。

收入、生活、工作和生产条件,是所有现代化国家的普遍趋向。[①] 因此,中国也必须要创新农村社区服务体制,将基本公共服务引入农村。

息县在推进基本公共服务进入农村社区工作中,从改革和创新体制入手,把组织管理、技术路径、资金保障、社会效益等要素构成一个有机的整体,除旧布新,从而推动农村社区服务体制顺利发展。

在息县农村社区重建过程中,以加强农村工作为抓手,有序推进基本公共服务进农村。一是重视中央惠民政策不打折扣地落到实处。财政转移支付的资金一分钱也不许挪用或者借用,以最快速度发放到老百姓手里。诸如粮食直补、粮种补贴、农机补贴、生活资料综合补贴等统一存放在一张卡上,每户一卡,资金一到便马上打到农户的账户上。老百姓持卡,县信用社打卡,乡村两级根本不过手钱的事情,只是给农户发放通知单。农民如果收不到钱,就可以持通知单到信用社查询。二是注重农业生产条件改善。息县以黄淮海平原农业综合开发项目为依托,在国家资金的帮扶下,每年改造4万亩中低产田。该项工程每年投入1000多万,息县为此专门成立黄淮海平原农业综合开发办公室负责此项事务。三是扶持农业生产发展。生产发展包括这几项措施:其一是良种推广,种植业良种百分之百地实现全覆盖。其二是农业技术的推广,包括施肥和管理。其三是农机化发展,借助农机补贴这个优惠政策,大力发展大型农业机械。其四是发展养殖业。其五是与招商引资相结合,大力发展农副产品加工,推进农业产业化发展。四是集中力量建设农村敬老院,解决农村孤寡、"五保"老人的养老问题。[②] 以此为契机,带动基本公共服务进社区。

以息县农村五保供养、敬老院建设、城乡低保工作为例来说,近几年,息县不断提高农村五保对象集中供养率,进一步改善敬老院生活条件。现在息县的集中供养率已经达到了40%以上。2009年,息县县委、县政府把提高五保集中供养率、改善敬老院生活设施作为改善民生的头等大事来抓,并结合新农村试验区建设,根据各乡镇五保户人数和现有的集中供养人数,明确了各乡镇敬老院建设任务,确保用两到三年的时间使全县五保户集中供养率达到100%。并制定了《息县农村敬(养)老院建设

---

① 高鉴国:《中国农村公共物品的社区供给机制》,山东人民出版社2009年版,第59—60页。

② 2009年7月2日下午笔者在息县县委招待所二楼会议室与中共息县县委书记的访谈。

实施细则》，积极鼓励社会资本投入乡镇敬老院建设，并给出了多项优惠政策。《细则》中明确规定：每建成一所能容纳 50 人以上的农村敬（养）老院，县民政局将给予每个床位 1000 元的帮扶资助资金。每建设完成（不含改建、扩建）一所能容纳 100 人以上的农村敬（养）老院，县委、县政府将按照以奖代补的方式，每所给予 20 万元的奖励。

不过，我国是一个社会经济发展不平衡的发展中大国，人口多、人均经济水平和财政收入低，历史的包袱重，要实现基本公共服务进入农村社区不可能是一蹴而就的。只能采取"同步推进、分步实现"的方针，[1] 有计划、分层次地开展这项社会工程。

第二节　新时期农村社区服务的运行机制

一　投入主体：国家主导下的多元组合

现代农村社区服务体制的投入是政府主导下的多元化供给，即政府、市场、社区居民等多种参与主体。在这些投入主体当中，政府起组织、规划和领导的作用。具体说来，息县有三个做法：

（一）创新农村金融体系。首先，加快商业性金融、合作性金融、政策性金融相结合的农村金融体系创新，组建农村商业银行，深化农村信用社改革。通过培育和发展村镇银行、贷款公司和农村资金互助社等新型农村金融机构，保证农村建设资金需要。

其次，创建农村信用担保体系。通过多户联保、公司＋农户、农民专业合作社担保、财政担保等政府扶持、多方参与、市场运作的新型担保体系和担保方式，鼓励社会资金建立商业性担保机构，开展农村担保业务，以此方式解决"金融机构有钱贷不出、农村需钱贷不着"等问题。为使担保体系正常运作，息县财政出资，成立担保中心（再贷款公司），重点扶持有关担保机构等法人组织，对他们实行再贷款进行保障。

最后，加大对现有农村金融机构的扶持力度，鼓励开发新的金融产品和服务。要求息县境内各家银行，大胆探索新增居民存款要用于当地发展的举措。为此，县财政每年拿出 100 万元，奖励当年为全县新增贷款最多

---

[1] 项继权：《我国基本公共服务均等化的战略选择》，《社会主义研究》2009 年第 1 期。

的一家银行，并出台跟进政策，从每年的利息税中再拿出不少于 100 万元的资金，用于对居民存款进行加息奖励，鼓励广大居民把钱存入为全县贷款最多的那家银行，从而帮助该家银行扩大业务，创优业绩。

（二）创新财政资金使用方式。为了保障农村社区服务的质量和水平，本着优先发展生产组织服务的方向，从无到有、由弱到强，培养和发展农村社区经济性组织，以此为龙头，带动生活性组织的发展。为此，息县调整财政支农资金的使用方向，集中使支农资金更多地向种粮大户、生态农业和农民专业合作经济组织倾斜，按照"渠道不乱、用途不变、捆绑使用"的原则，统筹安排和实施涉农资金整合，发挥资金的集聚效应，提高资金使用效益。

（三）建立多元化的社会投入机制。公共财政投入是单一投入，仅起带动作用。农村建设离不开社会方方面面的支持。因此，对于农村社区有偿或微偿服务的供给，息县按照"谁投入、谁管理、谁受益"的原则，吸纳社会资金投入农村建设之中。鼓励外出务工农民回乡创办各类专业组织、金融组织和担保组织，兴办种植业、养殖业和农副产品加工业等各类实体。正如城市发展需要吸收外资一样，农村发展同样需要吸引外资。这样息县就形成了一个争取国家资金、启动民间资金、招引境外资金的多元化社会投入机制。[①]

当下，息县农村社区服务投入资金主要有五类不同成分，即财政资金、农产品收入资金、金融信贷资金、农民工汇款、外来投资。其中，财政资金是由政府控制的资金，即政府直接对农村方面的支出，包括各类用于农业的投资，如灌溉、土地改良计划、农业综合开发项目、扶贫开发项目、河流治理、农村道路、教育、各种农业补贴等方面（详见表 4 - 2 息县财政资金的供给情况）。财政资金分属于各个部门，具有一定的分散决策性。农产品收入主要是农民出售农产品获得的收入，其中国家农业补贴收入计入财政资金之内。金融信贷资金是农民或者乡镇企业从金融部门通过贷款而来的资金。农民工汇款是农民非农收入。外来投资是开发商通过新农村建设到农村开办工厂、兴建房地产等项目投入的资金。

政府主导下的多元化投入主体带来了良好的经济和社会效益。从

---

① 2009 年 7 月 7 日笔者与息县新农村建设办公室常务副主任的访谈。

2006年到2009年，现代农村社区服务投入资金逐年增加，大大改善了农民的生产生活基础设施，为农村面貌的改变注入了活力。从息县四年来（截止到2010年）农村经济与社会发展情况看，足以说明农村社区服务投入资金逐年增加的事实。

（一）2006年息县农村经济与社会发展情况

全年惠农资金共计发放种粮农民直接补贴5295万元、综合补贴资金1598万元、良种补贴1060万元、农机具购置补贴200万元；"两免一补"资金2331万元，补助贫困学生23.4万人次；养老、医疗保险参保人数分别达到1.9万人、2.93万人；解决农村贫困人口温饱问题4.3万人，对22176名农民实施了农村最低生活保障。全县粮食总产8.4亿公斤，高标准改造中低产田14.1万亩；新建、改造县乡公路69公里，新建村级油（水泥）路459公里，全县已有268个行政村通上油（水泥）路；电力投资近3亿元，新建220kV变电站一座，改造35kV变电站4座，新架220kV输电线路165公里；通信方面投资8600万元，新建移动基站20个、联通基站20个、农村固定电话接收网点100个；10个乡镇、110个新农村建设示范村规划工作完成。①

（二）2007年息县农村经济与社会发展情况

2007年全县发放各项惠农补贴资金7021万元；落实"两免一补"资金3595万元，资助贫困中小学生24.7万人次；新型农村合作医疗参合率达80.8%，10.1万人次接受了补助，累计补助资金达1451万元；社会保障累计发放农村低保金900万元、农村五保户供养金560万元；向1120名困难群众发放大病医疗救助资金150多万元；新建、改建、扩建农村敬老院12所，安置1463位无保老人。外出务工人员24万人，实现劳务收入16.2亿元；粮食总产达到8.9亿公斤；落实母猪补贴40139头，新发展标准化养殖小区8个，新建标准化规模养殖场70多家；高标准改造中低产田7.5万亩；完成面积造林4万亩，完善农田林网5万亩，完成通道绿化320公里；新解决1.1万农村人口安全饮水问题，新发展农村沼气用户3010户；新建"村村通"公路406公里；电网改造100%覆盖，广播和电视信号100%覆盖。②

---

① 2007年3月15日余运德县长在息县十二届人大一次会议上的政府工作报告。
② 2008年2月28日余运德县长在息县十二届人大二次会议上的政府工作报告。

(三) 2008 年息县农村经济与社会发展情况

2008 年，落实种粮农民直接补贴和综合直补资金 1.01 亿元、良种补贴资金 1556.78 万元、农机具补贴 400 万元、测土配方施肥补贴资金 50 万元。教育事业共落实"两免一补"资金 7277.8 万元，覆盖面达到 100%；完成农村中小学校舍维修改造工程项目 42 个，消除危房面积 1.2 万平方米，新建、改扩建、维修校舍 1.8 万平方米；新型农村合作医疗参合率达到 92.17%，累计对 18.47 万人次参合农民补偿医疗费用 5799 万元。新建、改建敬老院 10 所，农村五保户集中供养率达到 40%。家电下乡工程销售家电产品 9781 台（部），补贴资金 179 万元。全年粮食作物种植面积达到 231 万亩，其中，优质小麦、超级水稻、优质玉米分别扩大到 100 万亩、65 万亩和 30 万亩，主要农作物优良品种覆盖率达到 95% 以上。全年粮食总产量达到 89.8 万吨，比上年增长 3.1%；完成林业生态工程 8.3 万亩。培育农村经纪人近千人，专业大户 50 多个，农业产业化经营企业 51 个，其中有 5 家企业获得市级重点涉农企业称号；依托龙头企业发展订单农业，完成订单面积 30 万亩，带动 8 万余农户参与农业产业化经营。开展各类科技兴农培训 450 余场次，培训农民 16 万多人次。新建标准化养殖场 60 余家，养殖小区 10 个，新注册畜禽养殖农民专业合作社 12 家。完成全县所有行政村的建设规划任务，有 12 个新农村建设试点村已开工建设。全年新建农村沼气池 3000 座。新增高标准改造节水灌溉面积 1.1 万亩，改造中低产田 5.2 万亩，恢复灌溉除涝面积 1.53 万亩。输出务工人员 24.9 万人，实现劳务收入 19 亿元。

(四) 2009 年息县农村经济与社会发展情况

2009 年，发放粮食直补和综合补贴 1.1 亿多元，小麦、水稻、玉米和棉花良种补贴 2514 万元，农机购置补贴 859 万元。同时，落实"两免一补"2315 万元（免费教科书资金 1525 万元，落实义务教育困难寄宿生生活补助资金 790 万元）。"家电下乡"工作，兑现补贴资金 964 万元；积极开展粮食最低价收购，全年收购粮食 19.7 万吨，创造历史最高纪录。全县生产总值实现 88.6 亿元，增长 13.2%；财政一般预算收入完成 1.6 亿元，增长 12.3%；全社会固定资产投资完成 89.1 亿元，增长 34.2%；社会消费品零售总额达到 34.4 亿元，增长 19.8%；城镇居民人均可支配收入和农民人均纯收入分别达到 11525 元、4020 元，分别增长 9.4% 和 8.3%。2009 年，产业集聚区完成工业总产值 3.6 亿元，实现利税 5000 万元。在产业集聚区的带动下，全县工业经济发展势头强劲，工业产值实现 32.6 亿元，增长 14.3%。2009 年，全县共争取国家政策性投资项目 50 个，新增中央预算内投资 2 亿元、省财政专项资金 1.4 亿元；列入省重大工业结构调整项目 3 个，计划投资 1.9 亿元，实际完成 2.4 亿元；进入市重点项目 5 个，计划投资 3 亿元，实际完成 3.8 亿元；确定县重点建设项目 66 个，计划投资 19 亿元，实际完成 21 亿元，均超额完成年度计划投资任务。惠农政策全面落实。认真开展继续实施"万村千乡市场工程"，建设改造乡级店 3 家、村级店 185 家，极大地方便了农民群众的生活，使发展成果更好地惠及了广大农民。2009 年，科学技术、教育、文化体育与传媒、医疗卫生方面财政支出分别比上年增长 23.3%、9.1%、62.4%、7.3%。如期建成的 324 个标准化村卫生室，城镇登记失业率控制在 3.5%。城镇和农村低保对象分别达到 9986 人和 41024 人，累计发放城市低保金 1740 万元，农村低保金 2136 万元。全县企业养老、医疗、工伤参保人数分别达到 14653 人、36406 人、13500 人。新建、改扩建乡镇敬老院 37 所，五保户集中供养率达到 45%。在全市率先建设廉租房 800 套，总面积达到 4.1 万平方米，发放廉租房租赁补贴资金 393 万元，首批投入使用保障性住房 108 套。实现 1.3 万贫困人口脱贫致富。解决 2 万人的农村饮水安全问题，建成农村沼气池 5000 座，建设农村村内水泥道路 20 公里，通过淮干滩区灾后重建项目，新安置群众 4244 人。积极发展劳务经济，实现劳务收入 20.6 亿元。

纵观这四年的投入数据，其中通过惠农政策落实的财政转移支付资金呈增长态势，即 2006 年为 10484 万元，2007 年为 13527 万元，2008 年为 25362.58 万元，2009 年为 25181 万元（本年度报告对一些投入没有具体数据，如新改扩建乡镇敬老院 37 所，五保户集中供养率达到 45%，1.3 万贫困人口脱贫致富，解决 2 万人的农村饮水安全问题，建成农村沼气池 5000 座，建设农村村内水泥道路 20 公里等。但是，总体上的投入资金会超过 2008 年。）（见表 4-2），充分体现了国家（政府）作为投入主体对农村社区服务发展推动的事实。

表 4-2　　　　息县 2006 至 2009 年各项财政资金一览表　　　（单位：万元）

类别/年度	2006 年	2007 年	2008 年	2009 年
种粮农民直补资金	5295	7021	1.01 亿元	1.1 亿
综合补贴资金	1598			
良种补贴资金	1060		1556.78	2514
农机具购置补贴资金	200		400	859
"两免一补"资金	2331	3595	7277.8	2315
测土配方施肥补贴资金			50	
家电下乡补贴资金			179	964
新型农村合作医疗补助		1451	5799	
农村低保金		900		2136
农村五保户供养金		560		
抗旱应急灌溉水利工程				5000
廉租房租赁补贴				393
合计	10484	13527	25362.58	25181

数据来源：笔者根据 2006 至 2009 年息县县长余运德在息县十二届人大一次、二次、三次、四次会议上的政府工作报告有关内容整理而得。

但是，我们应如何看待国家（政府）的投入呢？实际上，农村社区服务不仅仅就是基本公共服务，除此之外，尚有许多与农民生产和生活息息相关的服务，质言之，公共服务只是社区服务的一种。当前，如果基本公共服务之于农村来说是"输血"的话，那么，一切非基本公共服务之于农村就好比是"造血"。这里就涉及一个深层次的问题，即如何"造血"。虽说"输血"和"造血"都有"血源"的性质，但是，"输血"不如"造血"稳定与长久。从生命角度讲，"输血"可管一时，起挽救生命的作用；"造血"则管一生，具有延续生命的功能。公共财政是农村社区服务投入的一个组成部分，但是，中国农村地方之大，人口之多，仅靠财政转移支付进行投入，难免不会发生"贫血"或者"断血"的事故。再者说，农村社区建设过程中，国家投入仅是示范带动作用，大量建设资金仍需农村社区自我解决。农村社区服务投入的"血源"不能完全依赖财政投入，农村必须具有自我"造血"功能。也就是说，农村要想发展，必须解决农村的自我发展问题，非有"造血"功能则不能实现现代农村。如果把国家统筹之下的基本公共服务视为农村发展的一个动力，那么农村自身发展就是另外一个动力。20 世纪 50 年代，毛泽东曾在《论十大关系》中提到，要调动中央和地方两个积极性，"我们的国家这样大，人口这样多，情况这样复杂，有中央和地方两个积极性，比只有一个积极性好得多。我们不能……把什么都集中到中央，把地方卡得死死的，一点机动权也没有"[1]。他对国家发展所需的"两个积极性"的判断，在当下仍然振聋发聩。农村社区基本公共服务是在中央政府的推动与财政转移支付下提供的，其他社区服务则多由社区自身与地方政府协调解决。中央与地方的"两个积极性"都保障了农村社区服务投入资金的供给。但是，笔者认为，当前政府向农村社区供给的基本公共服务是很必要也是很关键的。"输血"为"造血"创造了条件，挽救了"生命"，没有"输血"，就没有生命的"造血"。因此，"造血"不是不考虑，而是下一步需要考虑的事情。

二 筹资渠道：公共财政与多种资金来源

现代农村社区服务的筹资渠道，必将经由一个公共财政制度逐步向多种资金来源并存过渡的过程。当下，息县农村社区服务的筹资渠道主要有项目资金、市场化资金、农民集资、村集体资金、政府以奖代补资金。

项目资金，主要指涉农部门支农资金，诸如水利、农业、林业、交通、农机、建设、教育、卫生等部门开展的项目建设。如果分散使用这些资金，就如同天女散花，不利于农村社区的重建进程。因此，息县按照"性质不变、渠道不乱、统筹安排、集中投入、各负其责、各记其功"的投入原则，整合涉农资金，提高支农资金使用效益。

市场化资金，就是开发商从事新居及配套设施建设的资金。尽管开发商最终要收回成本并盈利，但如果没有开发商的前期投入，社区建设就无法启动。这是公共财政投入之外一种极其有效的投入方式，不但拓宽了农村社区建设的投入渠道，而且创新了农村社区建设的投入模式。

农民集资，指的就是社区公共设施的建设费用分摊在农民新居的建设费用之上，农民用自己的钱，改善自己的生活环境。这种集资方式与过去的集资方式有所不同，即谁集资谁使用，不像过去那样，这里的集资有可

---

[1] 毛泽东：《论十大关系》，杨春贵编《马克思主义著作选编》（乙种本），中共中央党校出版社 1994 年版，第 719 页。

能被平调到别处了。同时，这种方式还改善了以往农民只管建好自家的房屋和设施，而不顾公共设施的做法。公共设施大家建，建成之后，政府再通过以奖代补的形式予以补贴。如果单纯依赖公共财政投入予以拉动，就会影响或者推迟现代农村社区建成的进程。

村集体资金，一般是指村集体经济组织的生产、经营所得的收入，这部分收入是集体经济组织全体成员共同劳动经营所得，或者是集体资产通过租赁、承包等方式所取得的收益。村集体经济一般受地理位置或资源因素的影响较大。那些地理位置重要或者拥有丰富资源的村庄，村集体的收入就多一些，即我们所说的富村。这些村庄有一定经济基础，往往被确定为现代农村社区建设的试点村。他们依靠村集体资金修建公共设施，为村民提供社区服务。

政府以奖代补资金，就是政府将农村社区建设专项经费中的一部分和奖励经费统筹管理，以奖励的方式进行补贴的一种公共财力，主要用于社区文化、教育、社保、卫生设施、道路硬化、村庄美化及办公条件改善等一系列惠农项目的奖励。由于政府用于农村社区建设专项建设经费不足以让所有的村庄同时开工建设现代农村社区，有限的资金只能通过设立项目以奖励优先完成项目的村庄，借以推动农村社区的建设进程。

除财力投入之外，现代农村社区建设还有人力投入和物力投入。由于农村社区建设是新农村建设主要平台，建设活动一开始就受到省、市、县有关部门的帮扶。这些部门发挥自身优势，通过派驻驻村工作队、捐献物品等形式，向帮扶的社区投入人力和物力，从而改善了农村社区的设施，改变了社区居民的精神面貌。比如，2005年4月，信阳市农科所派出16名驻村工作队员进驻息县的6个村庄开展帮扶工作。由于每年四五月份正是水稻播种和小麦灌浆的关键时期，一旦遭遇阴雨天气，就会导致大面积水稻烂秧、烂种和小麦锈病危害。为此，驻村队员们发挥技术专长，搞好科技服务。他们在调查研究的基础上，及时向农民传授水稻和小麦种植技术要点，讲解预防和补救的方法，挽救了因天气原因可能造成的减产或绝收。同时，他们还有针对性地选定了水稻、玉米、芝麻、大豆、食用菌、脱毒红薯、肉牛养殖等"种、养、加"示范点，引导农民依靠科技，面向市场，调整产业结构，探索增收的途径和措施。农科所驻村事例表明，人力投入实质上就是科技投入，能够为乡村经济发展提供智力支持。可以说，现代农村社区建设不但需要财力支持，更需要人力支持。因此，2006

年息县县直工委下发了《关于县直单位党组织帮促农村党支部的通知》,要求帮扶单位向农村党员群众开展"送理论、送政策、送法律、送科技、送信息"等服务,为现代农村社区建设提供有力的人力支持。

物力投入既是围绕提高人的素质展开的,又是财力投入的一种补充。例如,河南省社科院与息县曹黄林乡冯庄村是"结对帮扶"关系。几年来,河南省社科院不仅帮扶修建了"村村通"水泥路和村医务室,还为冯庄村小学捐赠了必要的教学仪器和设备。仅2008年暑期就为该村小学捐赠新书包320个、课桌50套和空调4台。2009年春期开学后,息县文化局一次为彭店乡街村社区赠送了2000多册价值2万多元的图书,为社区居民建起了属于自己的"农家书屋"。息县地税局与夏庄镇刘庄村是帮促关系,在农作物播种急需施肥之际,2009年6月29日,该局将重10吨、价值1万多元的化肥送到村民手中。①

上述多种资金来源渠道,一是体现了集中财力办大事,二是探索新的融资渠道。农村社区服务投入需要大量的资金,非创新资金来源渠道难以为继。据测算,到2020年,我国新农村建设需要新增资金15万亿元至20万亿元。② 单单凭借公共财政投入,实为杯水车薪。因此,拓宽筹资渠道成了当务之急。

三 供给原则:等价交换和市场交易

这一时期,农村社区服务的供给原则是自愿性与多元性相结合的等价交换和市场交易。过去半个世纪,我国农村社区服务供给原则,基本上经历了一个由计划调拨逐渐转变为市场化服务,进而到现在的自由和平等的等价交换和市场交易的过程。新中国成立伊始,城市与农村、工业与农业都是百废待兴,是同时发展,还是有选择地发展?当时,中国选择了一条城市优先、兼顾农村,工业优先、兼顾农业的发展道路。这条道路不是放弃农村、放弃农业,而是受历史条件的制约无法同时发展农村、发展农业。在积蓄半个多世纪的力量之后,上述发展模式的历史使命已经完成,我国从此将进入城乡统筹发展的第二个阶段,即工业反哺农业、城市支援

---

① 2009年7月笔者在息县驻村工作办公室调研所得。
② 王铁:《开源弄潮:中国新农村建设筹资问题研究》,中共中央党校出版社2008年版,第76页。

农村的新农村建设阶段。如果说新农村建设所着力解决的是困扰农民生产和生活的制约因素的话，那么，以提供社区服务为旨要的现代农村社区就是化解这些因素的平台。通过提供社区服务，农村社区不仅可以改善农村的生活条件，而且还可以推动农村生产的发展。

当下，农村社区服务的自主合作供给原则，在服务理念上有两大创新，一是尊重社区居民的选择权，二是引导居民积极参与社区规划。

（一）尊重社区居民的选择权。尊重社区居民选择权的一个主要原因，就在于社区居民才是社区的真正主人。有关社区服务的事项，诸如需要哪些服务，应提供什么样的服务，等等，社区居民最清楚。因此，社区服务的投入应充分尊重社区居民的选择权和决定权，其主要表现为赋权给社区居民，充分接受社区居民的意愿，并在社区服务的投入规划、投入实施、投入管理等环节，由社区的主人，即社区居民自己做主。正如息县建设局局长郑继保所说，"农村的建设、规划，主要是由老百姓自己来探索与决定"①。对于政府来说，政府的作用就是做好监管工作，这是一种服务理念的重大转变。在过去，政府作为投资主体，在对农村社区公共服务进行投入时，都是把农民作为被动的发展对象，甚至还有一些"政绩工程"、"形象工程"等作秀成分存在，排斥农民参与，或者没有把农民作为参与主体对待，使某些投入行为效益很低。比如，乡间道路植树绿化问题，有关部门直接在道路两旁种树，只管种，不管活，由于缺少必要的过程管理，所以每年只见挖坑植树，就是不见树木成林。

尊重社区居民选择权的另一个原因，是由农村的"原子化"（atomization）状态决定的。中国农村实行家庭承包经营体制之后，由于资源的非稀缺性、同质性，"农户"成了具有独立利益的行动主体，导致农户之间资源互补的必要性较小。与过去那种依靠"血缘"、"亲缘"为联结的社区关系所不同的是，现代"农户"的利益早已超出同族、同宗的利益。人们在寻求获取或维护自身利益时，常常是以农户个体（而不是以群体、阶层）的方式行动。农村社会中，农户个人之间缺乏横向联系，即使有联系，也主要是通过一个共同的权威才使这种联系建立起来，并非个人之

---

① 2009 年 7 月 3 日下午笔者与息县建设局局长的访谈。

间直接发生联系,这种表现就是所谓的"原子化"状态。[①] 这种状态的存在,至少可以说,人们不是生活在一个相互依赖的群体关系之中,最起码称不上是一个关系密切的群体。在农村这种"原子化"、"离散化"的基础上对社区服务进行投入,首先需要把居民整合起来,公共的事情每个人都有责任和义务来关心,避免"搭便车"现象的发生。这就需要充分尊重社区居民的选择权,由社区居民决定如何花钱、钱花在哪个方面。只有真正做到这一点,农村社区服务的投入效益才能实现。对社区居民选择权予以充分的尊重,这个问题看起来似乎是老生常谈之事,但要不折不扣地落到实处,的确是需要创新观念方可做到。

(二)引导居民参与社区规划。从实践上讲,与传统农村社区不同,现代农村社区是以对社区异质性的尊重为基础的,这是二者的一个本质区别。[②] 也就是说,现代农村社区具有彰显异质的特征,这种异质性不仅表现在其经济、社会及文化的区别上,还表现在社区主体,即农民的思想认识、历史传统、风俗习惯的迥异上,同时还包括农村社区自然资源、地理条件的分布差异。中国广大农村基本相似,但小社区却各有不同。以人为本、尊重差异,既是现代农村社区的精神实质,也是农村社区发展规划的原则要求。根据千差万别的社区特性来选择相适应的社区规划方案,正是农村社区公共服务新理念的体现。这种做法彻底改变了过去那种强调共性、忽视或者扼杀个性,机械追求"统一规划、统一设计、统一实施"的传统思路。

从理论上讲,农村社区发展理论业已由现代化理论转向内源发展理论。所谓内源发展,主要指以农村社区内部现有的生态、劳动力、知识、技术资源,当地的生产消费模式以及特有的地方自助组织资源为依托的发展模式。内源发展理论创新之处体现在这几个方面:

1. 强调社区农业产业的发展,并期望通过产业间的"推动"及"拉动"作用为社区提供更多的就业及收入机会。这里推动作用是指农业的发展能够促进其他以农业为原料的加工业、副业的发展,而拉动作用指的是加工业、副业的发展反过来又可以促进农业的发展。

---

① 谭明方:《论农村社会结构与农村体制改革》,《中南民族大学学报》(人文社会科学版)2005年第1期。

② 叶敬忠等:《论参与式社区发展规划》,《农业经济问题》2001年第2期。

2. 重视目标群体的确定并以目标群体为导向，强调社区内所有的角色、群体及组织机构积极主动地参与，把消除贫困以及满足社区人口的基本需求作为发展的首要目标。

3. 鼓励采用适宜、适用的技术来发展社区小型原料加工业，强调建设基本的社会及技术基础设施，为社区经济的进一步发展提供基本条件，在进行社区村舍建设规划时，则考虑建立小型的农村市场中心，以促进农村市场的发展和第三产业的培育。

4. 必须实现可持续性发展。[①]

现代社区的这种异质性特征和内源发展模式，凸显了社区居民参与式规划的必要性与合理性。农村社区服务就是专门针对社区居民的生产、生活提供的，不可能一个模式遍布天下，而是根据不同的社区情况，提供不同的社区服务，这就必然要引导社区居民参与到社区规划的事务之中。社区居民只有参与了规划，社区服务才能对路子，服务的投入方可显成效，这是一个环环相依的关系。长期以来，政府或其相关部门是农村社区发展规划的制定者，这种自上而下的、社区居民被动参与的方式难以真实地反映居民的需求，最终导致规划不接地气、落地实施困难重重的境况，正是所谓的出力不讨好。因此，采用自下而上、上下结合的参与式规划，才能更好地满足农村社区的发展需求，使规划更加科学合理，这样才能为社区居民所接受，公共服务的供给才有价值。

第三节 推进城乡基本公共服务均等化

一 城乡基本公共服务均等化

一般来说，根据人们的需求程度以及政府的供给能力不同，可将公共服务分为"基本公共服务"和"非基本公共服务"两类。其中，"基本公共服务"是指政府必须承担和满足的公共产品和服务，"非基本公共服务"是指可以通过政府以外的社会组织或市场来提供的服务。另外，在"基本公共服务"和"非基本公共服务"之间，存在一些交叉属性的需求和产品，它们在得到市场和社会提供的同时，又离不开政府的支持和参与，这种服务被称之为"准基本公共服务"（见表4-3）。基本公共服务

[①] 叶敬忠等：《论参与式社区发展规划》，《农业经济问题》2001年第2期。

的供给是由国家的社会职能所决定的,非由政府提供不能有效满足和充分保障。因此,政府是基本社会公共服务的提供者,是非基本社会公共服务的倡导者和参与者,同时是整个社会公共服务的规划者和管理者。[①] 正是由于公共服务具有覆盖面广、影响度深的基本属性,比较容易产生示范效应,能够发挥引领作用,遂被视为推进现代农村社区服务的切入点。

表 4-3　　　　　　　　　　　公共服务分类

基本公共服务		政府依照法律法规,为保障社会全体成员基本社会权利、基础性的社会福利水平,必须向全体居民均等地提供的社会公共服务
非基本公共服务	准基本公共服务	为保障社会整体福利水平所必需的,同时又可以引入市场机制提供或运营,但由于政府定价等原因而没有赢利空间或赢利空间较小,需要政府采取多种措施给予支持的社会公共服务
	经营性社会公共服务	完全可以通过市场配置资源,满足居民多样化需求的社会公共服务

资料来源:项继权、袁方成:《我国基本公共服务均等化的财政投入与需求分析》,《公共行政评论》2008 年第 3 期。

推进城乡基本公共服务均等化,消除人们在基本公共服务资源占有、服务设施和条件以及服务能力和服务水平既有的差距,实现人们平等享有基本公共服务,是当前和今后一个时期农村社区服务体制的建设方向和奋斗目标。

长期以来,城乡之间及不同地区之间,事实上已经形成了基本公共服务在资源占有、服务设施和条件上的巨大差距,由此也导致城乡及不同地区之间基本公共服务的供给能力、服务水平的差距。因此,基本公共服务均等化,不仅要求公共服务的同一制度、同一标准和待遇,也要求消除历史形成的差距,使公共服务最基本的设施和条件大体均等,不致出现太大的悬殊,以保证供给能力、供给水平及人们实际消费水准的均等化。

当前,基本公共服务均等化面临着双重缺口:一是即期消费水平的缺口;二是历史形成的服务差距。如果说前者可以通过基本公共服务制度、政策及支付标准的统一来解决,后者则需要进一步加大对落后地区和薄弱

---

① 项继权:《我国基本公共服务均等化的战略选择》,《社会主义研究》2009 年第 1 期。

地区的财政投入，以消除历史形成的既存的服务条件、设施和服务能力的差距。正是由于历史上的这种不合理的制度安排，才导致今天农业和农村的发展受到严重制约的后果。为此，我们不仅必须致力于消除不合理和不公正的制度和政策，也必须对农村和农民给予特别的支持，以弥补历史的损失，消除历史的差距。对农民和农村的特别支持，既不是救济，不是慈善之心和道德良知，也不是利他主义的善良和同情心，而是对历史的一种补偿，是制度公正的要求，也是全社会的责任和义务，同时也是受损者应有的权利。

从宏观来看，农村公共服务在总体上落后城市地区。于是，加大对农村基本公共服务的投入被认为是一项基本政策。当前城乡之间及地区之间基本公共服务差距过大，在短期难以完全消除。特别是在当前市场经济的发展过程中，城乡之间及不同地区之间社会经济发展的非平衡性，经济社会的差距还在进一步拉大。这对于国家社会经济均衡发展及基本公共服务均等化造成更大的困难和压力，也要求国家高度重视并进一步加大对农村及中西部地区基本公共服务的财政投入。

从实践来看，我们可以结合当前新农村建设，制订"新农村建设计划"，对农村义务教育、基本医疗、公共卫生、社会保障及基础设施等基本公共服务的建设进行综合性规划和倾斜性投入。通过这种反哺性的国家行为，一方面，提升农村基本公共服务的服务水平，逐步实现城乡公共服务标准的统一；另一方面，通过特别投入以改造基本公共服务的物质和技术条件，充实人力和物力，加强服务组织体系建设，消除历史上形成的基本公共服务设施、组织、技术等方面存在的差距，使城乡之间及不同地区之间的政府具有大体相同的服务能力，从而保障人们享有大致相同的服务水平。

息县在实际工作中，开始逐步统一城乡基本公共服务标准，尽可能缩小城乡差距。比如，在城乡低保工作中，使城乡低保补助标准朝同一化方面发展。从2008年7月1日起，息县提高了城乡低保补差标准，农村低保由人均每月40元提高到人均每月50元；城市低保由原来的人均月补差125元提高到130元。虽然城乡之间尚存在差距，但是，农村的标准增幅比城市的标准增幅要快一倍，差距已经有所减小。

二 城乡一体化与社会融合

21世纪以来,从全国范围来说,我国已经进入以工促农、以城带乡的发展阶段,正在着力破除城乡二元结构,努力构建城乡经济社会发展一体化的新格局。实质上,不管是城乡二元结构,还是城乡一体化,都是城乡统筹发展的结果,换句话说,城乡统筹是国民经济发展的调控手段,当统筹起来的物资只用于城市发展时,就会出现城乡二元分割结构;当统筹起来的物资用于反哺农村发展时,就是城乡一体化状态。

在价值取向上,城乡二元结构和城乡一体化体现了我国政治进程的两个彼此不同而又递进的预期目标。对于城乡二元结构来说,更多体现的是政治经济化,即"用政治目标的预期来制定经济发展的方式"[1],这就意味着为了国家现代化发展的需要,在城乡统筹的情况下,注重经济建设,靠剥夺农民的利益来实现城市和工业的发展,并通过一系列的体制机制维持着这种差距,使城乡二元结构逐步形成。客观上说,这种政策措施在稳定和发展经济的同时,又逐渐滋生着社会不稳定的细胞。或者说,经济的增长是以牺牲社会的稳定而实现的,由此造成了深层次经济和社会问题。当前,我国基本公共服务存在非均衡化或非均等化等社会问题,尤其是城乡之间基本公共服务的非均衡性或非均等性尤为明显,主要表现在资源占有不均、服务水平不等和权益保障失衡等方面。[2] 这种不公平的分配方式,实质表现就是一少部分人分享着公共财富,而不是全体国民共同分享。

与城乡二元结构的价值取向不同,城乡一体化发展则体现的是政治民生化,即以共同富裕为原则,通过社会政策的改革来寻找新的经济增长源,质言之,通过统筹的方式,在经济收入、生活水平、发展机遇、权益诉求等民生方面,遏制城乡差距的拉大,打破城乡经济分配上的不公平状态,实现基本公共服务均衡化,逐步走向社会融合。实质上,城乡一体化的政策措施,就是要通过培育社会有机组织,建立消费社会,取得经济和社会的可持续发展,也就是说,通过确立社会政策,用健全的社会政策消除资本和市场经济所产生的弊病,达到确定新的经济增长源的功效,顺利

---

[1] 孙津:《中国农民与中国现代化》,中央编译出版社2004年版,第156页。
[2] 项继权:《我国基本公共服务均等化的战略选择》,《社会主义研究》2009年第1期。

迈出社会融合的第一步。如果说过去剥夺农民是政治的一时之需的话，那么，长期剥夺农民则意味着社会政策的失败。民生政治的目标就是实现城乡一体化，并用体制机制维持一体化状态。既然是体制的原因造成的城乡发展差距，那么，就应该用体制和政策来修复和弥补这个差距，终结基本公共服务存在的非均衡化结构状况，推进社会资源自由、有序流动，促进城乡一体化发展，使社会逐步走向融合状态。

从社区建设层面上看，在迈向城乡一体化的进程中，农村社区的成长非常关键。笔者认为，有两大原则需要引起人们的重视：一是要扩大农村社区居民的受益面；二是要培育社区组织发展能力。

（一）扩大农村社区居民的受益面。扩大社区居民受益面的表现之一，就是使公共服务覆盖到社区内部的弱势群体。社区服务是为了促进城乡一体化发展，发展是为了惠及社区居民，这是农村社区服务的宗旨之所在。有学者指出，在过去，各级政府投入的农村发展项目，都有明显的规模偏好倾向，所出台的各种支持农业产业发展的优惠政策，都会规定对达到一定规模的农户进行奖励和贷款优惠。尽管这种投入模式具有一定的激励效应，但是政策实施的公平性无法保证，不能惠及社区贫困农户等弱势群体，客观上将其排斥在受益群体之外，从而拉大了社区内部的贫富差距。[1] 如果任由此类状况延续的话，那么，农村社区和谐局面就很难实现，更不要说社会融合了。因此，现代农村社区服务从投入环节开始，本着既要为社区内部先富阶层的生产生活提供优质服务，又要对社区贫困农户等弱势群体给予高度关注和切实救助，帮助他们改善生产生活条件中最紧迫的各种难题。在社区服务投入过程中，以项目倾斜的方式，保障贫困农户能够在社区建设中真正受益，能够得到平等的发展机会，不断缩小贫富差距，从而尽可能扩大农村社区内的受益面。

扩大社区居民受益面的表现之二，就是使公共服务覆盖到社区的"外来户"。在计划经济时代，商品和服务都是凭票证供应的。因此，户口就成为当时获得票证的唯一合法依据。如果说当时农村社区有边界的话，那么，户籍就是一个清晰的边界。是否拥有某一个社区的户籍，决定了能否享受该社区提供的某些服务。这种只对内部人员提供服务的社区是封闭性社区，既阻碍了社区人口的流出，也阻碍了外来人口的流入。改革

---

[1] 郭晓鸣：《农村社区发展的理念》，《中国乡村发现》2007年第3期。

开放以来,尽管农村出现了大量的流动人口,但是,他们无一不是以放弃享受某些本该享有的社区服务为代价而实现流动的。他们流动到任何一个地方,不管是务工还是居住,都被当地社区称为"外来户"或"外来人员",无法享受到居住地居民所享受的那些服务。他们的失业或就业不纳入当地政府的计划,医疗卫生支出基本自费,贫困救助与他们无关,居住环境质量无法得到保障。"外来户"完全成了二等公民。当下,现代农村社区的服务理念就是要面向全体居民,以人为本,创造一个来去自由、服务完善、生活便利、关系和睦的居住环境,最终促进社会融合。

(二)培育社区组织发展能力。从国际范围看,多数国家的社区组织与政府是一种谈判关系。它们在政治上保持中立,与政府没有必然的从属关系。社区组织是民间自发形成的,主要宗旨是维护社区居民的利益,具有自我服务和自我管理的性质。有学者认为,虽然政府是公共管理的主角,但非政府、非营利性组织完全可以协助政府管理社会公共事务。这些组织不仅能够承担对社会公共事务的管理,而且还可以提供公共服务。[①]这是社会进步、政府职能转变的重要表现。

发展农村社区组织,既是为了保障社区居民经济利益,又是为了提高其社会政治地位。但是,无论是经济利益还是政治利益,都是借助于社区服务来实现的,因此,农村没有社区组织不行,社区组织发展太慢也不行。这完全是由市场经济决定的。回顾历史,在计划经济时代,为了支援城市发展和工业起步,国家通过工农产品价格剪刀差形式,从农村隐蔽地吸取了高达 8000 亿元资金[②]。现在,随着城市建设逐渐走向现代化,工业经济不断壮大,本应该在城市经济对农村经济实施带动、城乡经济达到平衡之后,再全面实施市场经济体制,这样市场经济将会发挥更好的资源配置作用。但是,现实却没有给中国农村提供这样一个发展机遇!我国的市场经济是在农村支持城市、城市尚未反哺农村的前提下开始的,加之市场经济先天具有的"嫌贫爱富"特性,致使过去那种以牺牲农村利益为代价所造成的城乡发展差距,在市场经济下不但不能弥合,反而越拉越大。市场经济所具有的这种天然的破坏性,直接威胁着社会融合的进程。

[①] 丁元竹、江汛清:《我国社会公共服务供给不足原因分析》,《中国经济时报》2006 年 5 月 23 日 A01 版。

[②] 发展研究所综合课题组:《改革面临制度创新》,上海三联书店 1988 年版,第 7 页。转引自项继权《中国农村建设:百年探索及路径转换》,《甘肃行政学院学报》2009 年第 2 期。

当下，既要农村接受市场经济的现实，又要保障农民的利益，最可行的办法，只有大力培育和发展农村社区组织，将农民个体的利益寓于社区组织之中，使农民个体相互"抱团取暖"，才能避免遭遇"大鱼吃小鱼"式的厄运，他们的利益才有可能得到保护。正是从这个意义上说，市场经济体制加速了农村社区组织的发展。

培养农村社区组织的发展能力，主要有两个方面：一是满足生活需要的能力，二是满足生产需要的能力。具体而言，培养农村社区组织发展能力，包括促进社区内部不同利益相关者主动参与的能力，建立社区管理制度的能力，解决社区冲突的能力，为社区成员提供信息、技术、保险、保障等服务的能力，与外部机构或组织打交道的能力等方面。[①] 因为有关农村各项改革与农业各项发展措施，最终都需要由农村社区组织来实施，所以社区组织发展能力与农村可持续发展密切相关。发达国家的农村与农业组织，是规模化、组织化程度极高的大农场主及其组成的合作社联盟、大公司企业、跨国公司，甚至是由农产品出口国组成的国际性垄断集团。在这种国际背景下，如果不培养中国农村社区组织的发展能力，广大分散的农户结构很难应对国外农业的冲击和挑战。因此，从某种程度上说，国际农业经济竞争，实际就是农村组织能力的竞争；农村与农业的发展，其实就是农村社会组织的发展。

从政府操作层面上看，实现城乡一体化，绝非一朝一夕之功效，不仅需要稳定持续地推动，而且需要讲究战略战术原则。尤其是在当前国情之下，全国 637011 个行政村，[②] 如果所有的基础设施全部依靠公共财政投入的话，不但不现实，反而将会推迟现代农村的进程。虽说国家有责任为全体国民提供基本公共服务，但是却没有能力一下子同时实现。这就涉及农村社区服务投入的重点与投入的次序问题。

在投入重点上，要选择那些农民急需的关键领域进行布局。一是城乡公共基础设施建设一体化，即在城乡建设、公共交通、安全饮水、污水处理等公共基础设施建设方面统一规划、统一建设；二是公共服务体制的一体化，逐步实现城乡之间在义务教育、基本医疗、公共卫生、社会保障等方面在供给内容、供给标准、供给水平、供给体制方面的一体化和均等

---

① 郭晓鸣：《农村社区发展的理念》，《中国乡村发现》2007 年第 3 期。
② 《中国第二次全国农业普查资料汇编》，中国统计出版社 2009 年版。

化；三是基本公共服务的均等化，消除城乡之间在基本公共服务资源占有、服务设施和条件以及服务能力和服务水平等方面既有的差距，实现人们平等享有基本公共服务的目标。[1]

在投入次序上，要根据实际需要，确立一个先后顺序。首先是实现"基本公共服务的广覆盖"，如建立多层次、广覆盖的基本医疗卫生和社会保障制度，实现"人人享有基本医疗卫生服务"、"人人享有基本生活保障"，让人们享有基本公共服务；其次是实现"基本公共服务的一体化"，即消除城乡二元化基本医疗卫生服务体制和社会保障体制，构建城乡一体基本公共服务体制；最终目标是"基本公共服务的均等化"，即消除人们在基本公共服务资源占有、服务设施与条件、服务能力与服务水平既有的差距，确保人们平等地享有基本公共服务，确保人们不因职业不同、地点的不同以及身份的不同而享有不同的基本公共服务。[2]

迈向城乡一体化，首先农村需要一体化；实现社会融合，先决条件是农村社区内部融合。因此，农村社区建设不仅旨在构建与农村社区和社会的分化和开放相适应的现代社区或社会生活共同体，促进农村社区内部的融合，也是为了推进城乡之间及整个社会的一体化，实现整个社会的有机团结和社会融合。[3] 为此，在推进社会一体化发展与实现社会融合的进程中，需要通过有效的载体，重构农民认同，这是实现社会融合的桥梁。在全面分析农村社区的各种因素的基础上，笔者认为，当下较为有效的载体就是实施农村土地流转。依托土地流转这个平台，实现乡村社会组织机制的转变，从而建立一个独立自主、分工协作、利益交换的社会整合机制，以达到城乡一体基础上的社会融合。笔者的这个判断，既有理论依据，也有实践依据。

(一) 理论依据

根据诺斯（North）的说法，制度变迁的一个重要标志，是人们逐渐采用新规则来增进行动的合法性，以便能够更有效地利用新的经济机会。从这个意义上讲，农民认同的重建是农民的忠诚对象和行为规则重新定义的过程。当新的规则及其合法化理由，被更多社会成员接受而逐渐扩散

---

[1] 项继权：《当前农村发展的阶段性特征及政策选择》，《江西社会科学》2009 年第 1 期。
[2] 项继权：《我国基本公共服务均等化的战略选择》，《社会主义研究》2009 年第 1 期。
[3] 项继权：《农村社区建设：社会融合与治理转型》，《社会主义研究》2008 年第 2 期。

时，广泛的社会认同也已形成。[1] 卡斯特曾把认同划分为三种形式，即合法性认同（Legitimizing identity）、抗拒性认同（Resistance identity）、规划性认同（Project identity）。按照他的解释，合法性认同由社会的支配性制度所引入，以扩展和合理化制度制定者对社会行动者的支配。抗拒性认同由那些其地位和环境被支配性逻辑所贬低或污蔑的行动者所拥有。这些行动者筑起了抵抗的战壕，并在不同于或相反于既有社会体制的原则基础上生存下来。规划性认同是指当社会行动者基于不管什么样的能到手的文化材料，而建构一种新的、重新界定其社会地位并因此寻求全面社会转型的认同。[2] 在他看来，每一种认同建构形式都会导致不同的结果。合法性认同产生公民社会。这种公民社会是一种通过一整套组织生产（虽然有时是以冲突的方式）方式来合理化其结构性支配来源而形成的一种认同。这种认同往往存在于教会、工会、政党、公司、民间团体等组织形式中，它们一方面延续了国家合法性的存在，而另一方面通过深深地扎根于人民，从中获取其合法性的动力之源。而抗拒性认同则促成了公社（commune）或社区（community）的形成。它建构集体的抵抗力以对抗无法承受的压迫，通常，认同以历史、地理或生物等因素作为依据，来界定或区分抵抗的边界。最后，规划性认同，产生的是阿兰·图海纳（Alain Touraine）所谓的主体（subjects）。[3] 主体并非个体，即使它们是由个体所组成。个别的个体要经由"主体"这种集合性的社会行动者来获取他们经验中的完整性的意义。在这种情况下，认同的建构是一个不同人的生活的计划，可能是以被压迫者的认同为基础，但再由这个认同延伸至整个社会，转化为集体性"主体"的认同。[4]

显然，认同是行动者意义的来源，也是由行动者经由内化的过程而建构的。在心理学看来，需求的满足是认同得以建构的重要驱动力。为了获得心理安全感，个人主动寻求认同；为了维护和提高心理安全感——这是人格稳定性和情绪幸福感的必要条件，他们主动寻求、保护以及加强认

---

[1] 张静：《身份认同研究：观念、态度、理据》，上海人民出版社2005年版，第5—6页。
[2] [美]曼纽尔·卡斯特：《认同的力量》（第二版），曹荣湘译，社会科学文献出版社2006年版，第6—7页。
[3] 同上书，第8页。
[4] 沈晖：《当代中国中间阶层认同研究》，中国大百科全书出版社2008年版，第55—56页。

同。同时，认同可以共享，这将使具有同样认同的人一致行动起来保护和提高他们共同的认同。对于一个行动者来说，对认同进行整合，从而达到一种满意的程度，或者说，实现认同稳定性，对心理安全和幸福感、满足感来说是最为重要的。认同的提高会导致更大程度的幸福感，而认同的扩散则导致焦虑和崩溃。当生活环境变化的时候，个人可能会做出新的和合适的认同。个人也可能试图保护和提高已经获得的认同。对于群体认同来说，该群体具有潜在的内驱力，能够一起行动来提高和保护那种共同的认同。[1]

因此，当下国家提供公共服务来满足农民共同的需求，就将会产生一致的认同。一般来说，无差别的基本公共服务能够消除农民心理上的规范的意义障碍与情感障碍，个体获得与规范相一致的行为方式，产生对规范的一致认识，并将外在于主体的行为要求转化为主体内在的行为意义，把认识、情感与行为整合一体，从而完成认同的重建过程。所以，以基本公共服务作为农民认同重建的切入点不仅是可能的，而且是必要的。

（二）实践依据

正如过去将土地分散经营能够促进经济与社会发展一样，当下将土地适度集中经营也能够推动经济与社会发展。在以国家提供的基本公共服务为保障的前提下，土地流转盘活了农村土地资产，使农民手中的土地转化为资本，既能够推动农业的规模化经营，又能够吸引更多的工商资本参与到农村建设之中，为实现农地经营主体日益多元化奠定了基础。其实，更广义的土地流转，还包括农民的宅基地与非农建设用地等的流转，这一规模更大的市场启动后，将彻底唤醒农村沉睡的资本，为完善社区服务提供了切实的物质保障。日本、韩国等地的土地制度改革经验证明，当农民的土地权利被确认后，他们通过投资、扩张和多元化生产，不仅增加了收入，还提升了消费层次，使社区服务不断得以丰富和发展，促进了社会的进步。

正是基于上述研判，息县以省级农村综合改革发展试验区建设为契机，掀起了一场以土地流转为载体的改善农村社区服务的综合改革试验。

---

[1] William Bloom, *Personal Identity, National Identity and International Relations*. Cambridge: Cambridge University Press, 1990, pp. 25-53. 转引自沈晖《当代中国中间阶层认同研究》，中国大百科全书出版社2008年版，第56—57页。

在这场改革试验中，息县从推动农村土地流转入手，把土地流转作为载体，通过整合各种不同来源的资金，以生产性服务供给为先导，增加农民的收入，进而为完善生活与社会公益性服务的供给源泉增添动力。

从息县土地流转的实践来看，截止到2009年底，全县共流转土地面积61.74万亩，占全县耕地总面积的41.7%；其中流转耕地面积448377亩，流转林地面积114323亩，流转水面面积54720亩，其他土地流转448377亩。流转规模在50亩以内的有61314亩；50—100亩的71302亩；100—300亩的124692亩；300—500亩的100972亩；500—1000亩的134620亩；1000亩的124500亩。

在这场土地流转过程中，息县主要采取了如下做法：

（一）尊重农民意愿，实行自愿流转。一是坚持在家庭联产承包责任制不变的前提下，把不改变土地性质和用途作为先决条件，切实保障农户30年承包期内土地权益；二是按照"自愿、依法、规范、有偿"的原则，充分尊重农民意愿，切实保护农民的生产经营自主权。乡镇政府以服务为引导，不下硬性指标，不搞强迫命令，不违背群众意愿，不强行推进。

（二）组织参观培训，鼓励农民流转。息县县、乡两级党委政府多次组织部分乡村干部和种植大户，赴外地实地参观培训，使他们切身体会土地流转对农村经济和社会发展的推动功能，鼓励他们因地制宜地制定和实施土地流转的具体操作办法。

（三）发展合作组织，推动土地流转。息县把扶持发展农村专业合作经济组织作为推进土地流转的重要抓手，坚持只要是带头搞合作的、把农民联合起来搞合作的，在政策上予以扶持、资金上予以倾斜、税收上予以优惠。到2009年底，已发展各类农村合作经济组织330家，已注册325个，其中，种植类127家、养殖类96家、农机类75家及其他32家，流转耕地8万余亩。种植大户项广永发起成立了"息县项店镇广永种植专业合作社"，2009年通过土地流种植面积达1500亩；种植大户张宏涛发起了"息县金诚农机专业合作社"；种植大户柳学友发起成立了"息县学友种植植保专业合作社"，流转面积达7000多亩；种植大户陈道青发起成立了"息县彭店乡道青植保专业合作社"。

（四）搭建产权交易平台，驱动土地流转。息县建立了县、乡、村三级土地流转服务网络，即县里成立县级土地流转管理服务中心，建立全县土地流转信息中心数据库，负责土地信息整理、分类、发布；各乡（镇、区）均建立了土地流转服务中心，负责区域供求信息登记和信息发布、土地评估、合同签证、法律政策咨询、纠纷调解等工作；各村都建立了土地流转服务站，完备土地承包经营权流转档案，并报乡镇土地流转服务中心备案。县乡村三级服务平台构成了产权交易信息网络，使土地在各主体之间顺利转移，促进了资源的有效配置，从而在法律上确立了产权交易的合法性，减少由于产权转移的模糊性而引起的摩擦。

（五）以现代农业为目标，推进土地流转。近年来，息县以土地流转为契机，把流转的土地向种植能手集中、向专业合作组织集中、向龙头企业集中，把土地流转与发展设施农业相结合，流转土地以现代农业为目标，发展高、新、特、优农业品种，确保流转土地高产出、高收益，实现适度规模经营。学友种植植保专业合作社、金诚农机专业合作社、道青植保专业合作社等合作组织流转的耕地面积均在 2000 亩以上，全部用来发展超级杂交水稻、优质粳稻，带动了社员和周边农民群众改良种植品种、发展高效农业的积极性。

（六）创新金融体系，以增强对土地流转的支持力度。息县开展了农村土地承包经营权抵押信贷试点工作，建立了合理有效的资产评估办法，为规模经营主体贷款和保险提供支持。目前，息县成立了息县金财担保公司和息县金誉牧联担保有限公司，注册资金分别为 1 亿元和 1000 万元；各乡镇也在积极筹建农民资金互助社，其中，夏庄镇万兴店民生资金互助社于 2009 年 6 月 15 日正式注册成立，注册资金 50 万元。这些金融和保险措施有力地推动了土地流转进程。

息县土地流转工作正在有声有色地进行，一些创新性做法在实践中产生了明显效果。虽然短期内农民认同的重建以及由此推进的社会融合未见太大起色，但是，毕竟有了良好的开端，事情正在向好处发展。

（一）规模化经营提高了土地产出率。土地规模化种植极大地利用了土地资源，有效提高了土地利用率和产出率。在土地流转之前的分散经营的情况下，每亩纯收益只有 350 元左右，按现在 61 万亩流转面积计算，总收入不到 9400 万元。在土地流转之后的规模化经营情况下，同样是这 61 万亩土地，通过实施大块合并，平均每亩增地 7% 左右，节省人工 30% 以上。这些土地春季种植水稻，冬季种植小麦，两茬作物平均每亩纯收益 750 元，可获得 20000 余万元的收入，效益是土地流转前 2 倍多。

（二）促进了农业产业结构的调整优化。土地流转前，息县大部分农业种植结构单一，冬季主要以种植小麦为主，夏季以种植水稻及玉米为主，农业结构调整进程缓慢，而且由于受土地分散经营、产品不统一、种植技术不规范、销售零乱等因素影响，农业规模效益一直不高。土地流转后，大部分是用来集中连片规模化经营"高、新、特、优"的农产品，重点围绕弱筋小麦、超级稻进行生产和加工，扩大了生产规模，增加了附加效益，创新了农产品品牌，由此产生的高效益极大地影响和带动了周边农户调整农业种植结构的积极性。杨店乡十里桥村的杨店万亩超级稻示范基地，全部采用机械化耕作，采用超级稻优良品种种植，产生了良好的经济效益。

（三）促进了农业增效，保证了农民增收。土地流转能使土地、资金、技术、劳动力等生产要素实现最优化配置。通过土地流转，一方面有效增加了农业生产的规模效益，另一方面农民不但可以得到土地租金收入，而且还可以通过经商或外出务工等形式扩大非农收入。据测算，息县常年耕地纯收益500—600元/亩，在杨店和项店调研掌握的土地流转价格为400—500元/亩，通过土地流转，既节省了农民农闲外出农忙回乡的路费等项开支，又解除了农民的后顾之忧，从而达到农业增效、流转双方双赢的目的。

（四）农业生产的组织化程度显著增强。土地的合理流转，为各类专业合作组织和经营大户集中了土地、技术、资金、信息、人才等大量资源，促进了家庭经营同社会化大市场的有效对接。当下，息县共登记成立农民专业合作组织330家，覆盖全县21个乡（镇、区）近200个行政村。如联丰农机专业合作社、道青植保合作社、广永种植合作社，等等。各合作社把社员组织起来，统一品种、统一种植、统一田间管理、统一病虫害防治、统一市场销售，为会员提供市场信息和技术指导，稳定农产品销售价格，维护会员利益，发挥品牌效益，拓宽了销售渠道，增加了会员收入。

（五）农业科技应用和机械化水平显著提升。息县流转的土地主要集中在种植大户手里。此举不仅有利于推广良种良法，提高种植新技术的推广应用，而且为提高机械化水平提供了便利条件，大大提升了当地农业生产的产出效益，促进了农民收入的持续快速稳定增长。2009年初，彭店乡种粮大户柳学友受到时任国务院总理温家宝的接见，使其对农业走规模化种植、科学化管理、机械化耕作之路备受鼓舞。待他返回到息县之后，立即又从农场及周边农户手里流转土地达7000多亩，并加大基础设施投入,实行平整土地、更换良种,采取规模化种植、科学化管理、机械化耕作,仅在第一季小麦收获中,就实现了亩产上千斤的突破。杨店金宝农机农艺专业合作社以农业机械化为载体,结合先进的现代农艺,对农业生产的耕、种、插、收等各个生产环节开展社会化服务,实现农机与农艺的有机结合,达到农业生产机械化、农艺服务科技化、农产品生产标准化的统一。

这些效果是土地流转面上的表现,其实,作为土地流转的一个点,也能产生显著的效果。早在息县整体推进土地流转之前,息县白土店乡夏寨村已经创造了一条通过土地流转,实行土地集中经营,从而促进经济与社会发展的路子。

夏寨村位于息县北部,全村16个村民组,782户人家,3006人,6290亩耕地。在1995年时,人均收入不足800元,是一个"雨天屋漏水,晴天屋漏天"、"夏寨的姑娘嫁外乡,夏寨的小伙睡凉床"的贫困村。1996年8月16日,时任白土店乡供销社副主任的司明辉接受了乡党委任命,正式回村担任这个贫困村的党支部书记,励精图治十余载,使夏寨面貌发生了重大变化。到2007年,夏寨村集体总资产达1300万元,年产值达1600万元,社会总产值达3700万元,村民人均纯收入达4800元,人均住房35平方米,90%以上的家庭有彩电、冰箱,70%的住户有电话、摩托车、电脑、轿车。至此,一个经济发展、社会和谐稳定的夏寨村屹立在中原大地。

夏寨的成功经验就是依靠土地流转,在农业规模化经营中取得了第一桶金,然后,通过工农业的滚动发展,蹚出了一条致富之路。

(一) 集中利用土地,加强农田水利建设,改善生产条件

通过土地流转,使土地集中起来,有利于水利设施的建设。农业生产离不开水利设施,但凡农业发达的地方,水利设施首先要发达。闾河流经夏寨村,河面宽60余米。村中南部在闾河西,两岸坡壁陡峭;村中北部有条蛤蟆港,港岔多,一到雨季容易有灾。1996年11月,夏寨村成立了农田水利建设指挥部和突击队,组织600名青壮男女劳力,以7个村干部凑的4万元做为建设资金,利用冬季农闲时节开展了农田水利建设。他们以村民组为单位,每组有30至40人,每4个村民组合并成一个联队,全村16个组合并为4个突击联队,分段包工,责任到人。经过一冬又一春的苦战,平整了20多个荒坡,整理河道4000多米,挖田间排水河13000

多米，打井 360 多眼，新增良田 460 亩。建设过后，夏寨荒坡变成了良田，6000 多亩土地统统变成了亩产千斤的高产田，展现了"田成方，树成行，渠井配套，道宽路平"的人间奇迹。

(二) 调整和优化农业结构

种植业结构搭配合理，可以提高复种指数，能够使土地利用效率实现最大化。夏寨种植业结构的调整和优化自 1997 年开始。在春季，全村 6290 亩土地全部种植引进的优质棉花"苏棉八号"、"中棉四六"的第一批抗虫优质棉，实行麦棉套种，一季顶两季；在秋季，全村再次把 6290 亩土地全部种上从洛阳农科所引进"偃展"小麦良种。到 1998 年夏收时，平均亩产达 570 公斤，总产达 3040 吨，每公斤以 2 元的价格全部销售给周边县、乡，当年农民亩产增收 470 元，人均增收 1400 元。到 2000 年，全村继续推广普及麦棉套种 4000 亩，建成一个 3000 亩的小麦良种繁育基地，培养的小麦良种销售到驻马店、南阳等地。2001 年，又推广种植优质经济林 700 亩，种上了蜜桃和大红石榴，沿闾河两岸和蛤蟆港两岸 1500 亩滩地全部种上了"中林 46"速生杨，这是一种耐涝、耐旱、生长快的杨树，一旦种上就等于种上了摇钱树。

在调整种植业结构的同时，夏寨还发展畜牧业。他们还在闾河滩树林间栽种优质牧草"鲁梅克斯"、"沙打旺"，适合于群众养猪、养牛、养羊。在司明辉的提议下，村里从正阳县种猪厂引进长白种猪 6 头，杜洛克 4 头，建成了村种猪厂，带动全村养优良品种猪 14000 头，年出栏 9000 头。又从南阳引进优良南阳黄牛 20 头，改良当地劣质牛。到 2003 年，夏寨养牛大户达 60 户，全村养牛 4700 头。司明辉还从新乡引进波尔山羊 70 只，交给 26 户有养羊技术的农民繁养，一年后就成功繁殖到 370 只。2003 年，夏寨村仅畜牧业总收入就达到 2400 多万元，人均畜牧业收入 760 元。

(三) 投入村办企业，走以工富农之路

无粮不稳，无工不富的说法很有道理。夏寨村人均 2 亩地，不发展工业，就是挖地三尺也难以富裕。然而从农业大村走向工业强村，是个十分艰辛的过程。夏寨人在摸索中打开了农村发展工业之门，起步犹艰但收效很大。夏寨改变了生产条件，农业年年增产。农民有了粮食后，又要求改变生活条件，日子逐渐好起来的夏寨人遇到的第一个生活难题就是换面问题。以前群众吃面靠小打面机打面，面粉不仅粗，难吃，而且还要排队打面，费工又费时。群众的生活需要催生了社区服务。1999年春，夏寨村党支部与村委会决定由村集体筹资兴建面粉厂。当时村委会资金仅12万元，尚差30多万元，司明辉就发动全村党员、干部集资入股。当时群众不相信，司明辉就带头拿出多年的积蓄两万元带头入股，不到3天就筹措资金36万元。在面粉厂建设过程中，党员、干部参加义务劳动，买砖、买水泥等材料，不到一个月，夏寨村豫南面粉厂厂房竣工。接下来在武汉购买了磨面机，在正阳面粉厂聘请了技术员，同时挑选3个年轻人到正阳面粉厂学习技术，经过几个月的努力，夏寨豫南面粉厂终于在1999年4月26日建成投产。从此，夏寨拥有了自己的第一个工厂。当年年底，面粉厂就为村集体挣了20万元，成了村集体经济发展的第一桶金。2000年，夏寨相继建起了预制厂、轧花厂、加油站。到2007年，村办企业实现社会总产值1800万元。

在村办企业发展起来之后，司明辉就把目光转向吸引外地人才和资金到夏寨投资创业。为引进浙江商人邓金友投资夏寨，司明辉连续4次登门拜访，以诚感人，浙商终于在2001年3月在夏寨投资320万，合作兴建了年产值达6000万元的木板厂。在此之后的6年内，夏寨先后引资2900多万元，兴建了12家木板厂，24家木条厂，2家家具厂，3家建材厂，4家农副产品加工厂。在吸引人才方面，夏寨先后共引进67人进村干事创业，有力地促进了夏寨的经济发展。至此，在企业发展的带动之下，夏寨人富裕了。

（四）以工补农，不断完善农村社区服务

壮大起来的村集体经济为农业生产服务提供了保障。2002年春，夏寨加大农业投入，先后投资200余万元对全村600口机井进行了修复和重建，并投资40万元对兴办工业时损毁的土地进行复垦修整，整理出土地70亩。从2000年到2005年，夏寨还投资300余万元，对田间排水沟进行深挖清理，疏通河道3600米，修建生产桥涵25座。还在2003年之时，夏寨对土地进行了大块儿规划，建立了适应机械化耕作的大方田块作业区，把过去小块农田平整成大块田。为此，村里买了4台大型旋耕机，2台运输车，3台收割机，2台推土机，为农民统一机耕、统一送种肥、统一收割。随着农业发展规划的落实，夏寨大田农业全部实现机械化。新品种、新科技在夏寨安家，间作套种、立体种植均收到良好效果。这些服务措施既节省了农民的田间劳动量，又节约了生产成本，增加了产量。至此，夏寨初步形成了以粮棉生产为主，种植业、养殖业、加工业协调发展，路、渠、井、河、林、电配套齐全的现代化农业水平。同时，为了发展多种经营，村里投资180万元扶持村民养牛、养猪、养羊，到2007年，全村年养鸡达12万只，养牛7000头，养猪1.8万头，养羊1.4万只，牧业收入达7000万元。工农业的快速发展为新农村建设奠定了坚实的物质基础。

集体经济雄厚之后，夏寨社会性服务体系越来越完善。2000年夏季，一场洪水冲垮了夏寨村到东岳乡公路的石桥，村里花了17万元重建了一座高标准的新桥。为了保证群众生活和企业生产安全用电，夏寨出资改造供电线路7000多米，安装变压器12台。原来的夏寨村地势低洼，"下雨一地水，刮风满天灰"，村两委根据群众的要求，制订了新村建设规划，村里统一规划建设农民新村，实行整体搬迁，宽阔整洁的平房一排排，现代化的小楼一幢幢，既美观大方，又居住方便。同时，村委投资300多万元，在村中修建了两条街道，14条通往村民组干道全部硬化，柏油路里程达17公里，路两旁绿树成行，整洁清新。为了解决垃圾无处放，每个村民组选择2—3个垃圾集中堆放点，进行高温堆肥还田；解决污水无处流的问题，还建设了地下排污水道，新村面貌焕然一新，村容整洁，环境优美。

同时，夏寨的教育、卫生、文化等基本公共服务质量不断提升。在教育方面上，原来的夏寨学校、校舍破旧，多为危房，2004年，夏寨先后投资100多万元，将旧校舍全部拆除，建设了标准化的农村小学，校园宽敞，环境优雅，居全县一流水平。在卫生方面上，针对群众就医难的问题，夏寨借助农村新型医疗合作建设，将全体村民都纳入合作医疗，并争取资金20万元建设了村卫生室，村民小病不出村就能及时诊治。在文化方面上，建立了村图书阅览室、娱乐室，为村民开展丰富多彩的文化体育活动创造了条件。在社会保障方面上，夏寨投资30万元建成敬老院，将老人集中供养，让老人们都能安度幸福的晚年。

夏寨村是息县土地流转成效显著的一个点。通过土地流转，夏寨人实施农田改造，先以农兴工，从第一家面粉厂起家，再以工养农，有力地推动了农村社区服务的发展，产生了良好的经济与社会效益。

总之，土地流转整合了农村社区的资本，推动了农村经济与社会发展进程。在这个载体层面的各种要素中，国家供给基本公共服务是先决条件。如果没有国家公共财政投入，土地流转就失去了必要的保障。如果没有国家公共财政投入，农民认同就无法重建，社会融合就难以实现。在农村，国家供给基本公共服务是一项必不可少的社会政策，是当前社会制度创新的突破口。近代以来，西方国家的历史经验表明，资本和市场之所以能够在那里生存和发展，和其社会制度创新密切关联。我们在讨论西方制度创新的时候，往往只关注其经济、技术和政治方面的创新。实际上，社会制度的创新也同样重要。在当时的西方国家里，社会制度的创新主要表现为社会政策的确立。[①] 虽然早期资本主义和市场经济出现了无穷的弊端，为此引发了马克思所论述的资本主义要自我灭亡的预言，但是，正是社会政策的确立，使社会得到最基本的保护，资本和市场才逃避了马克思上述预言的命运。因此，我们有理由相信，中国国民经济的可持续发展，必须以社会政策为前提，在社会主义新农村建设的宏观背景下，以供给现代农村社区服务为载体，以国家加大农村社区服务投入为保障，通过土地流转这一渠道，实现农村的"第二个飞跃"[②]。只有完善社区服务体制，才能重建农民认同，非经如此，则不能达致社会融合。

第四节 小结

城乡之间基本公共服务的不均衡，不仅制约了农村基层社区组织向农民提供公共服务的能力，而且影响了整个国家的发展进程。党和国家实施的新农村建设，是一项重大的社会建设工程。国家对农村逐步加大公共财政投入，形成了国家主导下的多元化供给体制。尤其是基本公共服务引入农村，不仅使农村社区服务体制发生了深刻变化，而且对农民重建社区认同产生推进作用，有利于走向社会融合。

只有依靠现代农村社区公共服务，才可能真正增强农民对于所在社区共同体的认同和归属感，因此，推进城乡基本公共服务均等化和城乡一体化，是重建农民认同与走向社会融合的切入点。国家通过农村社区提供基本公共服务来满足农民共同的需求，就会使农民产生社区认同，进而增强

[①] 郑永年：《中国改革的两条政策思路》（http://www.zaobao.com/yl/yl100202_001.shtml）。
[②] 中共中央文献研究室：《邓小平年谱（1975—1997）》（下），中央文献出版社2004年版，第1311页。第二个飞跃，是适应科学种田和生产社会化的需要，发展适度规模经营，发展集体经济。

农民对于整个国家和社会共同体的认同。现阶段，以土地流转作为重建农民认同的渠道，使农民手中的土地转化为资本，为迈向城乡一体化发展提供了切实的物质保障，从而加快了社会融合的进程。

第五章　以服务重建认同:通向社会融合之路

通过农村社区服务体制的历史变迁过程来看,在不同的时期,农村社区服务有不同的特点,产生了不同的社会影响。在本书即将结束之际,笔者拟从农村社区服务体制历史变迁的内在机理上,及其对农民认同与社会融合产生的影响方面,作出一些必要的理论思考,以期提出几点建议。

在笔者看来,农村社区服务是当下农村社会管理的有效方式。与人民公社时期单一的社员结构相比,当下的社会结构发生了剧烈的变化——社会分层日益明显,大规模的人口流动势不可挡,不但城市如此,广大农村也是如此。相比之下,农村出现了职业农民、企业工人、农民企业家、私营业主、乡村管理人员、外出务工者、民间中介人员等阶层。过去以土地与户口作为管理手段的时代已基本宣告结束,变迁分化的村庄需要现代化的管理方式——社区服务。以提供服务为宗旨的现代农村社区,以服务凝聚着居住在乡村的人们,形成一个个或大或小的社会生活共同体。质言之,农村社区服务成了整合社会资源,实现城乡一体化发展,促进社会融合的有效管理方式。

之所以国家供给基本公共服务如此重要,主要是因为基本公共服务关系着社会发展战略。其实,社区——不管是城市社区,还是农村社区——的发展不仅是社会的发展,而且还是人的发展,是区域现代化与人的现代化的统一,从而解决了如何使宏观社会发展战略贯彻执行到具体的社会单元上,如何把以人为本的可持续发展观落实体现在每一个社区人身上。[1]在国外,社区发展与社区参与是两种理念不同的发展模式,其中社区发展代表政府行为,通过现存的权力结构来运作,往往利用政府资源,自上而

---

[1] 轩明飞:《从"单位"到"社区"——困厄还是出路?》,《内蒙古社会科学》(汉文版) 2003年第3期。

下实施各种项目；而社区参与（也叫社区行动）则具有明显的反国家主义做法，试图超越地方精英，赋予最贫穷者和无权无势者以权力，从社区内部促进各种项目的形成，有利于人们最大程度的参与，取得更为持久的成就。① 实质上，这两种模式代表着社区建设的两个方向：一是以国家为主推进社区建设，二是以社会为主推进社区建设。虽然，国外社区发展一直处于争论之中，但是，当下我国社区建设要与我国的基本国情相结合，以国家提供基本公共服务为保障，既要发挥政府的规划和推动功能，又要重视社区居民的参与和自主作用，形成中国特色的社区服务创新与发展之路。

从社区建设的过程性上看，现代农村社区服务以实现生产、生活、生态的统一为目标，强调的是农村的多功能性和多样性。随着城市化、工业化与市场化的发展进程，农村传统的那种亲密无间的、封闭的、同质性强的生活共同体已经无可挽回地逝去了，代之以异质性间的互助合作、民主自治、以契约相联的生活共同体。

从社区建设的阶段性上看，现代农村社区服务所面临的形势、需要解决的问题，与过去相比截然不同：在以农立国的时代，农村社会组织发展缓慢，社区服务侧重于经济发展；在以工养农时代，农村社区创新了投入机制，改善了社区服务，培育了社区组织，服务重点转向社会发展上来。

由于社区发展无终点，社区服务有极限，因此，本书在描述和分析每一个阶段之时，尝试运用制度变迁的理论来把握每一时期的基本轨迹。此举不仅仅在于揭示其经济上的价值与作用，更重要的在于从服务体制上寻求一种适应农村社区居民需要的有效服务方式。因此，在考察农村社区服务体制发展过程中，时常会有一些理论上的启发。虽然这些内容已经在每个章节有了初步的表述，但是过于分散与凌乱。为此，有必要在本书结束之时做一个系统化的整理。

第一节 服务：认同与合法性的基础

合法性通常有两层含义：一是指符合法律规范或法律原则，二是指获

---

① ［美］詹姆斯·米奇利：《社会发展：社会福利视角下的发展观》，苗正民译，格致出版社 2009 年版，第 138—140 页。

得社会普遍承认。而政治统治的合法性不仅包含第一层含义,更突出的是第二层含义。就政治统治的本质而言,是指"社会成员对于政治统治的承认,就是社会成员对于政治统治正当性的认可"①。国家政权为了获得政治统治的合法性,除了使用强制力之外,最为持久、最为有效的方法就是通过社会成员心理内化的途径获得的。正是基于社会的承认、信任与赞同,政治统治达到了名正言顺的效果。由此产生的公共权力,它的能量、作用层次、作用时间等方面影响巨大而深远。

在社会的承认、信任与赞同基础上产生的公共权力之所以影响如此深远,就在于公共权力是一种能够满足公共需要的手段。再者说,无论权力是否来自公众的明确承认或同意,都必须在一定程度上满足公众的需要,否则公共权力就失去了合法性,随之也失去了存在的价值与前提。因此,公共权力作为政府的属性之一,它的合法性来自于人们从心理层面对公共权力行使的一种认同、服从与拥护。公共权力获得了合法性,也就等于公共权力的行使具备了雄厚的社会基础,其运行的程序、方式、原则以及所要实现的目标,都会最大程度地得到社会的认同,并且运行过程中的阻力会最大限度地减少,更加容易实现公共目标。从这个意义上讲,现代政府的本质属性主要体现为公共服务性,也就是说,政府只有通过提供充足优质的公共服务,才能证明自己存在的价值与合法性。因此,作为政府职能的一个重要组成部分,社会性公共服务是面向全体社会成员的服务,体现在为市场、社会和公民提供公共服务。在社会成员的需要得到满足之后,人们在价值观念上对现存政治机构给予的积极支持,是"该制度产生并保持最符合社会需要的这种信念的能力"②,实质上就是一种社会认同。由此,认同与合法性表现出了一致性。

由于认同与合法性具有心理内化的特性,从这个意义上讲,只要是认同的,政权的合法性就一定强。从认同到合法性,都与利益有着密切的关联度,利益得到实现和维护,就意味着人们的需要得到了满足和尊重。这一切都离不开政府提供的公共服务,所以说,服务是认同与合法性的基础。

当前,农村社区服务,尤其是基本公共服务,是构建农民认同的重要

---

① 王浦劬:《政治学基础》,北京大学出版社1995年版,第163页。
② [美]李普塞特:《政治人》,张绍宗译,上海人民出版社2011年版,第53页。

手段，也是政权合法性的源头。在中国的现代化建设过程中，农民、农村与农业为此做出了重要贡献。为了快速推进国家的工业化和城市化，新中国成立之后国家确立了农业支持工业、农村支持城市的发展战略，通过人民公社及一系列配置措施和政策，大规模地动员和吸纳乡村资源以快速推进工业化。据估算，改革前，国家通过工农产品价格剪刀差形式从农村隐蔽地吸取了 8000 亿元资金。① 正是依靠这种积累，我国能够在较短时间内建立了比较完整的工业体系，并推动了城市的快速发展。但是，这一发展战略是以对农业、农村和农民过度索取为代价的，既压抑和打击了农民的积极性，又使农业生产长期徘徊不前，不仅直接限制着农业和农村的发展，而且也间接制约着城市和工业的发展。城乡二元结构下，农村困顿与停滞的实质，不只表现为收入不足而导致的物质生活的匮乏和生存困难，更深层次地表现为农民接受社会支持、表达政治权益、交流与沟通情感、获得发展机会以及提高自救能力等方面的匮乏。现实中表现在经济上的差别，实质上是公民权利上的不公平的体现。与城市社区居民相比，农村社区居民往往更少享受到教育、医疗和卫生等社会基本公共服务，农民在这方面的自我负担进一步拉大了城乡经济上的差距，从而出现因病返贫、因教育致贫的恶性循环。如果不及时改变这种二元结构，农民就会产生怨言和不满，农民认同就会严重分化，政权的合法性基础就会丧失。现在，国家向农村社区居民提供基本公共服务，不仅仅是经济发展的需要，更重要的是重建农民认同、修复合法性基础的需要，即以服务重建认同，巩固合法性的基础。这正是现阶段农村社区服务体制创新的价值所在。

第二节 服务：社会联系和组织的纽带

在农村基层治理实践中，农村社会内部历来是有联系和组织的，人们的生产和生活都不可能是孤立的，必然存在一定的共同的需求。马克思主义不仅重视个人的重要性，而且还重视人的组织的重要性。这种分析问题的方法，为我们认识农村社会拓宽了视野。

在中国传统社会中，个人都通过家庭、宗族的形式被组织在一个相对

---

① 发展研究所综合课题组：《改革面临制及创新》，上海三联书店 1988 年版，第 7 页。转引自项继权《当前农村发展的阶段性特征及政策选择》（未刊稿）。

闭合的权力网络系统之内，再由此向外扩大，构成整个社会，从而形成一个"个人—家庭—家族—宗族"由内而外的血亲关系网络。而当这个网络继续延伸到亲戚、朋友的环节时，一个相对缜密的村民个人网络就基本形成了。这个关系网络是他们在参与基层公共管理和处理日常生活，甚至对抗包括国家正式权力在内的其他权力形式的组织。通过这个组织，他们可以获得必要的社会资源、满足多种需求。

但是，这种社会联系方式在人民公社时期被打破了。个人被高度政治组织化，其网络也一度被限制在生产、公有制等范畴中。这种准军事化的组织改变了人们需求的获取方式，同时大大限制了满足其成员之需求的程度，在一定意义上破坏了人们之间的感情，致使社会联系逐渐生疏化、功利化。农村改革以后，生产的单元退回家庭，虽然个人的活动范围增大，但是，这种家庭组织抵抗风险的能力却无形中越来越弱。于是，消失了二三十年的"家庭—家族—宗族"开始回归，传统的个人关系网络的大门重新开启。然而，在现实生活中，这种重新回归的个人权力网络，在市场化的社会中利弊各半。当面对市场风险时，其相对自治性能够起到促成村民自组织的作用；而当村民个人的权力网络在掺杂了宗族势力，非理性的成分凸显时，这种个人关系网络注定会与市场经济发生冲突，甚至还会与正常的公共权力机制产生正面冲突。那种认为村民个人的权力网络对正常的公共权力机制产生正面冲突，诸如干预村务、操纵上访、逞凶乡里、激化矛盾，而要取缔它的看法，显然是不宽容的思考。当前，对于这些存在的社会联系和组织来说，我们不是考虑如何取缔的问题，而是考虑如何引导的问题。换句话说，我们如何更好地把农村社会联系起来，把农民组织起来，其深层次的意思就是如何实现城乡一体化，逐步走向社会融合。

农村社会需要联系，也需要组织。改革以来，人们试图通过政治的和经济的改造，实现乡村社会和社区的重建及有序管理。但是，单纯的政治的组织和经济的联合并不足以形成真正的社会生活共同体。在当前农村社区建设中，我们必须另辟蹊径，寻找农村社会生活共同体建设之路。在这个过程中，如何重建人们的社区认同和归属感才是关键之所在。

如果简单地认为国家通过加大对农村的投入就可以轻松搞定这个问题的话，那么，我们就没有必要煞费苦心去重建农村社区、发展社区组织了，直接瞄准村"两委"这种既存的机构投钱就万事大吉，岂不乐哉？

这恰恰是问题的结点。重建农村社区，不在于要跟村"两委"另起炉灶、另搞一套，而在于培育和发展农村社区服务组织，借以重建人们的社区认同和归属感。农村社区服务的形式很多，不仅有国家供给的公共服务，还有市场供给的经营服务以及社区自我服务。不同的服务有不同的社会整合功能。正是基于共同的需求，人们之间建立和形成了不同类型的社会组织或共同体。实际上，古往今来许多人所描述的历史和现实中种类繁多的"共同体"，也是基于共同的需要而形成的。能够满足人们的共同的或公共的需求，是一个社区或共同体赖以存在的基础，也是形成人们认同感和归属感的条件。

因此，我们认为，农村社区及共同体建设应走服务之路，通过服务将分散的人们重新联系起来，在服务的基础上重建社区认同；通过服务，把社会联系、组织起来，增强农民对于整个国家和社会共同体的认同，从而把农村社区由"生产共同体"或"经济共同体"真正转向"社会生活共同体"。在新的历史时期，公共服务是把农民与社区及国家联系起来的纽带，也是农民对于国家和社区认同的基础。完善的公共服务和社区服务，不仅将农民与社区联系起来，赢得人们对社区积极的、发自内心的支持、信任和归属感，而且还增强人们对于国家和社会的认同感，夯实国家政权的合法性基础，促进整个社会逐步走向融合。总之，只有持续供给公共服务，以服务来增强人们的社区归属感和认同感，才是当前农村社区建设的正确方向，也是构建新型社会生活共同体的必由之路！[①]

第三节　通过社区服务增强农民的社区认同

通过社区服务增强农民的社区认同，是微观层面上的社会融合。在我国不同的历史时期以及不同社会经济背景下，村民对社区及共同体的认同状况和特征不尽相同。传统家族主导下的村落是建立血缘关系基础上的社会生活共同体，人民公社时期的基层社区则是一种"政经不分"、"政社不分"的经济共同体和生产共同体。但是，随着农村深入改革，乡村社会持续分化，以前那种建立在集体经济及政治控制基础上的社区日益解体。在当前阶段，仅仅依靠加强农村基层政治与行政管理，推行经济的集

[①] 项继权：《中国农村社区及共同体的转型与重建》，《华中师范大学学报》（人文社会科学版）2009 年第 5 期。

体化或合作化等做法，都不足以重建社区和社会生活共同体。当务之急，最为有效的方式，应是通过加强农村公共服务，以服务维系农民，在此基础上重建农民的社区及社会信任和认同，构建现代农村社会生活共同体。

从本质上讲，人们之所以产生社区认同感，主要因素在于社区能够满足人们的基本需要。马克思曾对人的需要是这样分析的："在任何情况下，个人总是'从自己出发的'，但由于从他们彼此不需要发生任何联系这个意义上来说他们不是唯一的，由于他们的需要即他们的本性，以及他们求得满足的方式，把他们联系起来（两性关系、交换、分工），所以他们必然要发生相互关系。"① 也即是说，究竟是从人们的实际需要以及与需要相关联的利益出发，还是从人们的意识和思维出发，抑或是实际需要和利益决定人们的思想和动机，还是思想观念决定着人们的需要和行为动机，是理解社会活动的一个关键方向。正是从这种基本思想出发，马克思提出了自己关于人的需要的"三级阶梯"理论。这一理论从需要的社会体系和历史序列相统一的角度，把人的需要分成三个层次和三个阶段：第一是人的生存或生理需要，第二是人的谋生或占有需要，第三是人的自我实现和全面发展的需要。与马克思的唯物史观不同，马斯洛从实验心理学的角度提出的需要理论则把人的基本需要分为生理需要、安全需要、爱和归属的需要、尊重的需要和自我实现的需要五种。在他看来，这五种基本需要之间是一种相互联系、依次上升的关系，它们共同构成了一个"有相对优势关系的等级体系"。实际上，马斯洛的理论是对马克思历史唯物主义需要理论作了证实和发展，② 它们都为我们分析问题提供了理论上的指导。

不仅如此，这些理论还告诉我们，人的需要不仅有层次之分，而且不同层次之间是相互递进的关系，不能够超越或跨越需要的层次。具体到社区来说，社区供给的服务是满足人们的基本需要，人们可以不追求最高层次的需要，但是，却不能离开最基本的需要，这就是社区服务的重要性。传统社会里，宗族之所以"是协调人际关系和维护社会秩序的有效工

---

① 《马克思恩格斯全集》（第3卷），人民出版社1960年版，第514页。
② 姚顺良：《论马克思关于人的需要的理论——兼论马克思同弗洛伊德和马斯洛的关系》，《东南学术》2008年第2期。

具"①，主要原因就在于它能够解决基本生活需要。因此，尽管宗族并不是一个明确的合作集团，但人们告急之时往往先求助于同族成员。② 从这个意义上说，最基本的需要也是最重要的需要，由此产生的认同便是最稳定的认同。这就是社区作为微观社会组织的价值所在。

当然，现阶段通过社区服务增强农民的社区认同，并不意味着要将人们带回到传统社会的那种认同状态。如果说传统社区认同仍然有价值的话，那么，这种价值不过是基于远近亲疏的血缘关系建立起来的。虽然传统社区认同内部具有紧密甚至亲密的关系，但是，由于血缘关系是一种先赋的和单向的关系，具有明显的等级性、封闭性和排他性，③ 与现代市场经济所体现的独立性、开放性和兼容性无法对接，显得有些格格不入。当下，我们重建社区，就是以服务增强人们认同，其发展方向是与市场经济的发展方向相一致的。

第四节　通过公共服务走向社会团结与融合

通过公共服务逐步走向社会团结与融合，是宏观层面上的社会融合。人是社会关系的总和，以人为中心的各种联系构成了社会事务。从古至今，管理社会事务的手段莫过于专制与民主二法。在几千年专制统治之后，当今人们选择了民主这个管理社会的方式。与专制体现的国家决定社会不同，民主体现的是社会决定国家，即权力的公共性。当然，不论是专制时代还是民主时代，人们向往与追求的社会目标是实现社会和谐。如果说传统社会实现了和谐的话，那么，这种和谐只是同质性和谐，即同质性共同体内部的和谐，即"机械团结"④。与此不同，我们现在追求的和谐则是异质性和谐，即异质性共同体内部的融合与异质性共同体之间的社会

---

① ［美］杜赞奇：《文化、权力与国家》，王福明译，江苏人民出版社2006年版，第65—66页。

② 同上书，第67页。

③ 从经济及政治联系来看，传统乡村社会及社区或共同体与外界的联系也不是完全封闭的，不过，总的来看，外部联系是有限的，也具有明显的单向性。参见项继权《中国农村社区及共同体的转型与重建》，《华中师范大学学报》（人文社会科学版）2009年第5期。

④ ［法］埃米尔·涂尔干：《社会分工论》，渠东译，生活·读书·新知三联书店2000年版，第33页。

和谐,"有机团结",① 这是社会宏观上的团结与融合。

因此,现阶段要想实现社会团结,走向社会融合,必先整合社会;而要想整合社会,就要通过公共服务这一有效方式。

作为一种管理社会的手段,民主在不同阶段有不同的表现方式。新中国成立之后,我们在农村实行的人民公社制度是民主的一种表现形式。然而,作为基层社会的整合手段,人民公社体制下的生产队是农村最基层的生产单位和核算单位,体现着农村社区作为生活空间和生产空间的重合。由于这种共同体具有强烈的封闭性和排他性,即使存在具有较强集体意识的社会认同,这种社会认同也"不过是集体所有的产物,是基于对于集体经济的依赖以及对权力的服从而已,并不是独立和自由选择的结果"②,因而表现为总体性社会认同。社区居民缺乏"选择权"和"退出权"的表现,实质上是一种别无选择的生存依赖,尽管表面"稳定",群体之间却不连通,不是真正意义上的社会和谐。正因如此,随着20世纪70年代末家庭联产承包责任制的改革,村委会制度逐渐形成,农民获得了生产经营自主权。在那个时候,农村依然实行统分结合的双层经营体制,乡村社区依然保留了土地的集体所有制,一些地方的集体的统一经营依然存在,在原有的生产大队或小队的基础上组建的村民委员会依然行使着社区组织的功能。同时,由于农民获得了经济上的自主权和独立性,他们的流动性日益增大,原有的封闭性和排他性的生活共同体已经改变。村委会作为新的社区组织,其社会控制和组织能力大大弱化,不再可能运用传统的经济或超经济的手段来控制农民的生产、生活及行为。农民的自立性和独立性以及集体资源的缺失和福利供给的减少,使农民已经不再完全依赖集体组织和村社区,农民的集体或社区认同不断弱化。市场经济的深入发展,使农村多种所有制并存,多种经营方式出现,农村社会和社区中人们的职业、身份、利益、观念等进一步分化、多元化,同质性的社会和社区日趋多样化和异质化。③ 这一切变化,都表明传统集体的保护、责任和控制已经弱化,建立在集体经济和政治控制基础之上的农村社区或基层共同体走

---

① [法]埃米尔·涂尔干:《社会分工论》,渠东译,生活·读书·新知三联书店2000年版,第73页。

② 项继权:《中国农村社区及共同体的转型与重建》,《华中师范大学学报》(人文社会科学版)2009年第5期。

③ 同上。

向衰落，它们身上所承载的整合社会的功能已无法适应变化中的农村现实，社会融合仍然任重道远。

为此，一种有效的社会整合方式，即公共服务，可以调节和改善人与人之间的关系，弥合农村与城市之间的差距，打破各种人为的以"中心—边缘"模式为特征的孤立与封闭的组织结构，建构整个社会一致的认同，逐步把社区"小共同体"与国家"大共同体"联系起来，实现城乡一体化发展，推动社会走向融合。

附 录

中共河南省委 河南省人民政府关于设立河南省农村改革发展综合试验区的决定

（2009 年 6 月 15 日）

为深入贯彻党的十七大和十七届三中全会精神，深入贯彻落实科学发展观，进一步改革创新，破解农村发展难题，推进全省农村经济社会又好又快发展，省委、省政府决定在信阳市设立河南省农村改革发展综合试验区。

建设农村改革发展综合试验区事关我省推进农村改革发展、加快中原崛起大局，意义重大而深远。我省是全国最大农区，是第一农业大省，第一粮食生产大省，第一农村人口大省。建设农村改革发展综合试验区，是深入贯彻落实科学发展观的需要，是破解"三农"难题、统筹城乡协调发展的需要，是全面建设小康社会、实现中原崛起的需要。各级各有关部门要站在战略和全局的高度，切实增强做好综合试验区各项工作的紧迫感、责任感、使命感。

农村改革综合性强，要切实加强领导，积极支持，形成合力。省委农村工作领导小组在省委、省政府的领导下，具体负责农村改革发展综合试验区的组织协调工作；省直有关部门要大力配合、积极支持，明确职责分工，确保工作落实。信阳市委、市政府要把试验区工作摆在重中之重位置，按照《信阳农村改革发展综合试验总体方案》的要求，精心组织实施，采取有效措施，抓紧抓好、抓出成效。在试验区建设过程中，要坚持以科学发展观为指导，不断解放思想，鼓励大胆探索，努力走出一条符合科学发展观要求，有利于农村生产力解放和发展，有利于推动社会主义新农村建设，有利于农民群众尽快富起来的改革发展之路。

为深入贯彻落实党的十七届三中全会精神，加快农村改革发展步伐，信阳市从今年开始，在全市范围内进行农村改革发展综合试验，并制订如下方案。

一、指导思想

以党的十七大和十七届三中全会精神为指导，全面贯彻落实科学发展观，按照进一步推进农村改革发展的总体要求，坚持工业反哺农业、城市支持农村和多予少取放活的方针，以统筹城乡发展为方向，以促进农民增收为核心，以发展现代农业和改善民生为重点，充分发挥基层的首创精神，不断深化农村改革，创新体制机制，构建城乡经济社会发展一体化新格局，积极探索加快农村改革发展的新路子，为全省乃至全国农村改革发展积累经验，探索模式，作出示范。

二、基本原则

坚持解放思想，改革创新；坚持以人为本，注重实效；坚持因地制宜，分类指导；坚持政府引导，农民自愿；坚持城乡统筹，协调发展。

三、预期目标

通过改革试验，消除制约农业和农村发展的制度性障碍，解放和发展农村生产力，实现现代农业大发展、农村面貌大改变、农民收入大提高。到2020年，全市农村改革发展的目标是：

（一）建成粮食生产重点区

实施水利设施兴利除害工程和标准农田建设，加强农业科技研究，加大科技推广应用力度，大幅度提高土地产出率、资源利用率和劳动生产率。到2020年，粮食生产能力达到135亿斤，农业增加值达到350亿元，形成粮食稳定增产、农业持续增效和农民较快增收的长效机制。

（二）建成特色产业示范区

具有信阳特色的林果、畜禽、水产等支柱产业实现规模化生产、产业化经营，特色农产品实现标准化生产、品牌化营销。到2020年，畜牧业产值占农业总产值的比重达到60%。茶叶面积发展到200万亩，产量达到5万吨。农民人均纯收入达到10000元以上。

（三）建成村镇建设样板区

依托"两纵一横"交通干线，形成以信阳市为主中心，潢川县、固始县为副中心，6个县城及明港镇为骨干，中心镇为基点，中心村和较大自然村为基础的城镇村体系。到2020年，建制镇达到120个，人口规模1500人以上的中心村达到2000个。基本实现农民居住集约化、生产方式合作化、公共产品社会化。

（四）建成生态环境友好区

强化生态建设和环境保护，巩固提高国家级生态示范市建设水平。到2020年，全面完成生态县建设，争创更多的国家级环境优美乡镇和生态村。全市森林覆盖率达到38%，自然生态优美，人居环境优越，新型洁净能源和可再生能源得到充分应用，建成资源节约型和环境友好型社会。

（五）建成文化建设引领区

以特色文化引领农村经济社会发展，打造魅力信阳的文化之魂，提高信阳文化竞争力。到2015年，建立完备的市、县、乡三级公共文化服务体系及基层服务网络，建成一批有市场竞争力的文化特色县、文化特色企业和鲜明地域特色的文明乡镇、文明社区。

（六）建成城乡统筹先行区

以产业集聚区为载体，加快构建现代城镇体系，建立统一的城乡公共服务制度和人力资源市场，公共资源在城乡之间均衡配置，生产要素在城乡之间自由流动，推动城乡经济社会发展融合，形成工业化、城镇化和新农村建设互促共进机制。到2020年，全市城镇化率达到50%以上，农村恩格尔系数低于30%。

四、主要内容

（一）创新农村土地流转的体制机制

1. 建立农村土地承包经营权流转机制。依法完善农村土地管理制度，搞好土地确权、登记、颁证工作，规范流转行为。建立土地流转有形市场，扶持培育土地银行、土地专业合作社、土地交易市场、土地协会等流转中介组织。建立农民依法、自愿、有偿流转土地的制度体系，鼓励引导农民以转包、出租、互换、转让、股份合作等形式流转土地承包经营权。建立和完善纠纷调处机制，开展土地纠纷仲裁试点，完善仲裁程序、方法和制度。完善被征地农民补偿制度，建立被征地农民社会保障体系和土地承包经营权退出机制，探索以土地换社保、换就业、换稳定收益的具体办法。深化林权制度改革，促进林地流转。

2. 建立农村集体建设用地流转制度。在符合国家产业政策和供地政策、不改变土地集体所有性质、不用于商品住宅开发的前提下，探索农村集体建设用地流转制度改革。

3. 建立农村宅基地科学管理模式。结合新一轮土地利用总体规划修编，大力实施村庄整治，稳步推进迁村并镇建设试点，建立宅基地退出和补偿机制。农村宅基地和村庄整理所节约的土地，依法置换为建设用地。

4. 建立土地综合整治机制。对利用不充分、不合理和废弃闲置的农村集体建设用地等进行整理复垦，依法依规将整理复垦增加的农用地和耕地置换为建设用地，用于还建和产业项目用地。建立建设用地周转指标交易平台，实现全市土地占补平衡。

(二) 创新农村资金投入的体制机制

1. 加大财政支农投入。按照"性质不变、渠道不乱、统筹安排、集中投入、各负其责、各记其功"的原则，实施涉农资金整合，提高支农资金使用效益。探索土地收入分成机制，把一定比例的土地出让收益用于新农村建设。创新新农村建设筹资方式，保证新农村建设资金来源，促进相关产业发展。

2. 创新农村金融体系建设。加快建立商业性金融、合作性金融、政策性金融相结合的农村金融体系。深化农村信用社改革，扶持邮政储蓄银行发展，培育和发展村镇银行和农户资金互助组织等新型农村金融机构，大力发展小额信贷。制定县域内金融机构新吸收的存款主要用于当地发放贷款的实施办法。创建农村信用、担保体系。加大对农村金融机构的扶持，鼓励开发新的金融产品和服务。

3. 引导鼓励社会资金投入新农村建设。制定和完善财政、信贷等优惠政策，落实好国家相关税收优惠政策。实行农村公益性服务设施产权改革，动员和引导工商企业、民营资本等社会资金投入农村基础设施和公共服务建设。积极创造条件，吸引外资，加大对外开放力度。

4. 创新村级公益事业建设模式。建立"农民自愿、筹资筹劳、政府奖补资金引导、筹补结合、多元投入"的村级公益事业建设一事一议财政奖补制度。

(三) 创新农村社会化服务的体制机制

1. 大力发展农民专业合作组织。扶持创办各种农民专业合作组织，兴办各类专业协会、中介组织和服务中心。推进跨行业、跨县区发展，提高合作经济组织的开放性。建立农民专业合作组织发展的政策支持体系。允许符合条件的农民专业合作组织为主体，承担农、林、牧、渔、农产品加工重点工程等各类项目的建设和实施。

2. 不断提升农业产业化经营水平。推广"公司+基地+农户"的"华英模式"，着力培育一批有竞争力、带动性强的龙头企业和企业集群示范基地。创新龙头企业信贷担保方式,增加扶持农业产业化发展资金,支持龙头企业发展。

3. 加快完善农技农机应用推广体系。建立和完善以乡镇为依托的农业技术推广体系,逐步建立村级服务站点。完善农技推广的社会化服务机制,开展多种形式的农技推广服务。积极引导、培育和扶持农机专业合作社发展,提高农业机械化水平。

4. 探索建立农业新型保险机制。开展农业政策性保险试点。逐步扩大政策性农业保险的范围和品种,鼓励和引导商业保险公司积极开展农业保险业务,探索成立农业保险共保体。建立和完善农业保险中介体系,探索发展合作制等多种形式的农业保险组织。

(四)创新农村社会保障的体制机制

1. 健全农村基本医疗保障制度。完善惠及全体农民的基本医疗卫生服务体系。巩固和发展新型农村合作医疗制度。加强农村药品配送和监管。加大村卫生室建设力度。实施乡村医生系列培训计划,并按照政府购买服务原则,对乡村医生开展的公共卫生服务给予补助。深化新型农村合作医疗农民工定点医院工作,完善参合农民工灵活就医机制。

2. 建立农村新型养老保险制度。按照个人缴费、集体补助、政府补贴相结合的要求,建立新型农村社会养老保险机制。探索建立基本账户和个人账户相结合的农村居民社会养老保险制度,统一制定城乡社会保险关系转移、衔接办法。积极改进保险资金享受办法,支持低成本的社会化养老保险服务业发展。

3. 完善农村居民最低生活保障制度。建立农村低保分类实施制度,实现动态管理下的应保尽保。完善低保资金社会化发放制度,确保资金运行安全。建立低保标准自然增长机制和低保资金保障机制。

4. 创新扶贫开发的体制机制。完善扶贫开发政策体系,重点提高农村贫困人口自我发展能力,动员社会力量参与扶贫开发事业。瞄准贫困人口,采取有效的帮扶措施,支持贫困人口实现脱贫致富。

(五)创新支持创业人才投身农业的体制机制

1. 完善农村基础教育和职业教育体制。加强农村基础教育,提高人口素质。建立教育、农业、扶贫、劳动"四位一体"的职业教育体制。组织实施农村实用人才培训工程。探索新时期农村劳动力转移的新理念、新途径、新做法,推行订单劳务培训,积极开展涉外劳务培训,大力发展劳务经济，加快农村劳动力转移步伐。

2. 引导创业人才投身农业发展。鼓励机关、事业、企业、科研院所等单位各类创业人才参与农村改革发展，领办、创办农民专业合作组织、农业产业化企业、高效农业庄园等。实施外出务工经商人员"回归工程"，发展"回归经济"。

（六）创新文化引领社会经济发展的体制机制

1. 建立经济文化一体化发展机制。围绕"让将军之光永远辉煌新县"、"让桂花香醉商城"、"让淮河文化铸就淮滨"、"让根亲文化扬名固始"、"让华英富庶潢川"等主题，加快文化资源开发和后续产业发展，让文化软实力转换成现实生产力。

2. 建立推进文化产业发展的内生机制。发展文化产业，激活文化消费，建立健全统一、开放、竞争、有序的现代文化市场体系，促进全民参与文化发展，激发农民群众中蕴藏的巨大文化潜力，着力打造地域文化品牌。

（七）创新城乡一体化发展的体制机制

1. 加快构建现代产业体系。培育发展食品工业、新型能源、环保建材、现代物流、休闲旅游等战略支撑产业，壮大县域经济，繁荣农村二、三产业。

2. 积极实施村镇建设规划。结合土地整理等项目，因地制宜撤并"偏、远、小"自然村、居民点，集中建设农民新村。开展村庄环境整治和生态环境建设，改善人居环境。

3. 探索农村社区环境卫生治理新机制。引入市场机制，开展社区公益服务，实行乡村垃圾和污水处理市场化运营。

4. 加快推进户籍制度改革。放宽城市落户条件，使在城镇稳定就业和居住的农民有序转为城镇居民。推动流动人口服务和管理体制创新。

（八）创新农村组织建设和民主管理的体制机制

1. 创新农村基层组织的设置形式。加强农村社区建设。在符合条件的行政村、社区成立党总支（党委），根据不同特点分类建立党支部。推行在农民专业合作组织、专业协会、产业链及非公有制经济等"两新"组织上建立党组织。深化在外出务工地建立党组织和群团组织工作。

2. 健全党组织领导下的村民自治制度。建立和完善民主选举、民主决策、民主管理和民主监督机制，探索激发村民踊跃参与的方式途径。

3. 建立乡村干部培养选任和激励保障机制。积极探索建立村干部补贴标准增长机制和养老保险制度。探索优秀村干部进入乡镇公务员队伍和担任乡镇领导的方法途径。加强对优秀乡镇干部的培养选拔力度。

五、保障措施

（一）切实加强组织领导。信阳市成立农村改革发展综合试验工作领导小组，负责重大问题的决策和协调。领导小组下设办公室，全面负责综合试验工作的组织实施。县区成立相应领导机构和工作机构。

（二）科学制定实施方案。市直有关部门制定配套措施。县区确定试验重点，逐一制定具体的实施方案。

（三）突出重点统筹推进。农村改革在全面综合试验的同时，重点在农村土地流转、农村融资体制创新、农村社会保障、农村社会化服务体系建设等方面进行，力求尽快取得突破。

（四）营造宽松改革环境。在不违背中央大政方针的前提下，只要能造福全市人民，只要有益于改革发展，鼓励大胆实践、大胆探索。

息县农村改革发展综合试验实施方案

(2009年6月19日)

为加快农村改革发展步伐,按照市委、市政府关于在全市进行农村改革发展综合试验的工作部署和总体要求,结合息县实际,特制定如下实施方案:

一、指导思想

按照"保障粮食安全、增加农民收入、深化农村改革、促进全面发展"的总体要求,坚持把改革创新作为农村发展的根本动力,实行特殊政策,进行特殊管理,采取特定运行方式,充分调动人民群众的积极性,发挥基层的首创精神,闯出一条加快农村改革发展的新路子,努力为农村改革发展积累新经验,探索新模式,作出新示范。

二、基本原则

坚持解放思想,与时俱进,改革创新;坚持以城带乡,以工促农,协调发展;坚持以人为本,统筹安排,注重实效;坚持因地制宜,分类指导,突出特色;坚持市场导向,政府引导,农民自愿;坚持规划先行,严格标准,有序推进。

三、预期目标

通过改革试验,破除影响和制约农村经济社会发展的体制性障碍,解放和发展农村生产力。到2020年全县基本实现以下目标:

1. 建成粮食生产高新区

以粮食生产为重点,提高土地产出率、资源利用率、劳动生产率。紧紧抓住国家建设粮食战略核心区的大好机遇,大力实施兴利除害大型水利工程和标准农田建设,加快农业科技创新,完善农业科技推广体系。到2020年,粮食生产能力达到23.2亿斤,农民人均纯收入达到1万元,形成粮食持续稳定增产、农业持续增效和农民持续增收的长效机制。

2. 建成特色农业推广区

调整优化农产品区域化布局,以农业产业化经营为载体,以科技创新为动力,拉长产业链条,实现有息县特色的弱筋小麦、高产杂交稻、畜牧养殖等支柱产业的规范化生产、产业化经营;香稻丸、息半夏、息州西瓜、淮河小香瓜等实现标准化生产,品牌化经营。到2020年,畜牧业占农业总产值的比重达到60%,水产品总量达到2.1万吨,肉类总产量达到12万吨。

3. 建成村镇建设样板区

依托交通干线,形成以城关镇为主中心,其他中心乡镇为副中心,一般乡镇为基点,中心村和较大自然村为基础的城镇村体系。到2020年,建制镇达到16个,人口规模1500人以上的中心村(含乡政府所在地)达到220个。村镇基本达到农民居住集约化、生产方式合作化、公共产品社会化的发展水平。

4. 建成生态环境友好区

巩固提高国家级生态示范县水平,加强水源、大气、土壤和植被保护,防止农村环境污染,重点加强农田防护林体系、村镇绿化、生态廊道建设和濮公山生态林建设。到2020年,全县森林覆盖率达到36%,全县自然生态优美、人居环境优越,基本解决安全饮水问题,新型洁净能源和可再生能源得到充分应用,建成资源节约型和环境友好型社会。

5. 建成文化建设引领区

探索农村文化事业运行新机制,鼓励社会资本参与文化产业建设,实现农村文化事业和文化产业发展的良性循环。创新农村文化生活的载体和手段,满足群众多层次、多方面的精神文化需求。开展形式多样的精神文明创建活动,逐步形成健康文明的新风尚。到2015年,建立完备的县乡公共文化服务体系,社区文化中心、村文化活动室基本普及,建成一批有地方特色和市场竞争力的经营性文化产业。

6. 建成城乡统筹先行区

进一步合理布局土地利用和城乡规划,建立统一的城乡公共服务制度和人力资源市场,统筹城乡基础设施建设和产业发展,逐步实现城乡社会管理一体化,促进公共资源在城乡之间均衡配置、生产要素在城乡之间自由流动,推动城乡经济社会发展融合,形成工业化、城镇化和新农村建设互促共进机制。到 2020 年，率先成为社会主义新农村建设样板，全县城镇化率达到 50%，农村恩格尔系数低于 30%，2016 年基本消除绝对贫困现象。

四、主要内容

（一）创新农村资金投入的体制机制

1. 创新农村金融体系建设。加快建立商业性金融、合作性金融、政策性金融相结合的农村金融体系。深化农村信用社改革，组建农村商业银行，力争在 9 月底以前挂牌。大力培育和发展村镇银行、贷款公司和农村资金互助社等新型农村金融机构，保证新农村建设资金需要。今年要发展 10 个农民资金互助组织。创建农村信用担保体系，积极探索多户联保、公司+农户、农民专业合作社担保、财政担保等政府扶持、多方参与、市场运作的新型担保体系和担保方式，鼓励社会资金建立商业性担保机构开展农村担保业务，解决金融机构有钱贷不出、农民想钱贷不着等问题。县里拟投入一定的资本金，成立担保中心或再贷款公司，重点扶持各类法人组织，对他们实行再贷款。加大对农村金融机构的扶持，鼓励开发新的金融产品和服务。县内各家银行，要积极探索新增居民存款用于当地发展的措施，县里准备每年拿出 100 万元，奖励当年为全县新增贷款最多的一家银行，从每年的利息税中再拿出不少于 100 万元的资金，对居民存款进行加息奖励，鼓励广大居民把钱存入为我县贷款最多的那家银行，帮助该银行扩大业务，创优业绩。

2. 创新财政资金使用方式。调整财政支农资金的使用方向，使支农资金更多地向种粮大户、生态农业和农民专业合作经济组织倾斜，按照"渠道不乱、用途不变、捆绑使用"的原则，统筹安排、实施涉农资金整合，发挥资金的集聚效应，提高资金使用效益。

3. 建立多元化的社会投入机制。按照"谁投入、谁管理、谁受益"的原则，吸纳社会资金投入农村改革发展，鼓励外出务工农民回乡创办各类专业组织、金融组织和担保组织，兴办种植业、养殖业和农副产品加工业等各类实体。积极创造条件，吸引外资，加大对外开放力度，形成争取国家资金、启动民间资金、招引境外资金"三资"汇聚，支持我县农村发展的体制机制。

（二）创新土地流转体制机制

按照依法、自愿、有偿原则，鼓励和引导农民以转包、出租、互换、转让、股份合作等形式流转土地承包经营权，发展多种形式的土地适度规模经营。

1. 建立农村土地承包经营权流转机制。抓紧搞好农民土地确权、登记、颁证工作，明晰土地所有权、使用权和经营权。按照市场经济规则，建立土地流转有形市场，县成立土地流转中心，各乡（镇）要建立土地流转服务站，为流转双方提供信息和中介服务，保证转租自由。扶持培育土地银行、土地专业合作社、土地交易市场、土地协会等流转中介组织，今年要办好10个土地合作社。大力扶持培育种粮大户、农民经济合作组织、龙头企业以及科技人员等流转市场主体，扩大土地经营规模。制订土地流转的相关规则，印制土地流转合同规范文本，成立土地流转仲裁或调节机构，规范农村土地流转秩序。

2. 建立农村集体建设用地流转制度。在符合国家产业政策和供地政策、不改变土地集体所有性质、不用于商品住宅开发的前提下，探索城乡同地同价，推动农村集体土地的市场化，增加农村集体土地出让收益。

3. 建立农村宅基地科学管理模式。要科学规划新村建设，采用"4+2"工作法，由规划部门设计4—5套方案，交给村民自由选择决定。要依法管理，立即冻结和制止沿路私自违规建房。提倡宅基地互换，实施村庄整治，到村镇规划的新村居民点集中建房。建立宅基地退出和补偿机制。农村宅基地和村庄整理节约的土地，依法置换为建设用地。

4. 建立土地综合整治机制。对利用不充分、不合理和废弃闲置的农村集体建设用地等进行整理复垦，依法依规将整理复垦增加的农用地和耕地置换为建设用地，用于还建和产业项目用地。建立建设用地周转指标交易平台，实现全县土地占补平衡。

（三）创新农村社会化服务的体制机制

1. 大力发展农民专业合作组织。培育发展农民合作经济组织，提高农民组织化程度，大力推进农业产业化经营。提升农业的现代化生产管理水平，达到规模化经营、机械化耕作、田园化种植、水利化灌溉、科技化管理。积极创办经营大户型、龙头企业型、生产基地型合作经济组织，拓宽合作层次。扩大农村合作组织的规模和覆盖面，逐步提高农民参与合作经济组织的参与率。切实做好农民专业合作组织规范管理工作，提升品位，真正形成农民自主决策、自我发展的运营机制。2009年争取20%以上的农户加入各类合作经济组织；2010年争取50%以上的农户加入各类合作经济组织；2011年争取70%以上的农户加入各类合作经济组织。

2. 不断提升农业产业化经营水平。着力培育一批有竞争力、带动性强的龙头企业和企业集群示范基地。如峰刚面粉等粮食加工企业，息半夏生产基地等。创新龙头企业信贷担保方式，增加扶持农业产业化发展资金，支持龙头企业发展。

3. 加快完善农业机械应用推广体系。整合全县大中型农业机械资源，最大范围扩大农机入社人数，全面提高农机组织化程度。加大农机补贴力度，建立农机专业组织奖励扶持制度，强力推进农机专业合作社上规模、上水平、上层次，力争通过2—3年的努力，在全县基本实现农业机械化。对入社会员新购买农机具达到应补尽补，发展和壮大农机队伍。采取能人创办、龙头企业带动等模式，发展农机专业合作社，对具备一定规模、运行规范的合作社，实行以奖代补，今年财政拿出300万元给予补贴，推动合作社发展壮大。今年内各乡镇都要至少创办一个具有一定规模的农机专业合作社。

4. 探索建立农业新型保险机制。开展农业政策性保险试点。逐步扩大政策性农业保险的范围和品种，鼓励和引导商业保险公司积极开展农业保险业务，探索成立农业保险共保体。建立和完善农业保险中介体系，探索发展合作制等多种形式的农业保险组织。

(四) 创新农村社会保障的体制机制

1. 探索建立健全农村基本医疗保障制度。深化新型农村合作医疗制度，探索保障公共卫生以及基本医疗服务的基本卫生制度。加大政府支持力度，提高补贴标准，用于基本卫生服务。建立与农民收入水平相适应的农村药品供应和监管体系，规范农村医疗服务。增加农村卫生人才培养的经费预算，实行乡村医生补助制度。组织城镇医疗机构和人员对口支持农村，鼓励各种社会力量参与发展农村卫生事业。完善新型农村合作医疗农民工定点医院工作，全面建立参合农民工保障就医机制，使外出农民工能够就地参合、就地就诊、就地报销。按照数量"一个不能少"、建设标准"一个不能变"、工程质量"一个不能低"的要求，全面完成村卫生室建设，做到选址科学化、设计标准化、建设规范化。土地由村委会免费提供，资金以村医为主体，县乡资助；以奖代补，9月底以前建成通过验收的村室县里每个奖励5万元；10月份以前建成的村室奖励3万；10月份以后建成的村室县里不再奖励。用三年的时间对村医生培训一遍，费用由县财政承担。

2. 大力实施农村养老保险体系建设。按照个人缴费、集体补助、政府补贴相结合的要求，建立农村养老保险制度。探索建立基本账户和个人账户相结合的农村居民社会养老保险制度，统一制定城乡社会保险关系转移、衔接办法。扎实推进养老院建设，鼓励社会资本参与农村养老事业，兴办敬老院或养老院，凡是社会资金兴办的养老机构，土地一律由所在乡村按社会事业用地免费提供，入院人数可以达到100人以上的，每个养老院县里奖补20万元。对偏远地区民间资本不愿进入的，由政府投资，力争覆盖全县。县民政局要积极争取省级养老院建设试点县。

3. 完善农村居民最低生活保障制度。建立农村低保对象群众评议制度、低保信息长期公示制度，确保最为贫困的农村居民优先享受农村低保待遇。建立农村低保对象分类管理制度，突出保障工作重点。健全低保对象定期审验制度，实现动态管理下的应保尽保。完善低保资金社会化发放制度，确保资金运行安全。探索低保标准自然增长机制和低保资金保障机制，切实保障好农村低收入居民的基本生活。

4. 创新扶贫开发的体制机制。完善扶贫开发政策体系，重点提高农村贫困人口自我发展能力，动员社会力量参与扶贫开发事业。瞄准贫困人口，采取有效的帮扶措施，支持贫困人口实现脱贫致富。

（五）创新城乡一体化发展的体制机制

1. 加快构建现代产业体系。依托产业集聚区培育发展新型能源、环保建材、现代物流、食品加工、化工等战略支撑产业，壮大县域经济，繁荣农村二、三产业。

2. 积极打造新村建设样板区。要完善千村百镇修编规划。城建部门要多方征求基层干部群众的意见，2009年5月底前要完成全县村镇规划任务。要全面启动新村建设。对环城郊村，通过城市基础设施的延伸和引入城市管理模式，将其纳入城市发展框架，推进农业变工业、农村变社区、农民变市民；对中心村通过加强基层设施建设，完善服务功能，吸引人口集聚。县里选择有基础、有亮点、有条件的乡镇进行重点突破。各乡镇也要采取群众集资联建、成功人士回归创建、市场化运作等多种方式，开展新村建设。每个村至少有一个示范点。建立新村建设扶助机制。实施县直单位对接帮扶、减免税收鼓励、整合项目资金集中投放等方法，集中建设农民新村，多渠道支持新村建设。进一步完善新村居民点的道路、饮水、沼气、通信等基础设施和教育、卫生、文化、养老院等农村公益性设施建设,把新村居民点建成环境优美、功能完备、生活便利、居住舒适的和谐村。

3. 探索农村社区环境卫生治理新机制。引入市场机制,开展社区公益服务,实行乡村垃圾和污水处理市场化运营。

4. 加快推进户籍制度改革。放宽城市落户条件,使在城镇稳定就业和居住的农民有序转为城镇居民。推动流动人口服务和管理体制创新。

(六)创新支持创业人才投身试验区的体制机制

1. 完善农村基础教育和职业教育体制。加强农村基础教育,提高人口素质。建立教育、农业、扶贫、劳动"四位一体"的职业教育体制。组织实施农村实用人才培训工程。探索新时期农村劳动力转移的新理念、新途径、新做法,推行订单劳务培训,积极开展涉外劳务培训,大力发展劳务经济,加快农村劳动力转移步伐。

2. 鼓励机关、事业、企业等各类人才参与试验区的改革发展,领办、创办农民专业合作组织、农业产业化企业、高效农业庄园、养老院等,创业期间其身份、工资、待遇、编制不变,成绩突出的给予提拔重用。实施外出务工经商人员回归工程,发展回归经济。

3. 鼓励和支持大中专毕业生到试验区创业。对自愿返乡创业的大中专毕业生,相关部门要在金融信贷、税费减免、工商登记、信息咨询等方面优先提供服务和支持,县人事部门免费提供人事代理。鼓励农村基层干部以土地、资金、技术等形式投资、入股、领办、创办农民专业合作组织、产业协会、农村社会化服务组织或龙头企业等新型农业经济实体;支持"双强"村干部和"大学生村干部"充分发挥个人在资金、信息、技术及观念等方面的优势,带头建功立业。创业期间,除按规定参与农业经济实体收益分配之外,原有岗位、职责和待遇保持不变。

五、保障机制

(一)切实加强组织领导。改革实验涉及面广,政策性强。各级各部门必须高度重视,切实把改革试验工作摆上重要议事日程,加强领导,精心组织,强化责任,抓好落实。县委县政府成立息县农村改革发展综合试验区领导小组,下设办公室,负责全县农村改革发展综合实验区的工作部署、组织领导、协调指导和督促检查,确保试验区工作扎实有效开展。各乡镇和县直相关部门都要成立相应的组织机构,明确任务、明确责任、明确人员，精心组织实施，确保抓紧、抓好、抓出成效。

（二）科学制定实施方案。在深入调研的基础上，确定改革试验重点，制定具体的实施方案。

（三）突出重点分步推进。按照总体方案的要求，各项改革试验重点内容从2009年起全面启动，3年内取得明显成效。在全县选择3个乡镇率先在农村社会化服务、农村土地流转、农村融资体制创新、农村社会保障建设、城乡一体化等方面进行改革试验，力求尽快取得突破。其他各类专项改革方案和实施计划，坚持分步推进，在重点领域和关键环节先行试点。

（四）积极营造宽松环境。积极争取上级支持，全力形成农村改革发展试验区的"大环境"。要针对创办工作中遇到的重点、难点问题，及时研究解决的办法，制定和完善相关政策，立足自主决策营造农村改革发展试验区的"小气候"。要树立特异理念，争取特准政策，采取特别举措，实行特殊管理。要尊重干部群众的首创精神，鼓励干部大胆解放思想，改革创新，积极探索，勇于实践，切实保护好干部群众在创办农村改革发展试验区工作中的积极性、主动性和创造性，为全县创办农村改革发展试验区工作创造良好的环境。只要在不违背中央大政方针的前提下，只要有益于改革发展，鼓励大胆实践、大胆探索。

（五）认真总结适时推广。各级部门和广大干部要加强对试办农村改革发展试验区的调查研究，特别是紧紧围绕农村合作经济组织、农村土地流转、农村金融、农村社会保障、城乡一体化等问题，及时发现和解决工作中出现的新情况、新问题，培养和树立典型，认真总结创办工作经验和做法，适时推广。县委、县政府对试办农村改革发展试验区工作进行专项考评，对在创办工作中做出突出贡献的，予以表彰和奖励。

息县农村土地承包经营权流转实施细则（试行）

（2009年6月8日）

第一章 总 则

第一条 为规范农村土地承包经营权流转行为，维护流转双方当事人合法权益，促进农业结构调整和土地适度规模经营，提高土地利用率，根据《中华人民共和国农村土地承包法》《农村土地承包经营权流转管理办法》（农业部令第47号）等有关法律、法规、政策规定，结合我县实际，制定本实施细则。

第二条 本细则所称农村土地，是指农民集体所有和国家所有依法由农民集体使用的耕地、林地、草地等其他依法用于农业的土地。

本细则所称的农村土地承包经营权，是指通过家庭承包取得的农村土地承包经营权或通过招标、拍卖等方式取得的农村土地承包经营权。

本细则所称农村土地承包经营权流转，是指农村土地承包方依法将取得的农村土地承包经营权的部分或全部按照约定条件让渡给受让方的行为。

第三条 流转范围是从事家庭承包经营的农户依法取得的耕地、林地、园地和通过招标、拍卖等方式取得的荒山、荒沟、荒丘、荒滩、水面、滩涂等农村土地承包经营权。

第四条 土地流转的对象为具有从事农业生产经营能力的经济组织、企事业单位和个人。

第五条 县农业行政主管部门、乡镇人民政府依法承担本辖区内农村土地承包经营权流转的监督管理和指导职能。

县、乡镇、村三级土地流转服务组织，具体负责农村土地承包经营权流转的管理、指导和服务工作。

县农村土地承包纠纷仲裁委员会、乡镇农村土地承包管理机构，具体负责本区域内农村土地流转纠纷的调解与仲裁。

第二章 流转原则

第六条 农村土地承包经营权的流转应当遵循下列原则：

（一）在坚持农村家庭承包经营制度和稳定农村土地承包经营关系的基础上，遵循平等协商、依法、自愿、有偿的原则，进行农村土地承包经营权的有序流转。

（二）流转收益归原承包方所有，任何组织和个人不得以任何形式截留、扣缴。

（三）不得改变土地所有权性质，不得改变土地农业用途。

（四）流转期限不得超过承包期剩余期限，不得损害利害关系人和农村集体经济组织合法权益。流转期满，经双方协商同意可继续流转。

（五）受让方须有农业生产经营能力，同等条件下，本集体经济组织成员享有优先权。

第三章 流转方式

第七条 承包方依法取得的农村土地承包经营权可以采取转让、转包、互换、入股、出租或者其他符合有关法律和国家政策规定的方式流转。

（一）转让：承包方有稳定的非农职业或者有稳定的收入来源，经承包方申请和发包方同意，将部分或全部土地承包经营权让渡给其他从事农业生产经营的农户，转让后原土地承包关系自行终止，原承包方承包期限内的土地承包经营权部分或全部丧失。

（二）转包：承包方将部分或全部土地承包经营权以一定期限转给同一集体经济组织的其他农户从事农业生产经营。转包后原土地承包关系不变，承包方将土地交他人代耕不足一年的除外。

（三）互换：承包方之间为了方便耕作或集中经营、连片开发等需要，对属于同一集体经济组织的承包地块进行交换，同时交换相应的土地承包经营权。

（四）入股：实行家庭承包方式的承包方之间为发展农业经济，将土地承包经营权作为股权，自愿联合从事农业合作生产经营；其他承包方式的承包方将土地承包经营权量化为股权，入股组成股份公司或者合作社等，从事农业生产经营。

（五）出租：承包方将部分或全部土地承包经营权以一定期限租赁给他人从事农业生产经营，出租后原土地承包关系不变。

（六）委托：承包方将部分或全部土地承包经营权委托发包方、土地流转服务中心或者中介服务组织流转其承包地的，应出具土地流转委托书。委托书应载明委托的事项、权限和期限。

（七）以他符合有关法律和国家政策规定的方式流转。

第四章 流转程序

第八条 以转包、出租、入股方式流转土地承包经营权的程序：

（一）流转当事人依据依法取得的农村土地承包经营权进行流转的，应与受让方共同协商流转方式、流转时间、流转价格以及收益的支付方式，双方的权利及义务等，并形成意向性协议。

（二）流转双方当事人须到乡镇农村土地流转服务中心领取正式合同文本进行填写、签字盖章，正式流转合同一式五份，流转双方、发包方和乡镇农村土地流转服务中心各执一份，报县农村土地流转服务中心备案一份。

（三）流转双方当事人向县、乡镇农村土地流转服务中心申请合同鉴证的，县、乡镇农村土地流转服务中心应及时给予办理，乡镇土地流转服务中心办理的时间不得超过三个工作日，县土地流转服务中心办理的时间不得超过五个工作日。

第九条 以转让（受让方为本集体经济组织成员）方式流转土地承包经营权的程序：

（一）承包当事人依据依法取得的农村土地承包经营权进行转让的，须与受让方共同协商，就转让时间、转让价格、收益支付方式及双方的权利、义务等达成意向性协议。

（二）承包方须向发包方递交土地承包经营权转让申请，同时，还应提交土地承包合同、土地承包经营权证及转让土地的地块名称、面积、四至边界，是否有稳定的非农职业或稳定的收入来源的详细资料，并提供受让方有关资质材料。

（三）发包方经审查同意其转让的，应在承包方的申请上签署同意意见，加盖村委会公章，报乡镇农村土地流转服务中心备案。不同意的，应在三日内向承包方书面答复并说明理由。

（四）经乡镇农村土地流转服务中心复查同意后，承包方须到乡镇农村土地流转服务中心领取流转正式合同一式五份进行填写，并签字盖章。流转合同的生效时间应在发包方签字同意的时间之后。

（五）流转合同经流转双方和发包方签字后应到乡镇农村土地流转服务中心进行鉴证，乡镇农村土地流转服务中心鉴证时间不得超过三个工作日。经鉴证的合同流转双方各一份，发包方、乡镇农村土地流转服务中心各存一份，报县农村土地流转服务中心备案一份。

（六）依据签订的流转合同办理土地承包合同和土地承包经营权证的变更、注销、换发等手续。

第十条 以互换（为本集体经济组织内部成员）方式流转土地承包经营权的程序：

（一）流转双方当事人依据依法取得的土地承包经营权进行互换的，双方当事人应共同协商，就互换的时间、互换的方式、双方的权利和义务等达成意向性协议。

（二）流转双方当事人须向发包方递交土地承包经营权互换申请，同时，还应提交土地承包合同、土地承包经营权证及互换土地的地块名称、面积、四至边界的详细资料。

（三）发包方同意流转双方互换的，应在申请上签署同意意见，加盖村委会公章，报乡镇农村土地流转服务中心备案。不同意的，应在三日内向流转双方书面答复并说明理由。

（四）经发包方同意后，流转双方当事人须到乡镇农村土地流转服务中心领取正式合同一式五份进行填写，并签字盖章，流转合同的生效时间应在发包方签字同意的时间之后。

（五）互换合同经流转双方和发包方签字后应到乡镇农村土地流转服务中心鉴证，乡镇农村土地流转服务中心鉴证时间不得超过三个工作日。经鉴证的互换合同流转双方、发包方、乡镇农村土地流转服务中心各执一份，报县农村土地流转服务中心备案一份。

（六）依据签订的流转合同办理土地承包合同和土地承包经营权证的变更、注销、换发等手续。

第十一条 承包方委托流转土地承包经营权的程序：

（一）承包方自愿委托发包方、土地流转服务中心、中介服务组织流转其承包土地的，应递交由承包方签字盖章的委托流转申请书。

（二）发包方、土地流转服务中心、中介服务组织是否接受委托，应在五日内作出决定并通知承包方。

（三）决定接受委托的，应当与承包方签订流转委托书，载明委托事项、权限和期限，委托双方签字盖章。

（四）发包方、土地流转服务中心、中介服务组织在接受委托后，应及时将流转农户、待流转地块等基本情况以适当形式进行公告。

（五）愿意接受流转土地的，在公告的有效期内提交承接流转土地的申请。

（六）公告期限结束后，发包方、土地流转服务中心、中介服务组织应本着公正、公平、公开的原则，及时召集已提交承接流转土地申请且具备承接资格的受让方磋商，在协商一致的基础上，与受让方签订书面流转合同一式五份，流转双方、发包方、乡镇农村土地流转服务中心各执一份，报县农村土地流转服务中心备案一份。

（七）流转当事人可以向县、乡镇农村土地流转服务中心申请合同鉴证。

第十二条 土地承包经营权再流转的程序：

（一）通过以转包、出租、入股方式取得土地承包经营权后，再流转的，首先须取得原承包方的同意，然后根据再流转双方商定的流转方式（不含转让、互换方式），按第八条规定的程序实施。

（二）通过以转让、互换方式取得的土地承包经营权，并依法登记获得土地承包经营权证后，可以依法采取转包、出租、入股、转让、互换等方式流转。流转程序按第八条、第九条、第十条、第十一条规定的程序实施。

第十三条 村（组）预留的法律允许范围内的机动地、村民自愿交回的承包地、由村集体经济组织依法终止承包合同收回的承包地和复垦、开荒的属集体经济组织所有的土地流转程序：

（一）召开村民大会或者村民代表大会。

（二）根据村民大会或者村民代表大会决议，制定村集体土地流转方案，并经村民大会或者村民代表大会表决确定。

（三）对本集体经济组织需流转土地的面积、坐落、质量、流转价格等有关情况对外公告，接受有承接意向的咨询、递交申请等。公告期限为七天。

（四）公告期结束后，由村集体经济组织通过招标或与已提交申请者洽谈，确定承接人，经村民大会或村民代表会议讨论确定后，与承接人签订流转合同，报送县、乡镇农村土地流转服务中心备案。

第五章 流转合同

第十四条 承包方流转农村土地承包经营权,应当与受让方在协商一致的基础上签订书面流转合同。

农村土地承包经营权流转合同的签订一式五份,流转双方当事人各执一份,发包方、县、乡镇土地流转服务中心各备案一份。

第十五条 农村土地承包流转合同文本,由县土地流转服务中心依照省农业行政主管部门下发的规范化文本统一印制。

第十六条 农村土地承包经营权流转合同一般应包括以下条款:

(一) 双方当事人的姓名、住址;

(二) 流转土地的名称、坐落、面积、质量等级;

(三) 流转的期限和起止日期;

(四) 流转方式;

(五) 流转土地的用途;

(六) 双方当事人的权利和义务;

(七) 流转价款及支付方式;

(八) 流转合同到期后地上附着物及相关设施的处理;

(九) 违约责任;

(十) 解决争议的方式;

(十一) 双方当事人认为必须约定的其他条款;

(十二) 签约日期。

国家、省实施的种粮农户直接补贴、农业生产资料综合直补等支农惠农政策的享受,由双方当事人在合同中约定。

第十七条 农村土地承包经营权流转当事人可以向县、乡镇农村土地承包经营权流转服务中心申请合同鉴证。

县、乡镇农村土地承包经营权流转服务中心不得强迫土地承包经营权流转当事人接受鉴证。

第六章 流转管理

第十八条 息县农村土地承包经营权流转工作领导小组,负责全县农村土地流转的组织与协调工作。

第十九条 息县农村土地承包经营权流转服务中心,具体负责全县农村土地流转的日常事务。

第二十条 各乡镇农村土地承包经营权土地流转服务中心和村级农村

土地承包经营权流转服务站，负责本辖区内土地流转的具体工作。

第二十一条　乡镇农村土地承包经营权流转服务中心和村级农村土地承包经营权流转服务站应建立系统的土地流转台账，及时准确记载农村土地承包经营权流转情况，每月五日前按时汇集本区域上月土地流转情况并逐级上报。

第二十二条　县、乡镇农村土地承包经营权流转服务中心和村级农村土地承包经营权流转服务站负责本辖区内土地流转供求信息的收集，建立农村土地承包经营权流转信息库，利用多种媒体及时发布流转供求信息。

第二十三条　乡镇农村土地承包经营权流转服务中心应当对农村土地承包经营权流转合同及有关文件、文本、资料等进行归档并妥善保管，做到记录清楚，查找方便，保存安全，管理科学。

第二十四条　农村土地承包经营权采取互换、转让方式流转的，当事人应当申请变更登记。

第二十五条　办理农村土地承包经营权变更登记应向乡镇农村土地承包经营权流转服务中心提交以下材料：

（一）变更的书面请求；

（二）已变更的农村土地承包合同或其他证明材料；

（三）农村土地承包经营权证原件。

第二十六条　乡镇农村土地承包经营权流转服务中心受理变更申请后，应及时对申请材料进行审核。符合规定的，填写《农村土地承包经营权登记簿》，报请县农业行政主管部门办理变更手续。

县农业行政主管部门自收到申请材料之日起，对符合条件的，在30个工作日内进行变更登记，并报请县人民政府换发农村土地承包经营权证。

第二十七条　从事农村土地承包经营权流转服务的中介组织应当向县农业行政主管部门备案并接受其指导，依照法律、法规和有关政策规定提供流转中介服务。

第二十八条　农村土地承包经营权流转发生争议或者纠纷，当事人可协商解决，当事人协商不成的，可以请求村民委员会、乡镇人民政府调解解决。

当事人不愿协商、调解或者协商、调解不成的，可以向农村土地承包纠纷仲裁机构申请仲裁，也可以依法直接向人民法院起诉。

第七章 扶持与奖励

第二十九条 设立息县农村土地流转专项扶持资金,鼓励开展土地集中连片流转,对进行农业结构调整,实施产业化经营的种植大户实行奖励与扶助。

第三十条 扶持发展土地股份合作社。鼓励农民专业作社吸收土地入股,开展土地规模经营。农民专业合作社从事种养业规模经营和农业基础设施建设,可纳入农业综合开发项目优先支持。兴办的经济实体,享受与民营企业同等的优惠政策。

第三十一条 支持组建土地流转中介服务组织。凡经工商部门登记、运作规范、作用明显的土地流转中介服务组织,县政府给予扶持与奖励。

第三十二条 奖励推进土地流转工作优秀乡镇。县政府安排一定数量的专项资金,用于完成年度土地流转工作优秀乡镇的奖补。

第三十三条 鼓励业主投资农业基础设施建设。对投资兴建农田水利基础设施,修建直接用于种养业生产和管理、服务的非永久性固定建筑物,其占地按农用地进行管理,不再办理建设用地审批手续。

第三十四条 鼓励开发"四荒"。在符合国家有关法律、法规、政策、水土保持总体规划的前提下,对获得成片"四荒"土地承包经营权的,可依法取得土地承包经营权证或林权证,以此作为生产经营活动中的土地承包经营权凭证。"四荒"土地承包经营权依法享有继承、转让、出租、抵押或参股联营权利。

第三十五条 鼓励农民自主创业。对自愿放弃土地承包经营权的农户,经集体经济组织成员大会或成员代表大会讨论同意,可用集体经济组织收益给予一定补偿。农民流转土地后自主创业和兴办实体,享受相关优惠政策,在就业、子女入学、社会保障等方面享受与城镇居民同等的待遇。

第三十六条 鼓励农村集体经济组织参与土地流转。对二、三产业发展较好,集体经济有一定实力的村,在征得农民同意后,可以通过多种形式,进行土地的集中经营或统一流转,也可以通过村与村互帮对接的方式,跨区域承租其他村的土地。经土地整理和置换新增的土地、依法收回承包经营权的"四荒"土地和农民自愿放弃的承包土地,可以由村集体经济组织统一经营、流转,也可以发包给农户进行规模经营。

第三十七条 鼓励土地托管。外出务工农民可以通过村集体经济组织或流转服务组织托管承包土地，对托管的承包土地，村集体经济组织或流转服务组织可以代为组织流转，流转收益归原承包方。鼓励农民特别是外出务工农民在自愿的基础上将承包土地的剩余承包期一次性流转出去。土地流转受让方经原承包方同意后，可以对以转包、出租方式取得的土地再流转；以转让、互换方式取得的土地可以直接再流转。

第三十八条 实行项目扶持。积极争取国家和省、市级专项资金投入，同时，对农业项目资金进行整合，优先使用于土地流转试点村。金融部门依据项目业主编制的项目可行性报告，加大贷款扶持力度。

第三十九条 实施土地流转主体多元化。鼓励工商企业、科研机构、机关事业单位、城镇居民等带项目、带技术、带资金下乡租地、承包土地，开发高效农业项目。引进全省乃至全国农业前沿项目的，政府将给予奖励扶持。同时，鼓励和扶持农村土地承包经营大户和农业产业化龙头企业通过土地流转建立农产品生产基地。

第四十条 扶持和奖励标准，由县人民政府另行制定。

第八章 附　则

第四十一条 通过招标、拍卖和公开协商等方式承包荒山、荒沟、荒丘、荒滩等农村土地，经依法登记取得农村土地承包经营权证的，可以采取转让、出租、入股、抵押或者其他方式流转，其流转参照本细则执行。

第四十二条 对土地流转过程中，违反法律、法规、政策规定的，由县政府有关部门依法处理，追究有关当事人的法律责任。

第四十三条 本细则自发布之日起施行。此前已经流转的，应按此细则补办有关手续，办理相关登记。

第四十四条 本细则由息县农村土地承包经营权流转工作领导小组办公室负责解释。

息县县域内金融机构新增存款用于当地放贷的实施办法（试行）

2009 年 5 月 15 日

为落实十七届三中全会和中央一号文件精神，进一步调动金融机构为农村改革发展综合试验区服务的积极性，充分发挥政策扶持的杠杆撬动作用，鼓励金融机构加大"三农"资金投入，特制定本实施办法。

第一章 考核目标

第一条 存贷比指标。县域内金融机构新增贷款除以新增可贷资金不低于 70%（农业发展银行当年新增贷款不低于 20%）。

第二条 指标解释。新增可贷资金是新增存款扣减应缴法定存款准备金平均变动额后，再按存贷比不超过 75% 的存贷比规定所能用于发放贷款的最高资金额；新增存款的计算方法为当年月度各项存款平均余额减上年月度各项存款平均余额的差。

第二章 激励机制

第三条 给予融资奖励。根据《财政部关于开展县域金融机构涉农贷款增量奖励试点工作的通知》（财经〔2009〕16号）文件精神，对县域金融机构（不包括农业发展银行）上年末涉农贷款余额增量超过 15% 部分，按 2% 给予奖励。

第四条 给予税费减免。对达标县域金融机构在处置依法收回抵贷资产及抵贷资产处置过程中所产生的相关费用，给予减免或仅收取工本费。所得税、营业税减免等其他优惠财税政策按上级有关文件执行。

第五条 财政出资奖励。县财政拿出 100 万元奖励基金，对达标县域金融机构进行奖励（单个金融机构当年新增贷款最低不能少于 6000 万元）。其中，基数奖为当年新增贷款的 2‰；每增加 1000 万元，增加部分再奖励 2‰。奖金 50% 用于奖励班子成员，20% 用于奖励贡献较大的员工。县域金融机构对某个重点企业当年累计投放达 5000—8000 万元、8000—10000 万元的分别再给予 10 万元、20 万元的奖励。对推动企业上市的金融机构，给予特别重奖，实行一事一议。奖励资金免征所得税。

第六条 对储户给予奖励。对达标县域金融机构，为引导储户把资金存入该金融机构，对储户在该金融机构当年新增存款给予奖励，奖励办法另行制定。

第七条 建立小企业贷款风险补偿机制。为鼓励县域金融机构积极为小企业提供贷款，扶持小企业发展，根据《信阳市人民政府办公室关于印发信阳市小企业贷款风险补偿办法（试行）的通知》（信政办〔2008〕131号）精神，当承办银行为小企业提供的贷款发生损失时，损失比例2%以下（不含本数）的补贴比例为30%，损失比例2%—3%的补贴比例为20%，损失比例3%以上（不含本数）的补贴比例为15%。

第八条 政府性资金存款支持。政府及部门的存款，如财政存款、社保资金、民政资金、住房公积金等资金，只存入达到投放比例要求的县域金融机构或分支机构。

第三章 考核机制

第九条 考核组织。成立由县金融办、人民银行息县支行、县银监办、财政局、国税局、地税局共同组成的考核审查小组。考核审查小组办公室设在县金融办。

第十条 考核程序。考核每半年实施一次。人民银行息县支行根据全科目统计系统按时采集考核数据，每年一月底前将前一年各金融机构达标的测算结果提交县考核审查小组办公室。县考核审查小组办公室及时将考核结果送达各金融机构。

第四章 约束机制

第十一条 群众评议。对县域金融机构每半年开展一次群众评议，将评议结果向社会公告。

第十二条 一票否决。对当年不达标又倒数第一的县域金融机构，实行一票否决，单位和个人不得参与县内的评先评优。

第十三条 建议整改纠正。对当年不达标的县域金融机构，以县委、县政府的名义向其上级主管部门寄发建议书，提出整改纠正的意见或建议。

第五章 附则

第十四条 本实施办法由县金融办会同人行息县支行、县银监办、财政局、国税局、地税局负责解释。

第十五条 本实施办法自发布之日起实施。

息县乡镇(村)级资金互助组织试点工作方案

2009 年 6 月 11 日

为深入贯彻党的十七大和十七届三中全会精神，全面落实科学发展观，加快推进农村改革发展综合实验区建设步伐，根据《中共河南省委、河南省人民政府关于同意把信阳市作为河南省农村改革发展综合试验区的批复》等有关文件精神，结合息县实际，现提出试点工作方案如下：

一、组建原则

乡镇（村）资金互助组织由全体股民民主管理、共同参与，民主决策、共同监督，按照"资金自聚、责任自担"的原则，实行自主经营，自我服务，自我约束，民主管理。成员享受平等权利，利益共享，风险自担。

二、目的任务

（一）为有效缓解农户发展所需资金短缺问题，积极探索、完善农户资金使用管理的新机制、新模式，提高乡村、农户自我发展、持续发展的能力。

（二）探索建立资金互助组织与农民的生产、技术、销售合作结合的有效方式，在有效缓解农户资金短缺的同时，促进乡村各种生产要素的整合，提高乡村和农户生产经营的水平和市场竞争能力。

（三）在互助组织资金使用管理过程中，提高农户自我管理、自我组织和自我发展能力，培育专业合作组织和新型农民，丰富农村改革发展综合试验区建设内容。

（四）积极总结经验，探索路子，培育典型，进而在面上推广。

三、操作流程

（一）民政部门登记注册

1. 注册的基本条件

（1）有 50 个以上的个人或者 30 个以上的单位会员；（2）个人会员

和单位会员混合组成的，会员数不少于50个；（3）有规范的名称、章程和相应的组织机构；有固定的住所；（4）有与其业务活动相适应的专职工作人员；（5）有规定最低限额的注册资金；（6）有独立承担民事责任的能力。

2. 提交的材料

（1）章程草案；（2）住所使用权证明；（3）验资报告；（4）拟任负责人简历和身份证复印件；（5）会员名单；（6）民政部门要求提供的其他资料。

3. 登记注册程序

第一步：向民政部门提交互助组织章程；第二步：互助组织理事会人员简历、身份证复印件、理事长照片；第三步：理事会所在乡镇（村）提供办公场所的证明；第四步：中介机构提供的验资报告；第五步：民政部门正式行文批复。

（二）人行息县支行办理开户许可证。资金互助组织凭县民政部门开具的"社会团体法人登记证书"等资料到人行息县支行申请办理开户许可证。

（三）县质量技术监督局办理组织机构代码证。资金互助组织凭县民政部门开具的"社会团体法人登记证书"等资料到县质量技术监督局办理中华人民共和国组织机构代码证。

（四）由社团组织向金融机构过渡。试运行期间由县民政部门按社团组织批准准入，条件成熟后通过金融监管部门批准，按金融机构正式营运。金融监管部门审批的主要程序：

1. 筹建工作程序

（1）确认组建对象；（2）成立筹建工作小组；（3）开展组建可行性研究；（4）拟定筹建方案；（5）确定发起人；（6）预先核准名称；（7）申请筹建。

2. 开业工作程序

（1）筹资验资；（2）选举社员代表；（3）提名理事、经理和监事拟任人选；（4）召开创立暨社员大会（社员代表大会）、理事会、监事会；（5）申请开业；（6）领证注册；（7）开业。

四、几点要求

（一）成立的资金互助组织要自觉接受县政府有关部门和乡镇政府指

导和监督，积极组织广大群众参与，广泛征求意见，制定资金管理的具体办法和实施细则，共同组织和实施好试点工作。

（二）制定工作的方法步骤和具体工作措施，并将上级关于资金互助组织的方针政策在本乡镇（村）全体村民中公示公告，力求家喻户晓。

（三）及时掌握和解决资金互助组织运行中出现的问题，积极引导和帮助农户选择好项目，为农户发展生产提供必要的信息和技术服务。

（四）及时向上级有关部门反映试点工作的有关情况，提出有关建议，并及时总结试点工作经验，反馈信息。

息县小额贷款公司组建审批工作指引

2009 年 6 月 11 日

根据《河南省人民政府办公厅关于开展小额贷款公司试点工作的意见》(豫政办〔2008〕100 号)和《河南省小额贷款公司试点管理暂行办法》的规定,借鉴外地经验,结合我县实际,现就小额贷款公司组建及审批工作指引如下:

一、组建工作要点

(一)申请筹建的主要工作

1. 县政府主管部门负责小额贷款公司试点组织/指导工作。

2. 履行法律手续。主发起人与出资人按照《中华人民共和国公司法》规定,签订出资人协议书,确定拟组建小额贷款公司的组织形式、出资方式和股本结构。

3. 制定筹建方案。主发起人与出资人应对拟设小额贷款公司进行可行性分析,制定筹建工作方案。

4. 预先核准名称。向工商行政管理部门提交企业名称预先核准申请。

5. 申请筹建。准备工作完成后,由主发起人作为申请人提出筹建申请,经地方政府主管部门审查同意后,报送省工信厅。

6. 批准筹建。省工信厅审核批准后,下发筹建批复,提出筹建要求。

7. 县政府主管部门按照筹建要求,指导开展筹建工作。

(二)申请开业的主要工作

1. 小额贷款公司发起人与出资人成立筹建小组,进行考察论证;开展筹建工作。

2. 验资。出资人认缴全部出资额后,筹建工作小组聘请中介机构进行验资,出具验资报告。

3. 筹建工作小组起草小额贷款公司章程草案。

4. 召开创立大会(股东会)、董事会等有关会议,审议通过章程草案、选举董事及聘任高级管理人员，审议通过内部管理机构设置、主要管理制度等议案。

5. 申请开业。筹建工作完成后，筹建小组提出开业申请，经县政府主管部门审查同意后，报送省工信厅。

6. 审核批准。由省审核委员会进行审核。

7. 筹建工作小组凭开业批复文件到当地工商行政管理部门办理登记，领取营业执照，在当地税务部门办理税务登记。

二、申请材料

（一）筹建申请材料

1. 筹建申请书。内容应载明拟设立机构名称、住所、组织形式，拟注册资本。

2. 可行性报告。内容包括息县经济金融发展情况，组建的可行性和必要性，市场前景分析、未来业务发展计划。

3. 筹建工作方案。筹建工作的组织、筹建工作步骤和时间安排等。

4. 由工商行政管理部门出具的《企业名称预先核准通知书》。

5. 出资人（发起人）同意出资设立小额贷款公司的决议及出资协议书。内容包括注册资本、股本结构、出资人入股金额和占总股份比例，全体出资人在协议书上签名盖章。

附件包括：

（1）企业出资人名录，包括出资企业名称、企业法人代码、营业执照、住所、成立日期、注册资本、拟入股金额以及占总股份比例、占净资产比例、最近两年经中介机构审计的会计年度决算报告。

（2）自然人出资人名录，包括出资人姓名、身份证复印件、住所、拟入股金额以及占总股份比例。

（3）社会组织出资人名录，社会组织法人代码、注册证明，社会组织主管部门同意向小额贷款公司出资入股的决议。

6. 县政府主管部门对筹建小额贷款公司的审查意见。

7. 申请人电话、传真、电子邮件、通信地址（邮编）。

（二）开业申请材料

1. 开业申请书。内容包括拟开业机构名称、住所、注册资本、股本结构、拟任高级管理人员情况、经营计划、主要管理制度。

2. 筹建工作报告。

3. 章程（草案）。

4. 法定验资机构出具的验资证明：

（1）验资报告，应说明股东资格情况；

（2）附件：包括注册资本实收情况汇总表，企业法人股东资格一览表（列示每个企业法人股东名称、住所、企业法人代码、营业执照、注册资本、入股金额和所占总股份比例、占净资产比例），验资事项说明；自然人股东名册，身份证复印件及其出资额，验资事项说明；社会组织股东名册及其出资额，验资事项说明；法定验资机构及注册会计师的资质证明。

5. 拟任职董事和高级管理人员任职资格的相关材料：

（1）任职资格申请表；

（2）县政府主管部门对拟任人的品行、业务能力、管理能力、工作业绩等方面的综合鉴定；

（3）身份证、专业技术和国家认可的学历证明材料复印件；

（4）董事和高级管理人员承诺依法合规经营的承诺书。

6. 出资人大会（股东大会）、董事会审议通过以下有关事项的决议：

（1）筹建工作报告；

（2）章程（草案）；

（3）选举董事、董事长；

（4）聘任总经理、副总经理等高级管理人员；

（5）部门设置、职责及主要管理制度。出资人大会、董事会决议应由全体出资人、董事签名。

7. 营业场所所有权或使用权的证明材料。

8. 公安、消防部门对营业场所出具的安全、消防设施合格证明。

9. 筹建批复的复印件。

10. 律师中介机构出资和出资人关联情况的法律意见书。

11. 小额贷款公司承诺不进行非法集资、吸收公众存款的承诺书。

12. 县政府主管部门对小额贷款公司开业的审查意见。

13. 筹建小组的联系人、电话、传真、电子邮件、通信地址（邮编）。

（三）申请材料报送程序及格式要求

1. 小额贷款公司主发起人为筹建申请人，筹建工作小组为开业申请人。筹建申请书、开业申请书主送机关为省工信厅。

2. 申请材料采用活页装订的方式。纸张幅面为标准 A4 纸张规格（需提供原件的历史文件除外）。申请材料的封面应标有"关于申请筹建××小额贷款公司的材料"或"关于××小额贷款公司开业申请的材料"字样，申请材料须用中文简体仿宋 GB2312 小三号字体书写。申请文件一般采用双面打印。

3. 申请材料一式 4 份（省主管部门两份、地方政府主管部门两份）。

息县农村敬（养）老院建设实施细则

为贯彻落实市农村改革发展综合试验区会议精神，完成我县两年内实现农村五保集中供养率达到100%的目标任务，着力解决孤寡老人无人照顾的困局，按照"积极采取措施，广纳社会资金，整合闲置资源"的农村敬（养）老院建设筹资思路，结合我县实际，特制定本实施细则。

一、指导思想

坚持以科学发展观为指导，以改善农村五保对象生活条件为目标，贯彻落实市、县建设农村改革发展综合试验区的方针、政策。从我县县情出发，借鉴外地农村敬（养）老院建设的有益经验，坚持科学规划、高标准设计、多渠道筹资、严格检查验收、严格奖惩的原则，全面推进我县农村敬（养）老院建设。

二、目标任务

当前的主要任务是各乡镇要利用2—3年的时间，使我县农村五保户集中供养率达到100%。各乡镇农村敬（养）老院建设要按照国家建设部、民政部发布的《老年人建筑设计规范》和河南省民政厅制定的三级以上农村敬老院建设标准进行规划、设计、建设乡镇农村敬（养）老院。做到路面硬化，水、电畅通，娱乐、健身、医疗、就餐、洗浴、取暖等设施配套齐全。院民住房每间使用面积16平方米以上，平房要有走廊相连。农村敬（养）老院要搞好整体规划，建设要高标准，院容院貌要整洁大方，切实加强绿化、美化，务必达到美观优雅、无杂草、无卫生死角，为农村五保老人安度晚年创造良好的生活环境。

三、扶持措施

我县的农村敬（养）老院建设各乡镇为建设主体，应从财力、物力、人力等方面不断加大投入力度。农村敬（养）老院建设资金主要以乡镇投资为主、县政府奖励和县直单位局委帮扶资助建设为辅。同时多措并举,坚持政府引导、市场为辅的原则,多元化筹集农村敬(养)老院建设资金,积极引导鼓励社会闲散资金独资或以参股的形式建设农村敬(养)老院。具体扶持措施如下:

1. 为有效地吸纳社会闲散资金,创新建设、管理模式,我县农村敬(养)老院建设可与社会养老相结合起来,除集中供养农村五保户外,还可以吸收社会老人入住,走公益性和经营性相结合的模式。凡是社会各界投资兴办的农村敬(养)老机构,土地一律由所在的乡镇、行政村按社会事业用地免费提供,每所农村敬(养)老院用地不得低于8—12亩,各乡镇和所在的行政村要为农村敬(养)老院建设提供良好的施工环境,在物料、人力等方面提供必要的支持。

2. 全县的农村敬(养)老院建设工作,务必要在2010年12月底前完成,各乡镇每建设一所能容纳100人以上的农村敬(养)老院,县政府将按照以奖代补的方式,每所给予20万元的奖励。

3. 各乡镇在2010年12月底以前完成建设的农村敬(养)老院,每建成一所能容纳50人以上的农村敬(养)老院,县民政局将给予每个床位1000元的帮扶资助资金。

4. 各乡镇要大力宣传,动员和鼓励社会各界捐资帮建农村敬(养)老院,个人捐资5万元以上、企业捐资20万元以上的拥有乡镇农村敬(养)老院的冠名权,县政府同时将以多种形式予以表彰。

5. 县直各单位局委要以开展"四帮四促"活动为契机,积极筹集资金帮助各乡镇进行农村敬(养)老院建设,原则上每个单位局委重点帮扶本单位所联系乡镇,帮扶每所敬(养)老院不得低于1万元。上级专项补助、国家项目资金和社会力量捐助资金由县民政局统一掌握,作为奖励资金重点使用,同时接受社会各界监督。

6. 县直各职能部门要为乡镇农村敬(养)老院建设提供优良环境,免收或减收各种税费。

7. 凡是个人及企业独资建设乡镇农村敬(养)老院的,个人及企业拥有乡镇农村敬(养)老院的产权、冠名权、经营权,同时民政部门要给予政策许可内的最大帮扶。

8. 各乡镇要加大宣传力度,动员和鼓励本乡镇籍在外务工人员及成功人士捐资帮建本乡镇农村敬(养)老院,各界热心帮建知名人士由县政府聘请担任农村敬(养)老院名誉院长。

9. 本着节约的原则，各乡镇要整合本乡镇闲置资源，利用原闲置村部或乡村学校进行改、扩建农村敬（养）老院，也可由个人或企业以参股和独资的形式进行改、扩建，产权、经营权归个人或企业。

10. 县政府将协调计生部门利用计划生育社会抚养费对农村敬（养）老院建设进行资助，对农村独女户或双女户入住农村敬（养）老院给予优惠政策。

11. 县民政局要加大项目资金的争取力度，重点支持4个农村综合实验区乡镇的农村敬（养）老院建设。

四、加强领导，明确责任

加强农村敬（养）老院建设事关困难群体的根本利益，是农村综合实验区建设的重要内容。各乡镇党委、政府为农村敬（养）老院建设的主体，要把农村敬（养）老院建设列入重要议事日程，年初要列入全年工作计划，县政府将把农村敬（养）老院建设列入年度工作目标考核的重要内容。县委、县政府将成立农村敬（养）老院建设领导小组，各乡镇也要成立相应的组织，具体组织落实农村敬（养）老院建设任务。各乡镇要明确乡镇党委书记、乡镇长为第一责任人，要明确一名科级干部专职负责本乡镇农村敬（养）老院建设工作。具体要求如下：

1. 县民政局要统一组织、协调各单位局委对农村敬（养）老院建设的帮扶，及时解决农村敬（养）老院建设中存在的问题。

2. 县建设局要组织强有力的技术队伍，为农村敬（养）老院建设提供规范标准的施工图纸，同时向各乡镇派驻工程监理人员，严格监督工程质量。

3. 县国土资源局要切实做好职能工作，对乡镇农村敬（养）老院建设用地的申报审批要提供一切便利条件，优先予以办理申报审批手续。

4. 县纠风办要认真组织查处针对乡镇农村敬（养）老院建设过程中的各种乱收费行为，确保乡镇农村敬（养）老院建设免受各种违规行为的干扰。

5. 县督查局要在县电视台设立督查台，定期通报各乡镇、各部门对照县委、县政府农村敬（养）老院建设工作具体要求的落实进展情况，并及时开展定期或不定期的专项督查工作，督促各乡镇、各部门迅速行动，切实落实农村敬（养）老院建设的工作任务，定期向县农村敬（养）老院建设领导小组通报各乡镇农村敬（养）老院建设任务的进展情况。

6. 县电视台要开辟专栏，及时宣传报道乡镇农村敬（养）老院建设工作中的先进典型，曝光消极落后的反面典型，形成浓厚的舆论氛围，促进我县的农村敬（养）老院建设工作步入高潮。

7. 县农村敬（养）老院建设领导小组要定期或不定期地召开农村敬（养）老院建设汇报会、现场会、促进会，表扬先进，批评后进。要及时组织协调纪委、监察、民政、督查、发改、土地、财政、建设、审计等职能部门进行检查验收，严把工程质量关。

8. 各乡镇农村敬（养）老院建设领导小组，每周五要向县农村敬（养）老院建设领导小组办公室上报一次敬（养）老院建设进度。县农村敬（养）老院建设领导小组办公室设在县民政局，联系电话：5952073。

附：敬（养）老院建设基本标准

息县农村敬（养）老院建设标准

一、每所农村敬（养）老院占地 8—12 亩，主体工程为两层或两层以上楼房，建筑采用砖混结构，楼面及屋面板均为现浇钢筋混凝土板，建筑层高为 3 米。

二、农村敬（养）老院建设床位数在 50—100 张以上，人均居住面积 16 平方米，即 10 平方米的居住面积，1 平方米的卫生间和 5 平方米的公用面积。

三、公共设施齐全。每所农村敬（养）老院要有厨房、餐厅、娱乐室、卫生室、储藏室、厕所等公共设施。

1. 居室。根据老人实际需要，居室应配设单人床、床头柜、衣柜、毛巾架、被子、床单、被罩、枕套、枕巾、梳妆镜、洗脸盆、暖水瓶，床头应安装呼叫铃。

2. 活动室。有供老人阅读、娱乐的场所。该场所应提供图书、报刊、电视机和棋牌，丰富老人精神文化生活。

3. 健身场所。要配置适合老人使用的健身和康复器械设备，同时要设有康复室和健身场所。

4. 医务室。根据老人健康情况，必须配备足够的医疗设备和常用药物，应有急救药箱和轮椅车等。

5. 厨房。公用厨房应配置操作台、灶具、炊具、洗涤池、冰箱（柜）等设施用具。

四、各乡镇要切实为农村敬（养）老院划拨或调剂解决生产用地，生产种植基地不得少于 2 亩，用于农村敬（养）老院发展庭院经济，改善供养对象生活，保证家禽家畜、蔬菜生产基本自给。

参考文献

(每类文献按拼音顺序排列)

著作类：

《陈云文选》第2卷，人民出版社1995年版。

《邓小平文选》第3卷，人民出版社1993年版。

《马克思恩格斯选集》1—4卷，人民出版社1972年版。

《毛泽东选集》第1—4卷，人民出版社1991年版。

《彭真文选（1941—1990）》，人民出版社1991年版。

安贞元：《人民公社化运动研究》，中央文献出版社2003年版。

薄一波：《若干重大决策与事件的回顾》上卷，中共中央党校出版社1991年版。

薄一波：《若干重大决策与事件的回顾》下卷，中共中央党校出版社1993年版。

蔡雪村：《中国历史上的农民战争》，上海亚东图书馆1933年版。

曹锦清：《黄河边的中国——一个学者对乡村社会的观察与思考》，上海文艺出版社2000年版。

陈桂棣、春桃：《中国农民调查》，人民文学出版社2004年版。

陈吉元、陈家骥、杨勋：《中国农村社会经济变迁（1949—1989）》，山西经济出版社1992年版。

陈家骥：《中国农民的分化与流动》，农村读物出版社1990年版。

陈锡文、赵阳、陈剑波、罗丹：《中国农村制度变迁60年》，人民出版社2009年版。

程同顺：《农民组织与政治发展——再论中国农民的组织化》，天津人民出版社2006年版。

程同顺：《中国农民组织化研究初探》，天津人民出版社 2003 年版。

丛翰香：《近代晋冀鲁豫乡村》，中国社会科学出版社 1995 年版。

当代中国丛书编辑委员会：《当代中国的乡村建设》，中国社会科学出版社 1987 年版。

党国英：《农村改革攻坚》，中国水利电力出版社 2005 年版。

邓子恢：《邓子恢文集》，人民出版社 1996 年版。

丁元林：《各国支援农业的财经政策比较研究》，中国财政经济出版社 1991 年版。

董辅礽：《中华人民共和国经济史》上卷，经济科学出版社 1999 年版。

杜润生：《杜润生自述：中国农村体制变革重大决策纪实》，人民出版社 2005 年版。

杜润生：《中国农村制度变迁》，四川人民出版社 2003 年版。

发展研究所综合课题组：《改革面临制度创新》，上海三联书店 1988 年版。

方之光、龚云：《农民运动史话》，社会科学文献出版社 2000 年版。

费孝通：《江村经济》，上海世纪出版集团 2006 年版。

费孝通：《乡土中国 生育制度》，北京大学出版社 1998 年版。

傅大友：《地方政府改革的制度分析——行政改革制度创新》，上海三联书店 2004 年版。

傅夏仙：《农业中介组织的制度变迁与创新》，上海人民出版社 2006 年版。

高化民：《农业合作化运动始末》，中国青年出版社 1999 年版。

高鉴国：《中国农村公共物品的社区供给机制》，山东人民出版社 2009 年版。

郭书田、刘纯彬：《失衡的中国——农村城市化的过去、现在与未来》，河北人民出版社 1990 年版。

郭晓鸣：《农民与土地》，贵州人民出版社 1994 年版。

郭于华：《仪式与社会变迁》，社会科学文献出版社 2000 年版。

郭正林：《中国农村权力结构》，中国社会科学出版社 2005 年版。

韩俊、罗丹：《中国农村卫生调查》，上海远东出版社 2007 年版。

韩俊：《破解三农难题：30 年农村改革与发展》，中国发展出版社 2008 年版。

何高潮：《地主·农民·共产党——社会博弈论分析》，牛津大学出版社1997年版。

何一峰、杨张桥：《潜力与制约：中国、印度农村现代化发展比较研究》，社会科学文献出版社2009年版。

贺雪峰：《什么农村，什么问题》，法律出版社2008年版。

贺雪峰：《乡村治理与秩序》，华中师范大学出版社2003年版。

洪民荣：《新农村建设：面向未来的历史转折》，上海人民出版社2007年版。

黄道霞：《建国以来农业合作化史料汇编》，中共党史出版社1992年版。

黄季焜：《制度变迁和可持续发展：30年中国农业与农村》，格致出版社2008年版。

黄志钢、张平、张凡：《农村社会经济发展的变迁：山东省陵县边临镇国情调查》，中国社会科学出版社2009年版。

黄宗智：《长江三角洲小农家庭与乡村发展》，中华书局2000年版。

黄宗智：《华北的小农经济与社会变迁》，中华书局2000年版。

贾德裕、朱兴农、郗同福：《现代化进程中的中国农民》，南京大学出版社1998年版。

蒋协新：《公共财政支持农业与农村发展问题研究》，中国农业出版社2007年版。

李炳坤：《工农业产品价格剪刀差问题》，农业出版社1981年版。

李昌平：《我向总理说实话》，光明日报出版社2002年版。

李剑阁：《中国新农村建设调查》，上海远东出版社2007年版。

李景汉：《定县社会概况调查》，世纪出版集团、上海人民出版社2005年版。

李连江：《村委会选举观察》，天津人民出版社2001年版。

李良栋：《巨人与大地——毛泽东与中国农民》，中原农民出版社1993年版。

李友梅、肖瑛、黄晓春：《社会认同：一种结构视野的分析》，上海人民出版社2007年版。

梁骏、石树人、李丽娜：《村民自治——黄土地上的政治革命》，中国青年出版社2000年版。

梁漱溟：《乡村建设理论》，上海世纪出版集团2006年版。

廖小军：《中国失地农民研究》，社会科学文献出版社 2005 年版。

林虹：《20 世纪中国农民问题》，中国社会出版社 1998 年版。

林万龙：《中国农村社区公共产品供给制度变迁研究》，中国财政经济出版社 2003 年版。

林耀华：《金翼——中国家族制度的社会学研究》，生活·读书·新知三联书店 1989 年版。

林毅夫：《制度、技术与中国农业发展》，格致出版社 2008 年版。

凌志军：《历史不再徘徊——人民公社在中国的兴起和失败》，人民出版社 1997 年版。

刘振伟：《农民与农村组织建设》，贵州人民出版社 1994 年版。

陆南泉：《苏联经济》，人民出版社 1991 年版。

陆文强、李建军：《农村合作制的演变》，农村读物出版社 1988 年版。

陆学艺：《"三农"新论：当前中国农业、农村、农民问题研究》，社会科学文献出版社 2005 年版。

陆学艺：《"三农论"：当代中国农业、农村、农民研究》，社会科学文献出版社 2002 年版。

陆学艺：《当代中国农村与当代中国农民》，知识出版社 1991 年版。

陆学艺：《当代中国社会阶层研究报告》，社会科学文献出版社 2002 年版。

陆学艺：《当代中国社会流动》，社会科学文献出版社 2004 年版。

陆益龙：《超越户口——解读中国户籍制度》，中国社会科学出版社 2004 年版。

陆益龙：《嵌入性政治与村落经济的变迁——安徽小岗村调查》，上海人民出版社 2007 年版。

罗平汉：《人民公社史》，福建人民出版社 2003 年版。

罗平汉：《土地改革运动史》，福建人民出版社 2005 年版。

毛丹：《一个村落共同体的变迁：关于尖山下村的单位化现象的观察与阐释》，学林出版社 2000 年版。

毛科军：《中国农村产权制度研究》，山西经济出版社 1993 年版。

毛泽东：《毛泽东选集》第三卷，人民出版社 1966 年版。

孟祥才、傅永聚：《中国古代民本思想与农民问题》，山东大学出版社 2003 年版。

苗月霞：《中国乡村治理模式变迁的社会资本分析——人民公社与"乡政村治"体制的比较研究》，黑龙江人民出版社 2008 年版。

农业部农村经济研究中心当代农业史研究室：《中国共产党"三农"思想研究》，中国农业出版社 2002 年版。

潘维：《农民与市场——中国基层政权与乡镇企业》，商务印书馆 2003 年版。

潘小娟：《中国基层社会重构——社区治理研究》，中国法制出版社 2004 年版。

秦晖、苏文：《田园诗与狂想曲：关中模式与前近代社会的再认识》，中央编译出版社 1996 年版。

秦晖：《传统十论——本土社会的制度、文化及其变革》，复旦大学出版社 2005 年版。

秦晖：《农民中国：历史反思与现实选择》，河南人民出版社 2003 年版。

秦晖：《实践自由》，浙江人民出版社 2004 年版。

秦晖：《问题与主义》，长春出版社 1999 年版。

商业部商业经济研究所：《新中国商业史稿》，中国财政经济出版社 1984 年版。

沈晖：《当代中国中间阶层认同研究》，中国大百科全书出版社 2008 年版。

孙达人：《中国农民变迁论——试探我国历史发展周期》，中央编译出版社 1996 年版。

孙津：《中国农民与中国现代化》，中央编译出版社 2004 年版。

孙立平：《博弈：断裂社会的利益冲突与和谐》，社会科学文献出版社 2006 年版。

孙立平：《守卫底线——转型社会生活的基础秩序》，社会科学文献出版社 2007 年版。

唐鸣：《村委会选举法律问题研究》，中国社会科学出版社 2004 年版。

唐忠新：《迈向和谐社会的社区服务》，中国社会出版社 2005 年版。

田毅、赵旭：《他乡之税》，中信出版社 2009 年版。

王春光：《农村社会分化与农民负担》，中国社会科学出版社 2005 年版。

王贵宸：《中国农村现代化与农民》，贵州人民出版社 1994 年版。

王沪宁：《当代中国村落家族文化：对中国社会现代化的一项探索》，上海人民出版社 1991 年版。

王敬尧：《参与式治理：中国社区建设实证研究》，华中师范大学出版社 2006 年版。

王宽让、贾生华：《传统农民向现代农民的转化》，贵州人民出版社 1994 年版。

王铭铭、王斯福：《乡土社会的秩序、公正与权威》，中国政法大学出版社 1997 年版。

王铭铭：《村落视野中的文化与权力：闽台三村五论》，生活·读书·新知三联书店 1997 年版。

王铭铭：《社区的历程：溪村汉人家族的个案研究》，天津人民出版社 1996 年版。

王浦劬：《政治学基础》，北京大学出版社 1995 年版。

王全营、曾广兴、黄明鉴：《中国现代农民运动史》，中原农民出版社 1989 年版。

王曙光：《乡土重建：农村金融与农民合作》，中国发展出版社 2009 年版。

王铁：《开源弄潮：中国新农村建设筹资问题研究》，中共中央党校出版社 2008 年版。

王巍：《社区治理结构：变迁中的国家与社会》，中国社会科学出版社 2009 年版。

王小林：《结构转型中的农村公共服务与公共财政政策》，中国发展出版社 2008 年版。

王振耀、白钢、王仲田：《中国村民自治前沿》，中国社会科学出版社 2000 年版。

温锐：《毛泽东视野中的中国农民问题》，江西人民出版社 2004 年版。

温铁军：《"三农"问题与制度变迁》，中国经济出版社 2009 年版。

温铁军：《三农问题与世纪反思》，生活·读书·新知三联书店 2005 年版。

温铁军：《中国农村基本经济制度研究——"三农"问题的世纪反思》，中国经济出版社 2000 年版。

吴新叶：《农村基层非政府公共组织研究》，北京大学出版社 2006 年版。

吴毅：《村治变迁中的权威与秩序：20 世纪川东双村的表达》，中国社会科学出版社 2002 年版。

吴毅：《小镇喧嚣——一个乡镇政治运作的演绎与阐释》，生活·读书·新知三联书店 2007 年版。

项继权：《集体经济背景下的乡村治理：南街、向高和方家泉村村治实证研究》，华中师范大学出版社 2002 年版。

项继权：《外国农村基层政权》，华中师范大学出版社 2002 年版。

项继权：《走出"黄宗羲定律"的怪圈：中国农村税费改革的调查与研究》，西北大学出版社 2004 年版。

肖浩辉：《毛泽东与中国农民》，湖南出版社 1993 年版。

肖唐镖：《宗族、乡村权力与选举：对江西省十二个村选举的观察研究》，西北大学出版社 2002 年版。

谢天佑、简修炜：《中国农民战争简史》，上海人民出版社 1981 年版。

辛逸：《农村人民公社分配制度研究》，中共党史出版社 2005 年版。

徐小青、郭建军：《中国农村公共服务改革与发展》，人民出版社 2008 年版。

徐晓军：《乡镇街坊：结构与关系——武汉市效兰乡街坊的个案研究》，华中师范大学出版社 2007 年版。

徐秀丽：《中国农村治理的历史与现状：以定县、邹平和江宁为例》，社会科学文献出版社 2004 年版。

徐勇、徐增阳：《流动中的乡村治理：对农民流动的政治社会学分析》，中国社会科学出版社 2003 年版。

徐勇：《包产到户沉浮录》，珠海出版社 1998 年版。

徐勇：《非均衡的中国政治——城市与乡村比较》，中国广播电视出版社 1992 年版。

徐勇：《乡村治理与中国政治》，中国社会科学出版社 2003 年版。

徐勇：《中国农村村民自治》，华中师范大学出版社 1997 年版。

徐璋勇、袁建歧：《农民与城市化》，贵州人民出版社 1994 年版。

薛农山：《中国农民战争之史的分析》，上海神州国光社 1933 年版。

叶敬忠：《农民视角的新农村建设》，社会科学文献出版社 2006 年版。

殷志静、郁奇虹：《中国户籍制度改革》，中国政治大学出版社 1996 年版。

应星：《大河移民上访的故事——从"讨个说法"到"摆平理顺"》，生活·读书·新知三联书店 2001 年版。

于建嵘：《当代中国农民的维权抗争——湖南衡阳考察》，中国文化出版社 2007 年版。

于建嵘：《岳村政治——转型期中国乡村政治结构的变迁》，商务印书馆 2001 年版。

于水：《乡村治理与农村公共服务产品供给——以江苏为例》，社会科学文献出版社 2008 年版。

于伟霈：《当代英国经济》，中国社会科学出版社 1990 年版。

俞德鹏：《城乡社会：从隔离走向开放：中国户籍制度与户籍法研究》，山东人民出版社 2002 年版。

俞可平：《治理与善治》，社会科学文献出版社 2000 年版。

俞可平：《中国公民社会的兴起与治理的变迁》，社会科学文献出版社 2002 年版。

俞可平：《中国治理变迁 30 年——1978—2008》，社会科学文献出版社 2008 年版。

曾业松：《新农论》，新华出版社 2004 年版。

张红宇：《中国农村的土地制度变迁》，中国农业出版社 2002 年版。

张红宇：《中国农民与农村经济发展》，贵州人民出版社 1994 年版。

张厚安、徐勇、项继权等：《中国农村村级治理——22 个村的调查与比较》，华中师范大学出版社 2000 年版。

张静：《法团主义》（修订版），中国社会科学出版社 2005 年版。

张静：《国家与社会》，浙江人民出版社 1998 年版。

张静：《基层政权：乡村制度诸问题》（增订本），世纪出版集团、上海人民出版社 2006 年版。

张静：《身份认同研究：观念、态度、理据》，上海人民出版社 2005 年版。

张静：《现代公共规则与乡村社会》，上海书店出版社 2006 年版。

张乐天：《告别理想——人民公社制度研究》，东方出版社 1998 年版。

张鸣：《乡土心路八十年——中国近代化过程中的农民意识的变迁》，上海三联书店 1997 年版。

张绍良、郑先进：《中国农民革命斗争史》，求实出版社 1983 年版。

张永泉、赵泉钧：《中国土地改革史》，武汉大学出版社 1985 年版。

赵秀玲:《中国乡里制度》,社会科学文献出版社 1998 年版。

折晓叶:《村庄的再造——一个"超级村庄"有社会变迁》,中国社会科学出版社 1997 年版。

中共中央文献研究室:《邓小平年谱(1975—1997)》,中央文献出版社 2004 年版。

中共中央政策研究室、中国农村杂志社:《江总书记视察农村》,中国农业出版社 1998 年版。

中华人民共和国财政部:《中国农民负担史》(第四卷),中国财政经济出版社 1994 年版。

周晓虹:《传统与变迁——江浙农民的社会心理及其近代以来的嬗变》,生活·读书·新知三联书店 1998 年版。

庄孔韶:《银翅——中国的地方社会与文化变迁》,生活·读书·新知三联书店 2000 年版。

文件类:

《推进社会主义新农村建设文件汇编》,中国法制出版社 2006 年版。

《中共中央关于加强和改进党的作风建设的决定》,人民出版社 2001 年版。

《中共中央关于推进农村改革发展若干重大问题的决定》(2008 年 10 月 12 日)

《中共中央关于完善社会主义市场经济体制若干问题的决定》,人民出版社 2003 年版。

《中国共产党中央委员会关于建国以来党的若干历史问题的决议》,人民出版社 1981 年版。

《中共中央国务院关于推进社会主义新农村建设的若干意见》,人民出版社 2006 年版。

报告类:

胡锦涛:《高举中国特色社会主义伟大旗帜,为夺取全面建设小康社会新胜利而奋斗——在中国共产党第十七次全国代表大会上的报告》(2007 年 10 月 15 日),载《人民日报》2007 年 10 月 25 日。

赵紫阳:《沿着有中国特色的社会主义道路前进:在中国共产党第十三次

全国代表大会上的报告》，人民出版社 1987 年版。

译著类：

[爱尔兰] 瑞雪·墨菲：《农民工改变中国农村》，黄涛、王静译，浙江人民出版社 2009 年版。

[法] 孟德拉斯：《农民的终结》，李培林译，社会科学文献出版社 2005 年版。

[法] 埃米尔·涂尔干：《社会分工论》，渠东译，生活·读书·新知三联书店 2000 年版。

[加] 查尔斯·泰勒：《自我的根源：现代认同的形成》，韩震等译，南京译林出版社 2008 年版。

[美] 白苏珊：《乡村中国的权力与财富：制度变迁的政治经济学》，郎友兴、方小平译，浙江人民出版社 2009 年版。

[美] 曼纽尔·卡斯特：《认同的力量》（第二版），曹荣湘译，社会科学文献出版社 2006 年版。

[美] 盖尔·约翰逊：《经济发展中的农业、农村、农民问题》，林毅夫等译，商务印书馆 2004 年版。

[美] 埃莉诺·奥斯特洛姆、拉里·施罗德、苏珊·温：《公共服务的制度建构》，宋全喜、任睿译，上海三联书店 2000 年版。

[美] 埃莉诺·奥斯特洛姆：《公共事物的治理之道》，余逊达、陈旭东译，上海三联书店 2000 年版。

[美] 奥利弗·威廉森：《治理机制》，王健等译，中国社会科学出版社 2001 年版。

[美] 丹尼尔·贝尔：《资本主义文化矛盾》，赵一凡译，生活·读书·新知三联书店 1989 年版。

[美] 道格拉斯·C. 诺思：《制度、制度变迁与经济绩效》，杭行译，格致出版社 2008 年版。

[美] 杜赞奇：《文化、权力与国家》，王福明译，江苏人民出版社 2006 年版。

[美] 弗里曼、毕克伟、赛尔登：《中国乡村，社会主义国家》，陶鹤山译，社会科学文献出版社 2002 年版。

[美] 福克讷：《美国经济史》上卷，王锟译，商务印书馆 1989 年版。

［美］盖伊·彼德斯：《政府未来的治理模式》，吴爱明等译，中国人民大学出版社 2001 年版。

［美］杰克·奈特：《制度与社会冲突》，周伟林译，上海人民出版社 2009 年版。

［美］李丹：《理解农民中国》，张天虹、张洪云、张胜波译，江苏人民出版社 2009 年版。

［美］李怀印：《华北村治——晚清和民国时期的国家与乡村》，岁有生、王士皓译，中华书局 2008 年版。

［美］罗伯特·帕特南：《使民主运转起来》，王列、赖海榕译，江西人民出版社 2001 年版。

［美］施坚雅：《中华帝国晚清的城市》，叶光庭等译，中华书局 2000 年版。

［美］希尔斯曼：《美国是如何治理的》，曹大鹏译，商务印书馆 1990 年版。

［美］西摩·马丁·李普塞特：《政治人》，张绍宗译，商务印书馆 1995 年版。

［美］约瑟夫·E. 斯蒂格利茨：《社会主义向何处去——经济体制转型的理论与证据》，周立群译，吉林人民出版社 1998 年版。

［美］詹姆斯·C. 斯科特：《农民的道义经济学：东南亚的反叛与生存》，程立显、刘建等译，译林出版社 2001 年版。

［美］詹姆斯·米奇利：《社会发展：社会福利视角下的发展观》，苗正民译，格致出版社 2009 年版。

［美］詹姆斯·M. 布坎南：《公共物品的需求与供给》，马珺译，上海人民出版社 2009 年版。

［英］安东尼·吉登斯：《现代性与自我认同》，赵旭东、方文译，生活·读书·新知三联书店 1998 年版。

［英］詹姆斯·N. 罗西瑙：《没有政府的治理》，张胜军等译，江西人民出版社 2001 年版。

方志类：

息县志编纂委员会：《息县志》，河南人民出版社 1989 年版。

学位论文类：

曹现强：《当代英国公共服务改革研究》山东大学 2007 年博士论文。

胡广伟：《电子公共服务战略管理方法及其应用研究》东南大学 2006 年博士论文。

霍晓英：《地方政府公共服务能力研究》中央民族大学 2007 年博士论文。

江明融：《公共服务均等化问题研究》厦门大学 2007 年博士论文。

金南顺：《城市公共服务研究》东北财经大学 2006 年博士论文。

靳利华：《国外农村公共服务中的农村基层组织研究》华中师范大学 2008 年博士论文。

匡斌：《公共经济视角下的电信普遍服务研究》北京邮电大学 2007 年博士论文。

乐波：《农业生产领域公共服务供给的美、日、印三国经验研究》华中师范大学 2007 年博士论文。

李海燕：《民族自治区公共服务设施投资体制和机制研究》中央民族大学 2007 年博士论文。

李吉梅：《公共部门网站服务质量的评价方法研究》北京林业大学 2008 年博士论文。

李沫：《公共伦理视角下我国服务型政府的解析及构建》吉林大学 2007 年博士论文。

李延均：《公共善、供求关系构型与三方契约治理》厦门大学 2007 年博士论文。

刘厚金：《我国政府转型进程中的公共服务研究》华东师范大学 2007 年博士论文。

肖晓军：《中国政府职能定位与转型路径分析》华南师范大学 2007 年博士论文。

于凤荣：《我国农村公共服务供给模式问题研究》吉林大学 2006 年博士论文。

袁方成：《使服务运转起来：基层治理转型中的农村公共服务》华中师范大学 2006 年博士论文。

赵成福：《社会转型中的县域农村公共服务供给机制研究》华中师范大学 2008 年博士论文。

朱虹：《网络环境下的政府公共服务协同研究》华中师范大学2007年博士论文。
邹晓东：《从公共服务的政府垄断到多元化供给》复旦大学2007年博士论文。

期刊论文类：

丁元竹、江汛清：《我国社会公共服务供给不足原因分析》，《中国经济时报》2006年5月23日A01版。

郭晓鸣：《农村社区发展的理念》，《中国乡村发现》2007年第3期。

李友梅：《重塑社会认同与探索社会自我调适系统》，《探索与争鸣》2007年第2期。

林毅夫、刘志强：《中国的财政分权与经济增长》，《北京大学学报》（哲学社会科学版）2000年第4期。

陆学艺：《"三农"问题的根本是结构问题》，《农村工作通讯》2009年第21期。

宋亚平：《"三农"问题的根本出路在于现代化》，《江汉论坛》2000年第8期。

谭明方：《论农村社会结构与农村体制改革》，《中南民族大学学报》（人文社会科学版）2005年第1期。

汪忠列：《"三农"问题的由来、现状和对策》，《历史学习》2004年第z1期。

王卫星、周凯利：《向"分税制"迈出的坚实的一步——"分税包干"财政体制评析》，《经济研究参考》1992年第24期。

项怀诚：《"分税制"改革的回顾与展望——在武汉大学110周年校庆"专家论坛"上的报告》，《武汉大学学报》（哲学社会科学版）2004年第1期。

项继权：《农村社区建设：社会融合与治理转型》，《社会主义研究》2008年第2期。

项继权：《我国基本公共服务均等化的战略选择》，《社会主义研究》2009年第1期。

肖冬连：《中国二元社会结构形成的历史考察》，《中共党史研究》2005年第1期。

轩明飞：《从"单位"到"社区"——困厄还是出路?》,《内蒙古社会科学》(汉文版) 2003 年第 3 期。

杨善华：《改革以来中国农村家庭三十年》,《新华文摘》 2009 年第 14 期。

姚顺良：《论马克思关于人的需要的理论——兼论马克思同弗洛伊德和马斯洛的关系》,《东南学术》 2008 年第 2 期。

叶敬忠等：《论参与式社区发展规划》,《农业经济问题》 2001 年第 2 期。

于洪波：《"搭便车"问题的制度分析》,《中共青岛市委党校青岛行政学院学报》 2006 年第 3 期。

张树藩：《信阳事件：一个沉痛的历史教训》,《百年潮》 1998 年第 6 期。

赵鼎新：《集体行动、搭便车理论与形式社会学方法》,《社会学研究》 2006 年第 1 期。

外文资料类：

Beesley M. and Littlechild S., Privatization: principles, problems and priorties, Lloyds bank review [M]. 1983. Reprinted in bishop etal, 1994.

Chris Thatcher, Paul Crookall. Answering the call: Who will fill the management void. Networked Government. ca, 2007, (3).

Christopher Hood, Paradoxes of public - sector managerialism, old public management and public services [J]. International Public Management Journal, 2000, (3), pp. 1 - 22.

David Zussman, Peter Larson. Canadian Federal Public Service: The View from Recent Executive Recruits. Optimum online, 2006, (12).

Dennis Epple, Richard E. Romano. Ends against the middle: Determining public service provision when there are private alternatives [J]. Journal of public economics. 1996, (62), pp. 297 - 325.

Enid Slack. The Role of Local Government in Regional/Local Economic Development. Canadian Business, 2006, (9).

Ernst J., Whose utility? The social impact of public utility privatization and regulation in Britain [M]. Open university press, Buckingham, 1995.

Gregory, R. J., Social capital theory and administrative reform: Maintaining ethical probity in public service [J]. Public Administration Review, 1999,

(59), pp. 63 -75.

H. Tajfel, J. C. Turner. The Social Identity Theory of Intergroup Behavior. S. Worchel, W. G. Austin. The Social Psychology of Intergroup Relations. Monterey, CA: Books Cole, 1986.

Harald Demsetz. Private Production of Public Goods. Journal of Law and Economics, 1970, (13).

Ian Green, Katherine Baird, Kate Fawkes. Discussion Paper. Canada's Public Service in the 21st Century. Public Policy Forum [C]. 2007.

JuliaA. Heath. The Financing and Provisioning of Education and Health Services in Developing Countries: Review Article [J]. Economics of Education Review, 1998, (3), pp. 359 -362.

M. Howlett, and M. Ramesh. Studying Public Policy: Policy Cycles and Policy Subsystems. Toronto: Oxford University Press, 1995.

Murphy, E., Community care II: possible solutions [J]. British Medical Journal, 1988, (296), pp. 5 -8.

Nelson, M. A., Decentralization of the subnational public sector: an empirical analysis of the determinants of local government structure in metropolitan areas in the U. S. [J]. Southern Economic Journal, 1990, (2), pp. 443 - 457.

Panos Tsakloglou, Manos Antoninis, On the distributional impact of public education: evidence from Greece [J]. Economics of Education Review, 1999, (18), pp. 439 -452.

Patrick Francois "Public service motivation" as an argument for government provision [J]. Journal of Public Economics, 2000, (78), pp. 275 -299.

Paul G Thomas. Trust, Leadership and Account ability in the Public Service of the 21Century, 2007.

Public Service Commission. 2006 -2007 Performance Report [R]. 2007.

R. Hubburd, G. Paquet. Gomery Blinders and Canadian Federation. University of Ottawa Press, 2007.

Ralph Heintzman, Brian Marson. People, Service and Trust: Links in a Public Sector Service Value Chain. Canadian Government Executive, 2006, (6).

Stephen P. Heyneman, The growing international commercial market for educational goods and services [J]. International Journal of Educational Development, 2001, (21), pp. 345 – 359.

Tiebout, C.. A Pure Theory of Local Expenditures [J]. Journal of Political Economy, 1956, (64), pp. 416 – 424.

Treasury Board of Canada. Developing Canada's Next Service Strateg. Public Policy Forum, 2007.

William Bloom, Personal Identity, National Identity and International Relations. Cambridge: Cambridge University Press, 1990, pp. 25 – 53.